Die zweckentfremdete Stadt

W0060840

C(

Unsere Städte werden immer glatter und farbenfroher, aber ihre Zerstörung schreitet dramatisch fort. Zugleich mehren sich die Anzeichen für den Zerfall der Gesellschaft: Individualisierung, Ausgrenzung, Gewaltbereitschaft. Beide Vorgänge haben ganz offenkundig miteinander zu tun.

Für Andreas Feldtkeller sind unsere Städte in prekärer Weise zweckentfremdet worden. Sie bieten keine Räume mehr, wo sich ihre Bewohner als Bürger begegnen können, als Vertreter öffentlicher Belange. Teilhabe am städtischen Leben heißt zumeist nur: Wohnungssuche, Pendelverkehr, Einkaufsbummel.

Urbanität, so der Autor, ist vor allem eine Frage der Nutzungsmischung, der Kleinteiligkeit, des öffentlichen Raums. Der moderne Städtebau nimmt darauf keine Rücksicht. Er führt zur Segmentierung des Alltagslebens und (bestenfalls) zur Simulation des Städtischen in exklusiven Shoppingmalls.

Architekten und Stadtplaner müssen sich wieder um die städtebaulichen Elemente kümmern, ohne die sich städtische Öffentlichkeit gar nicht erst entwickeln kann. Dazu gehören z. B. Stadthäuser, die Straßen und Plätze abgrenzen, ohne sich vor ihnen zu verschließen. Überfällig ist ein zweiter Modernisierungsschub, der darauf abzielt, Arbeiten und Wohnen, Öffentliches und Privates, Anspannung und Erholung wieder räumlich miteinander zu verschränken.

Andreas Feldtkeller, geb. 1932, ist Architekt und Stadtplaner, seit 1972 Leiter des Stadtsanierungsamtes in Tübingen.

Andreas Feldtkeller

Die zweckentfremdete Stadt

Wider die Zerstörung des öffentlichen Raums

Campus Verlag
Frankfurt/New York

Die Deutsche Bibliothek – CIP-Einheitsaufnahme

Feldtkeller, Andreas:
Die zweckentfremdete Stadt: wider die Zerstörung des
öffentlichen Raums / Andreas Feldtkeller. – 2. Aufl. –
Frankfurt/Main; New York: Campus Verlag, 1995
    ISBN 3-593-34921-3

2. Auflage 1995

Das Werk einschließlich aller seiner Teile ist urheberrechtlich geschützt. Jede Verwertung ist
ohne Zustimmung des Verlags unzulässig. Das gilt insbesondere für Vervielfältigungen,
Übersetzungen, Mikroverfilmungen und die Einspeicherung und Verarbeitung in elektroni-
schen Systemen.
Copyright © 1994 bei Campus Verlag GmbH, Frankfurt/Main
Umschlaggestaltung: illner & teufel, Frankfurt
Satz: Fotosatzstudio »Die Letter«, Hausen/Wied
Druck und Bindung: Druckhaus Beltz, Hemsbach
Gedruckt auf säurefreiem und chlorfrei gebleichtem Papier.
Printed in Germany

Inhalt

Vorbemerkung 9

Einleitung: Facetten der Zweckentfremdung 11

I.   Das Bild der Stadt – eine Bestandsaufnahme 22

   1. Die Aufteilung der Stadt 22
   2. Ein Mythos der Absonderung 27

II. Die Konfrontation des Öffentlichen und des Privaten
   in der Stadt 32

   3. Was ist Urbanität? 32
   4. Zusammenhänge zwischen Urbanität, Öffentlichkeit
      und Stadtraum 38
   5. Schwierigkeiten bei der Umsetzung der urbanen Vision
      in städtebauliches Handeln 49

III. Konstruktionselemente des Stadtraums 53

   6. Der Stadtraum als Produkt gestaltender Herstellung 53
   7. Element 1 – Mischung der Nutzungen 57
   8. Element 2 – Augen auf die Straße 63
   9. Element 3 – Umschlossener Straßenraum 66
  10. Element 4 – Das Gassenfenster 74
  11. Das Stadthaus als Baustein der Stadt 81

IV. Zur Poetik des öffentlichen Raums 88

 12. Elemente der Zeit und Geschichte 88

V. Die Geschichte des Verschwindens 94

 13. Städtebauliche Erfindungen 94
 14. Vision der Moderne 112
 15. Die Ablösung der herkömmlichen
   Konstruktionselemente 117
 16. Gemeinschaftssinn als Ersatz für Öffentlichkeit 123
 17. Abschied von der Kunst im öffentlichen Raum 129

VI. Urbanität in der Ära der Massenmedien 136

 18. Unerledigtes in der privatisierten Stadt 136
 19. Kommunikationsmedium Stadt 141
 20. Wirtschaftsprojekt Stadtkultur 151
 21. Ein zweiter Modernisierungsschub 158
 22. Die Innenstadt als Modell zukünftiger Urbanität 162

Nachwort: Zur Verkehrskrise der Stadt 181

Literatur 188

»Ein Fenster, von dem Boccaccio sagt, daß es sich öffne oder schließe, gibt wie bei Giotto einem ganzen Haus das Leben und einer ganzen Straße mit einer ganzen Stadt ringsherum. «

(Elio Vittorini, *Diario in pubblico*, 1957)

1   *James A. Whistler: Venedig*

Vorbemerkung

Ist Städtebau heute nur noch eine Angelegenheit der Verkehrstechnik und des Design? Gibt es noch so etwas wie einen gesellschaftlichen Auftrag an die Stadt? Was unterscheidet sie von der *City*, von Siedlungen und modernen Agglomerationen? Kann man sich heute untereinander überhaupt noch über die Bedeutung des Städtischen verständigen?

Solche Fragen beschäftigen mich zunehmend, seit ich vor vielen Jahren bei meiner Tätigkeit im Bereich der Stadterneuerung festgestellt habe, daß der Wunsch nach Erhaltung alter Stadtviertel keineswegs nur mit unserer Pietät gegenüber dem historischen Erbe zu tun hat. Eine mindestens ebenso wichtige Rolle spielt die Faszination, die zwischenmenschliches Leben auf der Straße in solchen Stadtvierteln auf uns ausübt, und die Sehnsucht, die sie in uns weckt.

1985 wurde ich von Suzanne H. Crowhurst Lennard und Henry L. Lennard zu ihrer ersten, in Venedig stattfindenden *Making Cities Livable*-Konferenz eingeladen. Sie wollten, daß ich dort über meine Erfahrungen bei der Altstadtsanierung in Tübingen – über meine Success-Story, wie sie es bezeichneten –, berichte. Bei den weiteren Konferenzen, bei denen ich in den folgenden Jahren ein fast ständiger Gast sein konnte, kam mir der Gedanke, man müßte einmal die Voraussetzungen für das Entstehen von öffentlichem Raum – der bei der Konferenz so oft apostrophiert wurde – eigens aus der Perspektive des Architekten und Stadtplaners untersuchen und darüber referieren. So entstand mit der Zeit eine Sammlung von fremden und eigenen Notizen zu diesem Thema und schließlich die Idee, das Thema zum Gegenstand einer ausführlicheren Darstellung für ein breites Publikum zu machen.

9

Die Beobachtungen, auf die ich bei dieser Arbeit gestoßen bin, und die daraus folgenden Überlegungen spielen eine große Rolle bei einem Stadtentwicklungsprojekt, das ich in meinem Amt bei der Tübinger Stadtverwaltung betreue. Es geht um eine Planung zur Konversion ehemals militärisch genutzter Areale, bei der innerhalb der Tübinger Südstadt ein neuer Kern mit innerstädtischem Charakter entstehen soll. Erst an einem solchen konkreten Fall läßt sich ja zeigen, wie das, was man am Modell bestehender, meist älterer Stadtviertel studiert hat, passend zu den Gegebenheiten der Gegenwart in Realität übersetzt werden kann.

Wegen der Komplexität des Problems, das hier angerissen ist, können meine Überlegungen zunächst nicht mehr hergeben als einen Essay, einen Versuch. Ihn verstehe ich als Anregung für andere, das hier oft nur skizzenhaft Formulierte in den verschiedensten Feldern der Wissenschaft, der Planung und der Politik weiterzuverfolgen und auszubauen.

Einleitung:
Facetten der Zweckentfremdung

Zukunft wird durch kaum etwas anderes mehr transportiert als durch die Stadt. Verdorbene Städte können in kaum wiedergutzumachender Weise die Zukunft der Gesellschaft zerstören. Gebannt blicken viele von uns auf die Gefahren in der natürlichen Umwelt und sehen nicht, wie die Auflösung des sozialen Kitts in unseren Städten rapide fortschreitet. Investitionen in den Umbau und die Erweiterung einer Stadt legen deren physische Struktur für eine lange Zukunftsphase fest. Solche Investitionen in die gebaute Stadt sind auch immer ein direkter Zugriff auf ihre soziale Zukunft.

Die moderne Stadt wird immer mehr zu einer Installation, angefertigt für den Gebrauch durch die Erfolgreichen, die Erwachsenen, die Erwerbsfähigen. Sie erfüllt in erster Linie deren Wünsche und Bedürfnisse, befriedigt ihren Ehrgeiz. Und für die Gesellschaft der Erfolgreichen kommt es am wenigsten darauf an, wie das soziale Gefüge einer Stadt aussieht. Sie kann sich die Kontakte zur Außenwelt sozusagen nach Belieben einkaufen. Alle anderen Gruppen werden aber nach Kriterien der Rationalität in der Stadt untergebracht, ohne daß deren soziale Bedürfnisse im einzelnen nachgefragt werden. Sarkastisch ist schon gesagt worden, diese Gruppen der weniger Erfolgreichen wären heute »asyliert«. Der Begriff ist gar nicht so unpassend, wenn man daran denkt, daß die Italiener ihre Kinderhäuser als *asili* bezeichnen. Das Gefüge der Stadt wird nämlich mehr und mehr zu einer Collage aus Ghettos für gegenseitig ausgegrenzte Gruppen und Tätigkeiten.

Eine beliebte Planungsregel besagt, daß Architektur und städtebauliches Handeln die Gesellschaft nicht verbessern können. Planer sind keine Weltverbesserer. Daraus nun auch gleich zu schließen, daß Stadtplanung keine Rückwirkungen auf den Zustand der Gesellschaft hat, ist ein folgenschweres Mißverständnis.

Ich finde, daß das am besten illustriert wird, wenn man die Situation von Kindern in der modernen Stadtgesellschaft betrachtet. Kinder sind eine Art Seismograph für die Erschütterungen in unseren zwischenmenschlichen Beziehungen. Und sie sind zugleich – wie gerne gesagt wird – das wertvollste Kapital für die Gesellschaft von morgen.

Einige Zeitungsmeldungen aus den letzten Wochen:

»Kinder werden aus der Welt der Erwachsenen verdrängt« – »Ein Drittel der bis zu Zehnjährigen bekommen Psychopharmaka verabreicht« – »Zunehmende Gewalttätigkeit in den Schulen« – »Besondere Sorge machen uns die immer jünger werdenden Gewalttäter, die mit immer größerer Brutalität vorgehen« – »Ich befürchte, daß bei uns Tendenzen zur Vereinsamung, Verwahrlosung und dauerhaften Schädigung von Kindern und jungen Leuten so zunehmen, daß dringend in vielen Bereichen von Politik und Gesellschaft Gegenmaßnahmen eingeleitet werden müssen« – »Übertriebener Fernsehkonsum kann ein unbewußter Hilfeschrei des Kindes sein« – »Wenn ein Kind in einer anregungsarmen Umgebung aufwächst, dann kann eine Minute Fernsehen zuviel sein« – »Bei Kindergartenkindern nehmen Nervosität, aggressives Verhalten, die Unfähigkeit, mit anderen Kindern zu spielen, zu.«

Müssen wir uns nicht angesichts dieser Befunde und angesichts der von Sozialpädagogen vorgetragenen These, daß Kinder und Jugendliche unter dem Zerfall der Stadtteil-Milieus leiden, auch fragen, wie weit gerade der Zustand unserer Städte für den zunehmenden Zukunftspessimismus mitverantwortlich zu machen ist?

Die Gesellschaft der Erfolgreichen reagiert bestenfalls ihr schlechtes Gewissen ab durch ein Konzept der kinderfreundlichen Stadt, in dem eine eigene Kinderwelt propagiert wird, die den Kindern einen eigenen Raum zuteilt, in dem sie (scheinbar) geschützt vor den Unsicherheiten der Erwachsenenwelt aufwachsen. Diese Form des Betreuens scheint mir charakteristisch für den Umgang mit sozialen Fragestellungen in unserer verstädterten Welt.

Unsere Zeit glaubt, fast ohne Werte und Normen des Zusammenlebens auszukommen – damit auch ohne zukunftsbezogene Visionen. Die Stadt verliert dabei ihren gesellschaftlichen Zweck. Man verläßt sich darauf, daß sich gesellschaftliche Bezüge in der Stadt schon irgendwie von selbst – also jenseits der Einflußmöglichkeit von Planung und Entwurf – einstellen wer-

2 *Saul Steinberg*

den. Städtebauliches Handeln wird immer mehr des gesellschaftlichen, des politischen Auftrags entkleidet: Der soziale Aspekt der Aufgabe wird mit einem Tabu belegt und von der Entwurfsarbeit schlicht abgeschnitten.

Was allzu schnell übersehen wird: Es sind nicht allein die Werte, die heute verloren gehen. Verloren geht zugleich – und das ist weit schlimmer – das Medium, mit dessen Hilfe sich die Werte in der Vergangenheit immer wieder reproduziert und erneuert haben. Gerade in der Geschichte der europäischen Kultur war ja die Stadt wie kaum etwas anderes eine Kraft, durch die gesellschaftliche Werte immer wieder aufgefrischt und an veränderte Wirklichkeiten angebunden wurden.

Die Abstinenz von jeder Weltverbesserungsidee hat Karl Kraus mit einem bekannten Aphorismus recht sarkastisch kommentiert. Die Stadt solle – so heißt es da – nicht mehr bieten als »Asphalt, Straßenspülung, Haustorschlüssel, Luftheizung und Warmwasserleitung«, alles weitere sei Angelegenheit des privaten Individuums: »Gemütlich bin ich selbst.« Für moderne Menschen ist die Stadt, in der sie leben, nicht etwas, dem sie angehören –, sondern bloß technische Voraussetzung: Voraussetzung für privates (und privatwirtschaftlich kalkuliertes) Glück durch banale Versorgung.

Eine zweckentfremdete Stadt ist eine Stadt, der die eigentliche, die gesellschaftliche Bestimmung verlorengegangen ist. Die den Zweck aufgegeben hat, eine auf Zukunft ausgerichtete Stadtkultur zu produzieren. Dabei wird auch der Begriff *Stadt* seinem ursprünglichen Inhalt entfremdet. Die Stadt ist nicht mehr unaufhebbar mit dem Städtischen verbunden, sondern ein bloßer Name für eine Siedlungseinheit ohne Inhalt.

Dabei könnte gerade das Städtische ein Bindemittel sein, das in einer Zeit, in der aus vielerlei Gründen traditionelle Bezüge zwischen den Individuen zerbrechen, einen gewissen Halt verschafft. Lichtenberg hat einen Satz formuliert, der dies erläutert:»Die Linien der Humanität und Urbanität fallen nicht zusammen.« Wie immer der philosophierende Naturwissenschaftler das in seiner Zeit gemeint hat, ganz allgemein mag es bedeuten, daß die Verwirklichung der Menschenrechte allein in einer Welt, die überwiegend städtisch organisiert ist, nicht ausreicht. Lebensnotwendig ist in einer solchen Situation noch etwas anderes: das Urbane, das eigenen Gesetzmäßigkeiten folgt, das sich nicht von selbst aus der Durchsetzung von Gleichheit und Freiheit ergibt.

Wir wissen alle genau, daß künftig die meisten Menschen in Europa, aber auch weltweit, in großen Agglomerationen leben werden. Unsere Zukunft wird sich also vor allem in den Städten entscheiden. Deshalb ist es so wichtig, daß sich Politik und Planung wieder mit der gesellschaftlichen Dimension des Städtischen beschäftigen: Hier handelt es sich gerade nicht um eine nur akademische Frage. Aus unserem Umgang mit dem Thema Stadt, aus der Einbeziehung oder dem Weglassen von gesellschaftlichen Normen beim städtebaulichen Handeln ergeben sich ganz entscheidende Weichenstellungen für die politische und kulturelle Zukunft.

Es gibt heute die These, daß sich unsere Gesellschaft in einem Stadium der Auflösung befindet (Heitmeyer 1992). Sollte diese These richtig sein – und vieles spricht dafür –, dann ist an dem Vorgang ganz gewiß auch die Stadt mit ihren Veränderungen beteiligt. Beim Umbau und bei der Erweiterung der Städte wird – das wage ich zu behaupten – mit Modellen für die räumlich-bauliche Organisation gearbeitet, die einem solchen Auflösungsprozeß eher Vorschub leisten. Die Entfaltung einer zeitgemäßen Stadtkultur (das ist ja der Vorgang, durch den städtische Gesellschaft überhaupt entsteht und sich immer wieder an veränderte Bedingungen anpaßt) wird bei uns durch unzählige Regeln behindert, die sich die Stadtgesellschaft einmal selbst geschaffen hat, um ihre nächste Umwelt zu gestalten und die sich nun auf die notwendigen Veränderungen negativ auswirken. Solche Regeln beherrschen gerade auch das städtebauliche Handeln in bedenklichem Umfang.

Man könnte leicht aus dem Interesse, das derzeit die Stadt im Tourismus, in der Literatur und auch in den Sozialwissenschaften findet, den Schluß ableiten, daß das jetzt besser wird. Der Deutsche Städtetag beschäftigte sich auf seiner Hauptversammlung 1993 mit der »Entsolidarisierung als Kennzeichen unserer Gesellschaft« und mit »Solidarität als Kennzeichen von Urbanität«. Das klingt gut – lassen wir uns jedoch nicht täuschen: Der Weg vom kulinarischen Genuß historischer Städte, von der stadtsoziologischen Detailstudie und von der proklamatischen Erörterung gesellschaftskritischer Themen zu einer konstruktiven Revision der Politik zugunsten des Städtischen ist weit. Viel weiter, als wir es uns schon vorstellen können.

Nicht umsonst hat Joseph Rykwert die Stadt als das »komplexeste aller menschlichen Artefakte« bezeichnet: Gerade in dieser Komplexität der Stadt liegen auch die Schwierigkeiten bei der Auseinandersetzung mit ihrer Zukunft. Aus meiner eigenen Erfahrung in der täglichen Praxis städtebaulichen Handelns weiß ich, wie schwierig es ist, das Zusammenwirken von physisch-räumlichen und sozialen Komponenten in der Stadt zu erfassen, sich selbst und anderen begreifbar zu machen und anschaulich weiterzuvermitteln. Wir sind nicht einmal imstande, die in der persönlichen Nachbarschaft vorkommenden kleinen Veränderungen in ihrer Bedeutung zu begreifen – wohl kein Zufall in einer überwiegend von ungegenständlichen Medien geprägten Welt.

Aus Aufsätzen von Nikolaus Harnoncourt habe ich gelernt, daß in historischen Traktaten zur musikalischen Aufführungspraxis oft gerade das nicht beschrieben ist, was für die jeweilige Zeit selbstverständlich war. So scheint es auch in unseren eigenen Köpfen zu sein: Über das Naheliegende wissen wir meist am wenigsten Bescheid. Deshalb ist es in einer Zeit der Umbrüche, wo Traditionen verloren gehen oder bereits verlorengegangen sind, so wichtig, auf das hinzuweisen, was an früher Selbstverständlichem in Vergessenheit zu geraten droht.

Damit noch einmal zurück zum Problem der Auflösung, das ja auch mit der Unübersichtlichkeit unserer städtischen Lebensverhältnisse zu tun hat. Fragen, die sich einem bei der täglichen Zeitungslektüre am Frühstückstisch aufdrängen: Hat die Zunahme der Gewalt in der Stadt, der Angst und Verunsicherung bei vielen Stadtbewohnern, der Orientierungslosigkeit etwa bei Jugendlichen nicht doch mehr, als wir es uns meist eingestehen, mit der Art zu tun, wie unsere Städte in den vergangenen vierzig Jahren um- und ausgestaltet wurden? Ist es ein Zufall, daß Zivilcourage und Urbanität in gleichem Maße verschwinden, wie der Bestand traditionell geprägter Stadtviertel demontiert wird? Wie ist es eigentlich zu verstehen, daß heutige Kommunalregierungen – Verwaltungen und Stadtparlamente – sich (ausgerechnet in einer Zeit, in der das Administrieren wie kaum etwas anderes perfektioniert wird) mit dem Regieren ihrer Gemeinwesen so schwer tun?

Der Auflösungsvorgang in der Gesellschaft ist zugleich ein Auflösungsvorgang im Zustand der Städte.

Man muß beachten, daß alle gesellschaftlichen Ziele unserer westlichen Zivilisationen nicht in einer nur irgendwie statistisch beschreibbaren Gesellschaft durchgesetzt werden müssen, sondern in einer Gesellschaft, die höchst konkret in künstlich hergestellten Stadtgebilden existiert, wohnt, arbeitet, sich vergnügt und die in diesen Stadtgebilden lernen muß, miteinander umzugehen, zusammenzuleben. Und die sich dabei selbst einem geradezu dramatischen Modernisierungsdruck aussetzt.

Als Alexander Mitscherlich seine städtebauliche Anstiftung zum Unfrieden (1965) formulierte, hat er gemeint, die Unwirtlichkeit der Städte im wesentlichen als Resultat eines unsozialen Bodenrechts darstellen zu können. Ich bezweifle, daß unsere Städte bei einem anderen Bodenrecht so sehr anders aussehen würden. Hinter der fatalen Entwicklung steht viel mächtiger, als dies bei Mitscherlich zum Ausdruck kommt, ein allgemeiner Bewußtseinsverlust: Die Menschen haben aus ihrem Kopf verdrängt, was das Wesen, was die Aufgabe, der Auftrag der Stadt für ihren eigenen Alltag ist. Gerade aus diesem Grunde sind die Städte nicht in der Lage und auch nicht willens, die vorhandenen – vielleicht nicht optimalen, aber auch gar nicht so schlechten – Instrumente des Planungsrechts für eine progressive Idee der Stadt zu mobilisieren.

Wir müssen uns neu mit dem Begriff der *Urbanität* vertraut machen. Ich meine, daß gerade in diesem Begriff der Zusammenhang zwischen gebauter und gesellschaftlicher Stadt, aber auch zwischen der Stadt als Gemeinwesen und der Stadt als Heimat der einzelnen Individuen enthalten ist.

Es kann kaum ein Zufall sein, daß heute kaum ein Planer oder Architekt die Vokabel *Urbanität* verwendet, ohne sich auch gleich dafür zu entschuldigen. Ein renommierter Städtebaulehrer hat kürzlich bei einer Veranstaltung über Nutzungsmischungen den Begriff mit dem Hinweis auf die höhnische Formel vom »Urbanitäter« als unbrauchbar abgetan. Auch anderswo wird das Wort nicht gern gebraucht. Politikern ist es eher peinlich, von Urbanität zu sprechen. Immerhin setzen sich Sozialwissenschaftler neuerdings wieder mit der Vokabel auseinander und entdecken die Möglichkeit einer *Neuen Urbanität* (Häußermann/Siebel 1987).

Ganz offensichtlich fällt es gerade in unserem Land schwer, die Beziehungen des Individuums zur Stadtgesellschaft zu thematisieren. Mag sein,

16

daß nach dem Mißbrauch alles Gemeinschaftlichen durch zwei Diktaturen innerhalb eines Jahrhunderts der Umgang mit sozialen Visionen immer noch tiefgreifend tabuisiert ist und einer radikalen Aufarbeitung bedarf.

Eine zunehmende Unwirtlichkeit der Städte und das Verschwinden der Urbanität hängen eng miteinander zusammen. Der Mannheimer Soziologe Hartmut Esser hat kürzlich bei einer Tagung der Erich-Fromm-Gesellschaft in Tübingen darauf hingewiesen, daß interethnische Konflikte, wie wir sie seit kurzem in vielen Städten – nicht nur in unserem Lande – offen und häßlich aufbrechen sehen, das »Resultat eines Modernisierungsprozesses« sind, »der die Individuen vereinzelt, entwurzelt, verunsichert und vor allem ein für sie lebenswichtiges Gut knapp werden läßt: alltägliche Anerkennung durch andere« (zit. n. *Schwäbisches Tagblatt* 9. 11. 1992). Modernisierung ist nach der Definition Essers ein Prozeß der Entwicklung von Gesellschaften, der durch zunehmende Versachlichung der Beziehungen, durch eine »Verweltlichung« des Denkens, durch Rationalisierung, Verstädterung, Industrialisierung, durch die Verbreitung von demokratischen Verfassungen und Bürgerrechten (wie dem Wahlrecht), von Massen-Bildung und von Massen-Medien gekennzeichnet ist. In diesem Bild der Modernisierung finden wir lauter Elemente, die zunächst mehr Freiheit versprechen, in denen aber zugleich auch eine Tendenz zum Gleichmacherischen durchscheint. Habermas hat die Moderne als »unvollendetes Projekt« bezeichnet und darauf hingewiesen, daß sich in ihr spezialistisch bearbeitete Sektoren von einem »Traditionsstrom« abspalten, »der sich in der Hermeneutik der Alltagspraxis naturwüchsig fortbildet« (Habermas 1981: 444ff.).

In diesem Zusammenhang ist bemerkenswert, daß Habermas eine Rückkopplung der modernen Kultur mit einer verarmten Alltagspraxis dann für möglich hält, »wenn die Lebenswelt aus sich Institutionen entwickeln kann, die die systemische Eigendynamik des wirtschaftlichen und des administrativen Handlungssystems begrenzt« (ebd.). Müßten solche Institutionen nicht auch gerade an dem Begriff des Urbanen sich ausrichten? Und könnte dadurch der Modernisierungsprozeß doch noch Teil einer Utopie werden?

Die Modernisierung spielt sich nicht nur streng funktional in der Wirtschaft, im Arbeitsleben, in der Veränderung familiärer Beziehungen, in der Internationalisierung, in der zunehmenden Macht des passiven Konsumierens, im wachsenden Anspruchs- und Versorgungsdenken ab. Kaum anderswo als im Strukturumbau der Städte begegnet uns dieser Vorgang so komplex, so ausgreifend auf alle Lebensbereiche. In den Städten zieht die Modernisierung in einem kaum noch steuerbaren Teufelskreis immer mehr Bereiche in ihren Bann. Nur ein ganz einfaches Beispiel: Befremdet stellen immer mehr Menschen fest, daß nach Geschäftsschluß in den Stadtquartieren die Straßen aussterben, niemand mehr unterwegs ist, Unsicherheit und Angst sich breitmachen – mit dem Effekt, daß es zur guten Norm gehört, die privaten Rückzugsbereiche, also Wohnungen und Betriebe, aber auch die eigenen Autos als gut gesicherte und teilweise sogar bewachte Festungen innerhalb einer unsicheren, brutalen und chaotischen Außenwelt zu betrachten. Die Unwirtlichkeit breitet sich immer weiter aus; das Städtische degeneriert zur bloßen Simulation.

Eben diese Wirkungsfolge führt letztlich auch dazu, daß die kommunalen Verwaltungen immer weniger den Ansprüchen ihrer Bürgerschaft (wenn man diese noch so bezeichnen will) nachkommen können. Die Städte sehen sich nämlich veranlaßt, anstelle der früher vorhandenen Struktur eines urbanen Alltags quasi drei übereinandergeschichtete kommunale Infrastrukturen aufzubauen und finanziell zu unterhalten: Als erstes eine *Wohlstands*-Infrastruktur, die es jedem einzelnen erlaubt, seine ganz privaten Wünsche im Alltagsleben möglichst ungeschmälert zu befriedigen. Als zweites eine *Ersatz*-Infrastruktur, die dazu dient, die aus der Unwirtlichkeit resultierenden Konflikte und Schäden abzumildern (beseitigen lassen sie sich ja nicht). Und als drittes eine *simulative* Infrastruktur, die das Fortbestehen des Urbanen vortäuscht, damit der Stadtbevölkerung weiterhin wenigstens ein konsumptiver Genuß städtischen Milieus vergönnt bleibt.

Um es wieder am Beispiel der Straße zu illustrieren: Die Straße wird zunächst von den autofahrenden Individuen zweckentfremdet und aufgebraucht, als Ersatz müssen öffentliche Transportsysteme subventioniert, Verkehrsberuhigungsmaßnahmen finanziert, soziale Einrichtungen für die schwachen Bevölkerungsgruppen angeboten werden – und schließlich wird noch eine städtisch anmutende Fassade aus Fußgängerzonen, Prestigebauten und Kultureinrichtungen aufgebaut.

Natürlich scheitern die Städte bei dem Versuch, dieses dreifache Programm durchzuhalten. Als Folge werden dann ohne großes Konzept Abstriche in den städtischen Haushalten gemacht, die – das liegt in der Natur der Sache – in erster Linie die einkommensschwächeren Teile der

Bevölkerung treffen. Die Zwei-Drittel-Gesellschaft unserer Tage ist auch ein Ergebnis dieser Zustände.

In den Monaten seit dem Ausbruch der kriegerischen Auseinandersetzungen auf dem Balkan sind mir Zweifel gekommen, ob es noch zulässig sein kann, die Veränderungen der letzten Jahrzehnte in den westeuropäischen Städten einfach leidenschaftslos als einen Modernisierungsprozeß zu beschreiben.

Der Architekt und frühere Bürgermeister von Belgrad, Bogdan Bogdanovic, hat in einem Artikel (*Zeit* 39/1992) die erschreckenden Vorgänge in Ex-Jugoslawien als »rituellen Städtemord« gebrandmarkt. In diesem Krieg gehe es, so Bogdanovic, um einen Krieg des Landes gegen die Städte, um die Auslöschung der Städte als urbane Orte, als Orte, an denen interethnische Unterschiede im Alltag auf friedliche Weise ausgetragen werden können:

»Aus der verwirrten Seele dieser Städtestürmer spricht ein abgründiger Zorn gegen alles Urbane und damit gegen fast alle Bereiche des geistigen Lebens wie Moral, Sprache, Geschmack, Stil... Das Wort ›Urbanität‹ symbolisiert seit dem 14. Jahrhundert in den meisten europäischen Sprachen den gleichen Bedeutungsgehalt, nämlich gesittete Umgangsformen, Zusammenhalt, Einklang zwischen Gedanke und Wort, Wort und Empfindung, Empfindung und Tat. Für jeden, der nicht in der Lage ist, den Gesetzen der Urbanität gerecht zu werden, ist es das einfachste, diese Gesetze zu liquidieren – ohne große Umstände... Früher oder später wird sich die zivilisierte Welt mit gleichgültigem Schulterzucken an das sinnlose Gemetzel erinnern, mit dem wir uns gegenseitig dahingemordet haben. Was bleibt ihr auch anderes übrig? Aber niemals wird sie vergessen, daß wir unsere Städte zerstört haben. Wir, die Serben, werden im Gedächtnis bleiben als ihre Vernichter, als die modernen Hunnen.«

Entsetzt und wie paralysiert blickt die »zivilisierte Welt« auf dieses Geschehen. Sie ist schockiert, weil die brutale Vernichtung der Städte unmittelbar vor ihrer Haustür vollstreckt wird.

Aber müssen wir uns nicht fragen, ob dieses Erschrecken auch damit zu tun hat, daß uns *ad oculos* und in der Intensität eines Zeitraffers vorgeführt wird, was in den westeuropäischen Städten durch den Modernisierungsprozeß faktisch längst vollzogen ist: nichts anderes, als eben die Zerstörung der Urbanität? Aber *wir* opfern doch nicht das Leben von Tausenden unbeteiligter Kinder, Frauen und Männer, wie es in ihrem Krieg die Serben abscheulicherweise tun! Ein fataler Irrtum: Wir wollen tunlichst nicht zur Kenntnis nehmen, daß die Zehntausende von Toten (von den Verletzten

3 *Saul Steinberg*

nicht zu reden), die jährlich auf den Straßen des westlichen Europa umkommen, ein politisches Menetekel sind. Sind sie nicht genauso Opfer eines Feldzugs, bei dem der einzelne und diese oder jene Gruppe ihren Anspruch auf Bequemlichkeit und Genuß rücksichtslos gegen die deklarierten Ziele der Gesellschaft durchsetzen?

Die aus den Fugen geratenen Muster unserer Stadtagglomerationen und die subkutane Auflösung der gesellschaftlichen Bindungen bilden einen unauflösbaren Zusammenhang. Eine Aufklärung der Problemlage, die mehr sein möchte als nur eine resignierende Sachfeststellung, muß sich einer historischen Perspektive bedienen. Sie muß die beobachteten Zustände ins Verhältnis setzen einerseits zu denjenigen, die vor Beginn des Modernisierungsprozesses bestanden haben – und andererseits zu möglichen zukünftigen, die den erklärten Zielen unserer westlichen Demokratien entsprechen.

Angesichts der Komplexität des Artefakts Stadt helfen bei dieser Aufgabe wissenschaftliche Einzeluntersuchungen, technische Utopien und auch die

20

wagemutigsten künstlerischen Installationen nicht weiter. Was uns fehlt, ist zuallererst der einfache Versuch, die Zusammenhänge, den alles zusammenfassenden Kontext, in groben Strichen darzustellen. Ich betrachte diesen Essay als eine solche Skizze, in der durchaus an vielen Stellen auf wissenschaftliche Absicherung verzichtet wird, damit zunächst nur einmal die Zusammenhänge ins Blickfeld kommen.

Mein Ausgangspunkt ist nicht das Soziale, sondern die Gestalt der Stadt, also das räumlich-bauliche Gefüge und dessen Bedeutung für das Zusammenleben der Menschen in der Stadt. Mich interessiert, wie eine Stadt räumlich organisiert, wie sie aus einzelnen Elementen wie aus einem Baukasten zusammengesetzt sein muß, damit Urbanität entstehen kann – oder damit, umgekehrt formuliert, Urbanität wenigstens nicht unterdrückt wird.

Der Weg, auf dem ich versuche, meinen Stoff systematisch auszubreiten, beginnt mit einer Beschreibung der Bestandslage, mit dem Bild der Stadt, das heute in den Köpfen vorhanden ist (1–2). Danach untersuche ich, inwieweit Urbanität etwas mit dem Verhältnis des Öffentlichen und des Privaten in der Stadt zu tun hat (3–5). In den folgenden Kapiteln geht es um die Konstruktionselemente, mit deren Hilfe die herkömmliche europäische Stadt urbanes Leben ermöglicht, vielleicht auch stimuliert hat (6–12). Daran anschließend beschäftige ich mich mit dem geschichtlichen Vorgang, in dem die traditionellen Konstruktionselemente durch neue Erfindungen verdrängt wurden, um schließlich nur noch den Stellenwert einer historischen Reminiszenz zu behalten (13–17). Und am Ende der Untersuchung steht die Frage, ob eine Neubelebung des Urbanen in unserem Zeitalter der Massenmedien lediglich ein nostalgischer Anspruch bleibt, oder ob nicht umgekehrt dieses Zeitalter sogar geradezu zwingend eine soziale Urbanität zum Überleben benötigt (18–21).

Für viele, die sich heute mit Problemen der Stadt auseinandersetzen, reduziert sich das Thema auf Verkehrsfragen. Ich glaube, daß gerade diese Sichtweise zu keinem politisch sinnvollen Ergebnis führt: Der Infarkt der Städte begegnet uns zwar allgegenwärtig als Stau und Totschlag auf den Straßen; die tieferen Ursachen des Infarkts liegen aber ganz woanders. Um das deutlich zu machen, ist dieses Thema außerhalb des eigentlichen Textes in einem Nachwort behandelt.

I. Das Bild der Stadt – eine Bestandsaufnahme

1. Die Aufteilung der Stadt

Das Mittelalter der Vorkriegsstädte

In unserem Jahrhundert hat sich in den Städten ein unglaublich rapider wirtschaftlicher, aber auch städtebaulicher Wandel vollzogen. Viele Lebens- und Gestaltungsformen, die jahrhundertelang die europäische Stadt geprägt haben, sind dabei fast schlagartig ausgelöscht worden. Worin liegen die entscheidenden Veränderungen? Nur oberflächlich wird man sie in der enormen quantitativen Ausbreitung der Siedlungsagglomerationen sehen dürfen: Charakteristisch für den Wandel ist vor allem, auf welche Weise sich diese Ausbreitung vollzogen hat. Die früher selbstverständliche Verknüpfung der verschiedenen Lebens- und Tätigkeitsbereiche in dem und zu dem, was als Stadt galt, ist verlorengegangen. Nicht mehr der räumliche Zusammenhang der Dinge – Wohnort, Arbeitswelt, Stadtkultur – ist nun wichtig, sondern die Perfektionierung des Einzelnen in der Abkehr von den Zusammenhängen. Charakteristisch dafür ist die Abwendung der privaten Flächennutzungen, also der Werkstätten, Büros, Labors, der Wohnungen, aber auch der kommunalen Einrichtungen wie Kindergärten, Schulen, Pflegeeinrichtungen usw. von der Straße. Die Straße dient nicht mehr der Zusammenführung der Lebensbereiche in der Stadt, sondern als bloßer Verkehrsträger ihrer Isolierung. Hinzu kommt das unmerkliche, aber erschreckend stetige Verschwinden des gewerblichen Mittelstands aus dem Alltag der Stadt.

Wohl kein anderer Wirtschaftszweig hat das Städtische so intensiv getragen wie die Familienbetriebe, die selbständigen Betreiberinnen und Betreiber von Läden, Kneipen, Gasthöfen, von kleinen Büros und Agenturen, von Friseur-, Wasch- und Bügelsalons, von kleinen Kiosken und Marktständen. Sie alle haben eben nicht nur Waren, Fertigkeiten und Dienstleistungen gehandelt, sondern waren mit ihrer eigenen Person ein unverzichtbarer Teil der Vermittlungskultur der Straße. In dem Maße, wie seit einigen Jahrzehnten ihre Betriebe durch Filialen anonymer Ketten verdrängt und durch marktbeherrschende Großfirmen eliminiert wurden, verliert ein Stadtquartier nach dem anderen seine frühere Qualität – nicht zu reden von den Neubauvierteln, bei denen solche Qualitäten schon von vornherein gar nicht mehr angestrebt werden.

Wer heute Fotografien aus den Städten der Vorkriegszeit – oder auch aus den ersten Nachkriegsjahren – betrachtet, glaubt mit einem Zeitabstand von nicht einmal zwei Generationen einen Blick in eine seltsam ferne, aber gleichzeitig noch ganz vertraute Welt zu tun, sozusagen in ein von unserer eigenen Kindheit bewohntes Mittelalter.

Herz der Stadt und Peripherie

Wir machen heute auf sehr widersprüchliche Weise Gebrauch von dem Wort Stadt. Einmal ist die Stadt die Gesamtheit einer Siedlungsagglomeration, dann wieder – etwa wenn wir »in die Stadt« gehen – nur ihr Zentrum. Beidesmal geht es um die Stadt im Unterschied zum Land. Aber wohnen Leute, die ihr Haus in einem früheren Dorf gebaut haben, welches heute zur Stadt gehört, auf dem Land oder in der Stadt? Wir haben uns daran gewöhnt, in der Stadt einen mechanisierten Organismus zu sehen, der ein pulsierendes (undurchschaubares, gefährliches, spannungsgeladenes) Zentrum hat, das man gern auch das Herz der Stadt nennt, und eine banale Peripherie, von der die Menschen sich einreden, sie sei naturnah, überschaubar und gesund.

Immerhin keimt hier und dort die Erkenntnis, daß in dieser Vorstellung von der Stadt etwas nicht stimmt. Ein Verlangen nach einer anderen Stadtqualität als derjenigen der *gegliederten und aufgelockerten Stadt* – so der Titel eines wichtigen Städtebaubuchs der Nachkriegszeit (Göderitz/Rainer/Hoffmann 1957) – ist im Entstehen. Nicht nur gibt es eine wachsende

Klientel, die auf dem Wohnungsmarkt Angebote in innerstädtischer Lage bevorzugt, auch im Bereich der Planung beginnt man traditionelle Elemente des Städtischen wiederzuentdecken: Wohnen und Arbeiten, Arbeitswelt und Kultur, Freizeit und Alltag sollen wieder zusammenkommen. Man spricht von der Stadt der kurzen Wege, entwirft wieder Straßenfluchten, Stadtquartiere mit Innenhöfen, Boulevards, Passagen und Stadtparks.

Die Frage ist allerdings, ob es hier wirklich um mehr geht als bloß um neue Ansprüche an die moderne – also die in einzelne Funktionen gegliederte – Stadt und um einen neuen Schein des Urbanen. Werden nicht einfach doch nur die Kulissen der Stadt neu aufgestellt? Besteht hier nicht die Illusion, städtisches Milieu werde sich automatisch wieder einstellen, sobald irgendwie vertraute Elemente des traditionellen Stadtambientes neu erstehen?

Das Milieu der europäischen Stadt war die Ausprägung einer in der Gesellschaft vorhandenen Idee des Städtischen. Da wir eine solche Idee heute keineswegs als gegeben voraussetzen können, verdient es reichliche Skepsis, wenn die Planung ausgerechnet auf ein Formenrepertoire des 19. Jahrhunderts zurückgreift, das vornehmlich im Dienste der bürgerlichen Repräsentation entstanden war. Wenn wir heute in der Moderne einen Mangel an Urbanität wahrnehmen, sollten wir da nicht zuerst fragen, woraus Urbanität entsteht, ehe wir einfach der Moderne davonlaufen?

Segmentierung im Planungsrecht

Daß der Mangel an einer Idee von der Stadt in unserer Gesellschaft nicht als ein solcher empfunden wird, hängt mit der Attitüde zusammen, in der Stadt hauptsächlich ein Instrument zur Befriedigung eigener, privater Interessen und Belange zu sehen. Das Städtische interessiert nur soweit, wie es der individuellen Lebensführung zugutekommt (etwa in der Bereitstellung von Einrichtungen zur Betreuung Unselbständiger – Kinder, Jugendlicher, Pflegebedürftiger – oder zur Befriedigung der persönlichen Fitneßansprüche). Was die städtischen Zusammenhänge anbelangt, beschränken wir uns auf den Anspruch nach Reibungslosigkeit im Verkehrsablauf.

In der Zeit seit Beginn der Industrialisierung haben die Planer gelernt, die Stadt analytisch in einzelne Tätigkeitsbereiche zu zerlegen, um diese jeweils isoliert – also ohne Beeinträchtigung oder Störung durch andere

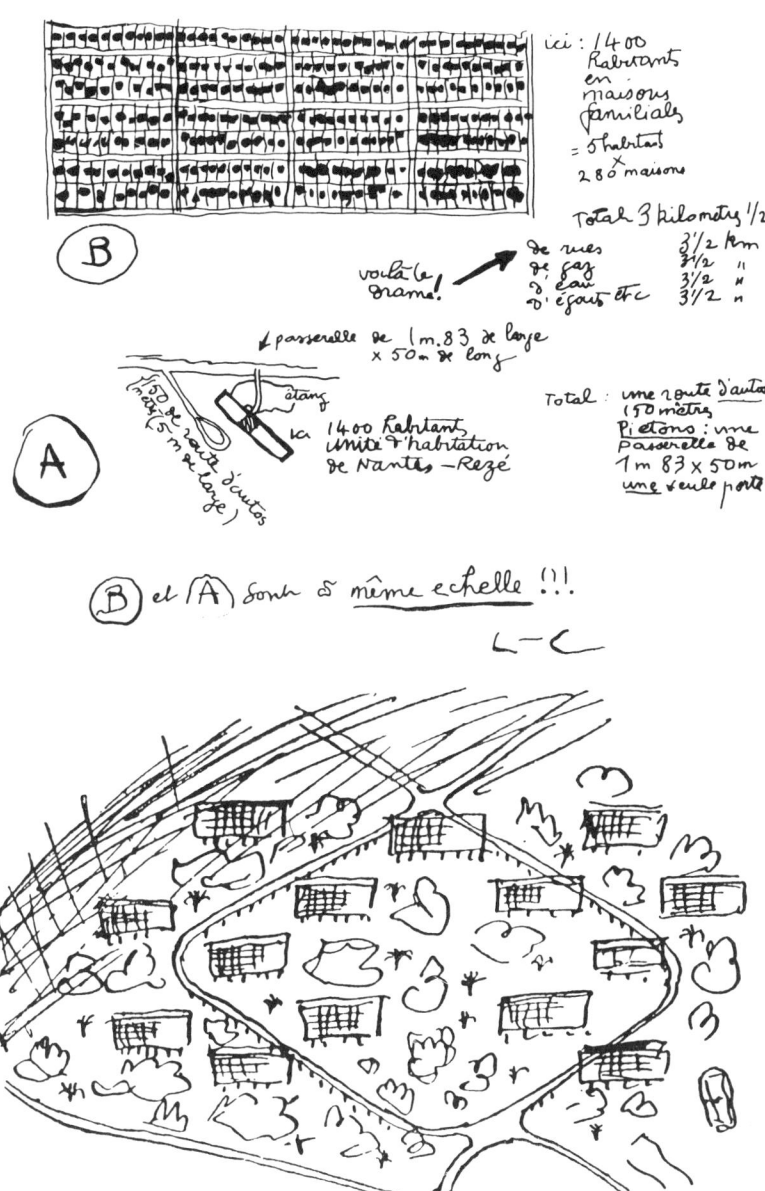

ici : 1400
Rabitants
en
maisons
familials
= 5 habitants
×
280 maisons

Total 3 kilometrs 1/2

(B)

voilà le
drame!

de rues   3'1/2 km
de gaz   3 1/2   "
d' eau   3 1/2   "
d' égouts etc 3 1/2   "

↓ passerelle de 1 m. 83 de large
× 50 m de long

étang

(150 de route d'autos
(mais 5 m de large)

ici 1400 Rabitants
unité d'habitation
de Nantes - Rezé

(A)

Total : une route d'autos
(50 mètres
Piétons : une
passerelle de
1 m 83 × 50 m
une seule porte

(B) et (A) sont à même echelle !!!.

L-C

4   Varianten der segmentierten Stadt: Le Corbusiers Unité d'habitation im
     Vergleich mit einem Einfamilienhausgebiet für 1400 Einwohner

25

Bereiche – baulich perfekt zu bedienen. Der Zusammenhang, der in der traditionellen europäischen Stadt (so unterstellen wir zunächst einmal) Urbanität erzeugte, ist in der gegliederten und aufgelockerten Stadt zur Nebensache geworden. Die moderne Stadt trennt das Wohnen vom Arbeiten, den Beruf von der Freizeit, die Produktion von der Verwaltung, die Kultur vom Kommerz, die Kinder von den Erwachsenen und den Alten, die Gesunden von den Pflegebedürftigen. Dieses Trennen und in der Trennung Perfektionieren hat jedoch fatale Folgen: Der Vorrang in der Verfolgung gesonderter privater Interessen führt zu einer immer hermetischeren Abschirmung und Absicherung gegenüber allem, was nicht ausdrücklich dazugehört, und damit allzu leicht zur Ausgrenzung alles Fremden (im Extremfall braucht man die Straße nicht mehr zu betreten: Das Auto bringt einen in die jeweils durch Kontrollen abgesicherten Bereiche der Wohnung, des Arbeitsplatzes, des Supermarkts usw.).

Es ist ein viel zu wenig bekanntes und diskutiertes Faktum, daß der moderne Mensch eine Vorstellung von der Stadt verinnerlicht hat, die dem traditionellen Verständnis diametral gegenübersteht. Und diese Vorstellung wird dadurch immer wieder reproduziert, daß sie im Planungsrecht ihren Niederschlag gefunden hat, in bauliche Wirklichkeit umgesetzt und damit als realistisch bestätigt wird.

Das bundesdeutsche Baugesetzbuch kennt zwar neben den monofunktional ausgerichteten Gebieten auch gemischt genutzte Gebiete (Mischgebiet, besonderes Wohngebiet). Dabei handelt es sich aber in den Augen der meisten Planer um terminologische Notlösungen, die der Klassifizierung von Beständen dienen, welche noch aus dem traditionellen Städtebau überkommen sind. In § 1 des Baugesetzbuches, wo die Ziele der Bauleitplanung festgehalten sind, finden sich denn auch keine Ziele, die auf etwas anderes als eine zerlegte Stadt verweisen. Die Thematisierung des Städtischen als Mittel zur Bewältigung gesellschaftlicher Konflikte scheint jedenfalls nicht im Raum der Stadt zutage zu treten. Da ist von einer »geordneten« städtebaulichen Entwicklung die Rede, von »gesunden« Wohn- und Arbeitsverhältnissen und von sozialen und kulturellen »Bedürfnissen« der Bevölkerung (die dann gleich auf funktionale Einzelbedürfnisse eingeengt werden). All das bezieht sich auf die »Nutzung der Grundstücke« und nicht auf den Stadtraum. Ob der Stadtraum etwas zu tun hat mit den Möglichkeiten zur Entfaltung der Stadtgesellschaft und ob hierzu in den Plänen die Voraussetzungen geschaffen werden müssen – das hat der Planungsgesetzgeber offen gelassen.

§ 9 des Baugesetzbuches, der sich mit dem Inhalt der Bebauungspläne befaßt, bezeichnet denn Straßen auch präzise als »Verkehrsflächen«. Mit dem Städtischen hat die Vorstellung von einer geordneten städtebaulichen Entwicklung des Baugesetzbuches wenig im Sinn. Geordnet ist hier schlicht alles, was segmentierte Einzelnutzungen verbindet – egal auf welche Weise.

2. Ein Mythos der Absonderung

Splendid Isolation

Wenn man die Praxis des Städtebaus betrachtet, kommt man nicht umhin, das Entwurfsprinzip der Entflechtung, der Zerlegung der Stadt noch auf einer anderen, mehr kultursoziologischen Ebene zu beschreiben. Die moderne Architektur und der moderne Städtebau haben sich in der Distanzierung gegenüber allen Traditionen formiert. Dies gilt nicht nur für die baulich-räumliche Umsetzung von Alltagsbedürfnissen, sondern mindestens ebensosehr für die formale Gestaltung. Moderne Architektur soll wie eine Maschine funktionieren, – und sie soll auch so aussehen. Nicht zufällig haben die Urheber der 1933 verabschiedeten (und 1943 veröffentlichten) Charta von Athen, des wichtigsten Architekturmanifests der Moderne, ausdrücklich formuliert, daß »die Verwendung vergangener Baustile, unter ästhetischen Vorwänden, bei der Errichtung von Neubauten ... vernichtende Folgen (hat). Diese Gewohnheit darf unter keinen Umständen und in keiner Form geduldet, geschweige denn wieder aufgenommen werden.« (Zit. n.: Hoffmann 1979: 131) Interessant bei dieser Formulierung ist, daß die Autoren des Manifests sich offenbar nicht vorstellen konnten, jemand könnte traditionelle Elemente auch aus anderen Gründen (beispielsweise städtebaulichen) weiter verwenden wollen.

Im modernen Bauen wird jedes Werk durch Ausgrenzung aus einer vermeintlich banalen Umgebung entworfen. Ein Gebäude, aber ebenso auch ein städtebauliches Ensemble, wird als Solitär konzipiert, der quasi auf einem besonderen Podest steht wie ein Kunstwerk. Das Werk ist nicht mehr Teil einer Straße oder eines Stadtviertels, sondern steht abgelöst von jedem Kontext in einer von der konkreten Stadt unabhängigen Welt – in einer

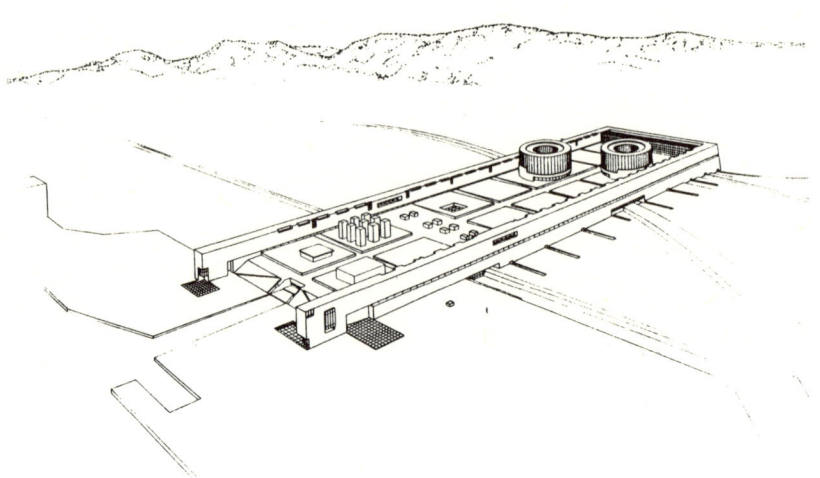

*5　Arbeitsplatz-Ensemble in perfekter Isolierung: Research- und Gewerbezentrum
(Entwurf Sommerakademie für Architekten im Ruhrgebiet)*

Welt, die durch Licht, Luft, Sonne, Natur, Weite, letztlich durch eine ins
Ideale erhobene Wüste repräsentiert wird. Die Idee des Heraustrennens hat
sich in der modernen Architektur (und möglicherweise in anderen Lebensbereichen ebenso) zu einem *Mythos des Isolierens* verdichtet. Die Frage,
was Trennen und Verbinden im Gefüge der Stadt bedeuten, stellt sich gar
nicht mehr: Das Herausgeschnittene, Abgesonderte, aus dem Kontext Her-
austretende wird zum Modernen schlechthin.

Kann man diese Beurteilung der Moderne auch heute noch, in einer postmodernen Phase des *anything goes*, aufrechterhalten? Ich meine schon.
Postmoderne Architektur zitiert beispielsweise das Bild der Maschine und
transformiert Motive traditionaler Architektur in dieses Bild – das Bestreben des Absonderns dominiert dabei unvermindert.

Dinge, die den Eindruck machen, als bedeuteten sie von ganz allein

Ist es zulässig, die allgemein anerkannten Entwurfsgrundsätze der zu ihrer
jeweiligen Zeit progressiven Moderne als einen Mythos zu bezeichnen? Ich
bin kein Philosoph und überlasse deshalb die Beantwortung dieser Frage

28

gern Roland Barthes. Der untersucht in seinem Aufsatz *Der Mythos heute* (Barthes 1964: 85ff.) die Bedeutung des Mythos im System der Sprache. Er stellt dabei fest: »Der geschriebene Diskurs, der Sport, aber auch die Photographie, der Film, die Reportage, Schauspiele und Reklame, all das kann Träger der mythischen Aussage sein.«

In dem Maße, wie Architektur eine Botschaft ist, kann natürlich auch sie zum Gegenstand eines Mythos werden. Denn bezeichnend für den Mythos ist die Ablösung der Form vom Sinn, und bei der hier beschriebenen Absonderung wird die Aussage der Architektur aus dem gesellschaftlichen Kontext herausgelöst, in dem das Bauen real steht. Roland Barthes:

»Die Welt liefert dem Mythos ein historisches Reales, das durch die Art und Weise definiert wird, auf die es die Menschen hervorgebracht und benutzt haben. Der Mythos gibt ein *natürliches* Bild dieses Realen wieder... Ein Kunststück ist vor sich gegangen, bei dem das Reale umgewendet, es von Geschichte entleert und mit Natur angefüllt worden ist, die den Dingen ihren menschlichen Sinn entzogen hat, so daß sie nur noch Bedeutungslosigkeit für die Menschen bedeuten. Die Funktion des Mythos besteht darin, das Reale zu entleeren, er ist buchstäblich ein unablässiges Ausfließen, ein Ausbluten, oder, wenn man lieber will, ein Verflüchtigen, also eine spürbare Abwesenheit.

Es ist jetzt möglich, die semiologische Definition des Mythos in der bürgerlichen Gesellschaft zu vervollständigen: *der Mythos ist eine entpolitisierte Aussage*... (Der Mythos) organisiert eine Welt ohne Widersprüche, weil ohne Tiefe, eine in der Evidenz ausgebreitete Welt, er begründet eine glückliche Klarheit. Die Dinge machen den Eindruck, als bedeuteten sie von ganz allein.« (Barthes 1964: 130ff.)

Die Isolierung des einzelnen architektonischen Werks von seiner Umgebung ist also nichts anderes als eine Möglichkeit, das architektonische und städtebauliche Handeln in seiner Aussage zu entpolitisieren. Geht man die Geschichte der modernen Architektur durch, so wird man feststellen, daß das Thema der formalen Ablösung des Einzelwerks aus bestehenden Zusammenhängen ein durchgängiges Motiv ist. Die Freistellung von Gebäuden, ihre Gestaltung als Fremdkörper, die Behandlung von Bauten als freistehende geometrische Körper (Scheiben, Blöcke, Türme) und nicht zuletzt die Verwendung großflächiger spiegelnder Verglasungen spielen dabei eine unübersehbare Rolle.

Ganz unbestreitbar hat ein solcher Mythos der Absonderung Werke der Architektur hervorgebracht, die durch ihr Anderssein faszinieren. In allen Phasen von der klassischen Moderne bis hin zur Postmoderne und zum Dekonstruktivismus ist die Definition des Orts durch das Werk (bzw. sei-

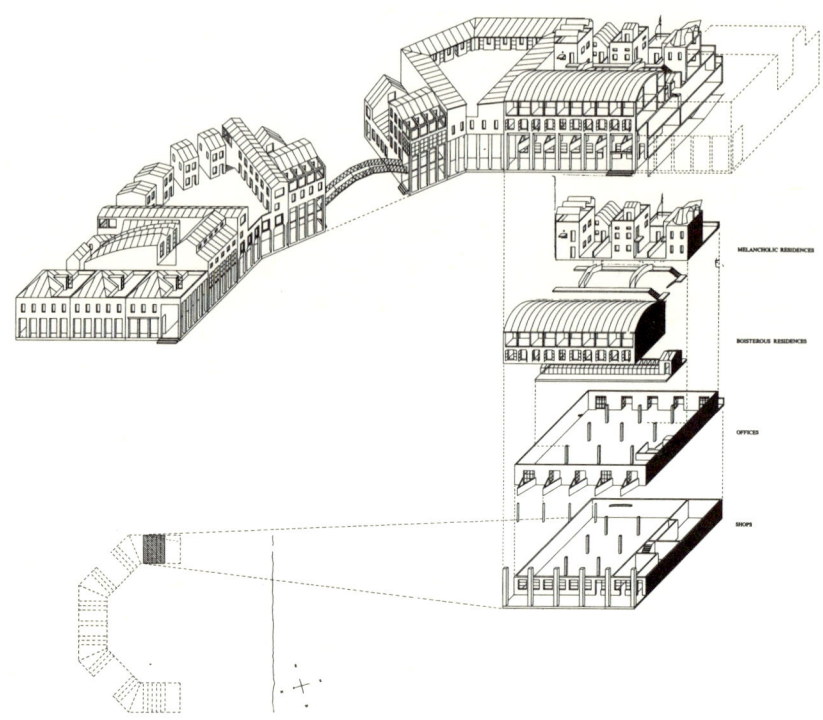

6 *Auseinandersetzung mit dem Mythos der Absonderung:*
Gebäude mit gemischter Nutzung in Seaside, Florida (Steven Holl)

nen Architekten) und nicht das Einfügen des Werks in den Kontext des Orts
das prägende Thema.

Es geht hier nicht darum, die moderne Architektur abzuqualifizieren; es
ist aber einfach notwendig, kritisch darauf hinzuweisen, daß sie mit ihrem
isolierenden Habitus nur schwer in der Lage ist, bestimmte, möglicherweise unverzichtbare städtebauliche Anforderungen zu erfüllen. Sie befindet sich insofern in einem offenkundigen Dilemma.

Auch heute noch? Gibt es nicht Trends, die versuchen, aus den Fixierun-
gen des Mythos auszubrechen? Ich meine, daß selbst dort, wo scheinbar
etwas anderes versucht wird, das Moment der Absonderung meist dennoch
weiter dominiert. Ich nehme als Beispiel den Amerikaner Steven Holl, dessen Projekte *Hybrid Building Seaside, Florida 1985–1988* und *Porta Vittoria Milan, Italy 1986* als Auseinandersetzung zwischen dem Städtischen

und dem Mythos der Absonderung interpretiert werden können. Die Aufhebung der Nutzungstrennung in dem einen und der räumlichen Isolierung in dem anderen Projekt führt aber eben doch nicht dazu, daß der Mythos verschwindet – Holl selbst bezeichnet das Ergebnis als »incidental urbanism«, als zufällige Stadtherstellung (Holl 1989: 80ff./96ff.).

Natürlich gibt es Außenseiter, die sich – zum Beispiel in Dritte-Welt-Projekten oder im Umfeld der *Community Architecture* (Wates/Knevitt 1987) – ernsthaft dem Kontext aus baulicher und sozialer Stadtstruktur verschrieben haben. Solche Versuche haben aber heute keinerlei Chance, als Avantgarde akzeptiert zu werden – weder von der Fachwelt noch von der Alltagspolitik. Dies illustriert den übermächtigen Einfluß, den der Mythos der Absonderung (vielleicht zusammen mit der Vorstellung vom Architekten als des eigentlich berufenen Weltherstellers, des Demiurgos) immer noch genießt.

II. Die Konfrontation des Öffentlichen und des Privaten in der Stadt

3. Was ist Urbanität?

Blick ins Wörterbuch

Schlägt man im entsprechenden Lexikonteil des *Deutschen Fremdwörterbuchs* (1983, Bd. 6: 58f.) nach, stellt man erstaunt fest, daß der Begriff der Urbanität bereits in der Aufklärungszeit in den deutschen Wortschatz übernommen wurde. Er bezeichnet Verhaltensweisen wie »kulturelle Aufgeschlossenheit« oder einen »ungezwungenen, verbindlichen und aufgeklärten« Umgang. Aus den *Literarischen Pamphleten* von 1781: »Die Urbanität, sagt Quintilian, bestehe im ganzen Ton und Colorit der Rede, sie sey eine Art sich auszudrücken, die in dem ganzen Anstand des Redenden liege, sie sei ein Geschmack der Hauptstadt, eine feine, kaum merkliche Tinktur der Gelehrsamkeit«. Urbanität ist aber nicht allein eine Sache gebildeter Schichten, sondern wohl auch des gewöhnlichen Alltags. Charakteristisch ist, daß der urbane Verhaltenstypus immer an der Weise gemessen wird, wie in städtischer Geselligkeit miteinander gesprochen wird. Aufgeschlossenheit und Toleranz gegenüber dem anderen gehören zu seinem Wesen: durch ihn werden im gesellschaftlichen Raum alle als Gleiche akzeptiert. Als urban wird in dieser Zeit nicht nur ein solcher Verhaltenstypus, sondern auch gerade das miteinander Sprechen bezeichnet. Aus Sidney Morgans *Frankreich* von 1821 zitiert das *Fremdwörterbuch* die »Maxime der französischen Urbanität, daß in dem Gesellschaftssaale alle Stände gleich sind«. Urban ist demnach der den städtischen Verhältnissen angemessene distan-

zierte, aber verbindliche Umgang im Benehmen wie in der Sprache gegenüber anderen, seien es Bekannte oder Fremde.

Die Urbanität der Soziologen

Sozialwissenschaftler weisen heute darauf hin, daß Urbanität mit dem Zerfall der ständischen Gesellschaft und dem Ende des klassischen Bürgertums
verschwinden mußte. In einem Aufsatz mit dem Titel *Was macht eine Stadt
urban?* stellt der Stadtsoziologe Walter Siebel fest, daß derjenige Begriff
von Urbanität erschöpft ist, der mit der Definition der Stadt als einem
»Schritt in die Richtung auf Demokratie, Emanzipation des Individuums
und gerechten Tausch« (Siebel 1992: 17) verbunden war. Weil Urbanität eine
historisch bedingte Kategorie sei – »wie alle sozialwissenschaftlichen Kate-
gorien« –, sei es jedoch möglich, nach Elementen einer neuen Urbanität zu
suchen, die sowohl dem historischen Anspruch europäischer Urbanität
wie den heutigen gesellschaftlichen Bedingungen entsprechen. Siebel
beschreibt dann die Defizite der modernen Stadt – in bezug auf Urbanität –
und weist darauf hin, daß auch künftige Urbanität offen sein muß für die
Ausprägung von »Differenz und Widerspruch«. Die künftige urbane Stadt
werde geprägt sein müssen von dem prinzipiellen Widerspruch zwischen
Dienstleistungsmaschine und Heimat, also zwischen Entlastung von sozialer Kontrolle einerseits und Vertrautheit andererseits. Die Diskussion über
Stadtkultur dürfe heute keinesfalls »hinter die emanzipatorische Reich-
weite der bürgerlichen Urbanität zurückfallen«. Diese Urbanität, so Siebel,
habe eine Utopie enthalten: »die Vision einer liberalen Gesellschaft ökono-
misch selbständiger, politisch gleicher und zivilisierter Individuen« (Siebel
1992: 21).

Urbanität als ein Stück praktizierter Solidarität

Die Soziologie weist uns darauf hin, daß für die Stadt der Zukunft, in der
mehr denn je Angehörige verschiedener Kulturen und verschiedenen sozialen Status zusammenleben werden, das Problem der Segregation neu zu
überdenken sei: In der multikulturellen Stadt dürften unterschiedliche Kulturen nicht einfach integriert, also aufgelöst werden. Die modernen Sozial-

wissenschaften sagen, daß das Urbanitätsverständnis der Aufklärung unter dem Modernisierungsprozeß unserer Zeit nicht länger aufrechterhalten werden könne. Ich meine, man kann an dieser These einiges zum Begriff der Urbanität deutlich machen. Die gesellschaftliche Emanzipation, die sich im Modernisierungsprozeß durchsetzt, läßt es in der Tat nicht zu, von Zugewanderten aus uns fremden Kulturen eine Integration zu fordern (dies ist die »Linie« der Humanität). Urbanität, die indes gerade im Umgang mit Fremden höchst erwünscht ist, wird zur gleichen Zeit dem Modernisierungsprozeß geopfert (die zunehmenden ausländerfeindlichen Aktionen in unserem Land beweisen es). Die »Linie« der Urbanität verläuft somit tatsächlich anders als die der Humanität.

Die Frage ist, ob es überhaupt eine Chance für neue Urbanität geben kann, wenn es nicht gelingt, den Modernisierungsprozeß so umzulenken, daß das zivile Individuum (das gleich noch zu definieren sein wird) in der Stadt wieder seinen Raum bekommt.

Worum geht es bei der Urbanität der Aufklärung? Ich werde hier zwei Texte zitieren, die – geschrieben in einem Abstand von ziemlich genau zweihundert Jahren – einen wichtigen Aspekt von Urbanität schildern, der weniger auf freiheitliche Emanzipation aus ist als auf eine praktizierte Brüderlichkeit unter Fremden, auf Solidarität als Anerkennung jedes einzelnen Menschen, sei er noch so verschieden in der Kultur und seinen Anschauungen. Das Urbane der Aufklärung war – so vermute ich – wirklich eher eine Frage des Zusammenlebens als des Abschüttelns von Fesseln (was eben nicht bedeutet, daß die Stadt an letzterem keinen Anteil hatte). Zu zeigen ist das Angebot eines städtischen Orts an das heimatlose Individuum, den Fremden, den Außenseiter, den Verrückten, das Milieu als eine Handlungschance in einer Gesellschaft zu nutzen, die von ihm eigentlich nichts wissen will und die dieses Handeln doch ernst nimmt.

Diderot am Beginn von *Rameaus Neffe*:

»Ob schönes, ob garstiges Wetter – ich bin's gewohnt, gegen fünf Uhr abends im Palais Royal spazieren zu gehen. Stets allein, in Gedanken versunken, sieht man mich auf der Bank von Argenson. Hier unterhalte ich mich mit mir selbst: über Politik, Liebe, Geschmack oder Philosophie... Eines Nachmittags war ich dort, beobachtete viel, sprach kaum und hörte so wenig wie möglich hin... Da wurde ich von einem der bizarrsten Menschen angesprochen, den dieses Land beherbergt, wo es Gott an dergleichen doch nicht hat fehlen lassen. In ihm verbinden sich Erhabenheit und Niedertracht, Vernunft und Unverstand, und die Begriffe des Ehrbaren und Unehrbaren müssen ganz sonderbar verwirrt in seinem Kopfe sein; denn er zeigt, was ihm die Natur an guten Eigenschaften gegeben hat, ohne Prahlerei, und was er von ihr an schlechten empfangen, ohne Scham… Er spricht mich an… Ah, sieh da, der Herr Philosoph! Was treibt Ihr hier, unter diesen Tagedieben?« (Diderot 1967, Bd. 4: 7)

Und dazu ein modernes Gegenstück aus Hannah Arendts *Walter Benjamin – Bertolt Brecht*:

»Was alle anderen Städte nur widerwillig dem Auswurf der Gesellschaft zu gestatten scheinen, das Bummeln, Schlendern und Flanieren, dazu fordern die Pariser Straßen jedermann geradezu auf. Und so ist die Stadt denn auch seit dem zweiten Kaiserreich das Paradies aller derer gewesen, die keinem Erwerb nachzujagen, keine Karriere zu machen, kein Ziel zu erreichen brauchten: das Paradies also der Bohème, und zwar nicht nur der Künstler und Schriftsteller, sondern auch derer, die sich um sie versammeln, weil sie entweder politisch, wie die Heimat- und Staatenlosen, oder gesellschaftlich nicht einzuordnen sind.« (Arendt 1971: 29f.)

Die Urbanität des zivilen Individuums, die Urbanität der Brüderlichkeit, kann offenbar weit weniger durch geschichtliche Prozesse erledigt werden als das Streben nach Freiheit und Gleichheit. Sollte sich das Städtische als Medium für die Emanzipation überholt haben – wie die Soziologen argumentieren –, dann gewiß nicht das Städtische als Medium der Solidarität, der Brüderlichkeit. Die Urbanität läßt sich eben nicht durch Emanzipation durchsetzen, sie muß stets neu in der jeweils konkreten Situation des Zusammenlebens ausgeübt werden. Die Frage ist für mich weniger, welche neue Urbanität an die Stelle der alten treten soll, als vielmehr, wie die Urbanität der Aufklärung weiterleben kann.

Daß Urbanität gerade keine historische Kategorie ist, sehe ich auch durch Henri Lefèbvre bestätigt:

»Das Urbane (›Abkürzung für verstädterte Gesellschaft‹) wird nicht als eine erreichte Wirklichkeit definiert, in der Zeit vor dem Jetzt schon vorhanden, sondern als Ausblick, als aufklärende Virtualität. Sie ist das *Mögliche*, definiert durch eine Richtung am Ende eines Weges, der zu ihm hinführt. Um es zu erreichen, es zu verwirklichen, müssen vorab die Hindernisse umgangen oder beseitigt werden, die es im Augenblick noch *unmöglich* machen.« (Lefèbvre 1972: 23)

Urbanität ist und bleibt Utopie. Sie wird nicht neu dadurch, daß sich die Zeitläufe ändern.

7   *James A. Whistler: St. James' Street, London*

Bereiche des urbanen Verhaltens

Merkwürdigerweise hat das Attribut *urban* selbst heute, wo die Ziele der Mehrheit in unserer Gesellschaft offensichtlich ganz woanders liegen, einen guten, in keiner Weise rückwärtsgewandten Klang. Die Spielregeln des urbanen Umgangs sind beispielsweise in Erving Goffmans Buch *Verhalten in sozialen Situationen* (1971) skizziert: Sie umfassen die Bereiche der nichtzentrierten Interaktion – flanieren, beobachten, möglichst wenig hinhören –, der zentrierten Interaktion – ein Gespräch einfädeln, nach der Uhr fragen, auf der Straße ein politisches Streitgespräch führen – und der zugänglichen Interaktion – aus dem zufälligen Gespräch wird eine Szene, bei der andere zuschauen, sich einmischen…

Diese Spielregeln zeigen ihren urbanen Habitus darin, daß sie für alle Individuen und Gruppen im Stadtraum gleichermaßen gelten, für die Arrivierten und Vermögenden wie für die sozial und wirtschaftlich Zurückgesetzten, für die Schon-immer-Dagewesenen wie für die Neu-Hinzugekommenen. Die Regeln regulieren sich selbst: Kinder lernen sie durch ihre Teilnahme am Alltagsleben im Stadtraum, wo sie die Großen beobachten können; die Kontrolle über ihre Einhaltung obliegt nicht einer äußeren Ordnungsmacht, sondern den Mitspielern am öffentlichen Stück selber.

Räumlichkeit und Vielfalt

Urbanität ist aber nicht einfach Weltoffenheit oder Toleranz gegenüber anderen: Sie ist immer an lokale, räumliche Vorgaben geknüpft. Nie ist eine Stadt als Ganzes urban: stets sind es einzelne Situationen, die dort, wo sie eng genug beieinander liegen, zu einem urbanen Stadtgeflecht werden können. Urban ist der einzelne Ort, die soziale Interaktion an diesem Ort, die Lebensweise der Menschen, die sich auf derartige Situationen einlassen.

Zu den lokalen räumlichen Vorgaben muß als unerläßliches Element des Urbanen Vielfalt hinzukommen: soziale Vielfalt, ethnische Vielfalt, Vielfalt der Angebote, der im Stadtraum sichtbaren kulturellen Techniken, der Traditionen, der Anschauungen, der Religionen und Philosophien. Diese Vielfalt muß sich, wenn sie in Urbanität umschlagen soll, auf knappem Raum präsentieren. Urbanität ist somit auch immer kulturelle Dichte an einem definierten städtischen Ort. Aus Räumlichkeit und Vielfalt entsteht die urbane Situation.

Hierzu noch einmal Lefèbvre:

»Alles, was andernorts entsteht, reißt die Stadt an sich: Früchte und Objekte, Produkte und Produzenten, Werke und schöpferisch Tätige, Aktivitäten und Situationen. Was erschafft sie? Nichts. Sie *zentralisiert* die Schöpfungen. Und dennoch, sie erschafft alles. Nichts existiert ohne Austausch, ohne Annäherung, ohne Nähe, ohne *Beziehungsgefüge* also. Sie schafft eine, die urbane Situation, in der *unterschiedliche* Dinge zueinanderfinden und nicht länger getrennt existieren, und zwar vermöge ihrer Unterschiedlichkeit.« (Lefèbvre 1972: 127)

4. Zusammenhänge zwischen Urbanität, Öffentlichkeit und Stadtraum

Ein aufgegebenes Entwurfsmodell

Wie wir gesehen haben, entsteht Urbanität nicht einfach irgendwie als Teil der individuellen Persönlichkeitsbildung (im Elternhaus, in der Schule, am Arbeitsplatz, in der Disco usw.) und auch nicht im luftleeren Raum, sondern aus Erfahrung an konkreten Orten, die sich durch einen städtischen Charakter auszeichnen. Nur hier kann sich der einzelne das aneignen, was Urbanität ausmacht.

Wenn dies so allgemeingültig ist, dann muß man sich fragen, ob es vielleicht ganz bestimmte Regeln gibt, nach denen eine urbane Situation organisiert sein muß, um die soeben beschriebenen Potentiale freisetzen zu können. Und umgekehrt stellt sich die Frage, ob nicht viele Mängel der modernen Stadt, die in den letzten Jahrzehnten immer wieder Gegenstand der Kritik aufmerksamer Beobachter geworden sind, ganz direkt mit der Nichtbeachtung solcher Regeln zu tun haben. Wenn die Urbanität, der wir hier nachspüren – die Urbanität der Brüderlichkeit, des zivilen Verhaltens – eine normative Konstante ist, ein im geschichtlichen Lauf der europäischen Kultur sich nicht veränderndes Ideal, dann könnte auch die räumliche Konstellation, die ihre Quelle ist – die urbane Situation –, eine ähnliche Beständigkeit in ihren Grundbedingungen aufweisen.

Jane Jacobs, Alexander Mitscherlich und Richard Sennett haben in ihren Schriften immer wieder darauf hingewiesen, daß die Entwurfsprinzipien des modernen Städtebaus urbane Vielfalt, tolerantes Zusammenleben, attraktive Alltagskultur und Mannigfaltigkeit der öffentlichen Umgangsformen geradezu verhindern.

Als klassisches Beispiel für die massive Kritik am modernen städtebaulichen Handeln möchte ich eine Passage aus der Einleitung zu Jane Jacobs' *Tod und Leben großer amerikanischer Städte* von 1961 zitieren, in der der Zusammenhang zwischen Planung und sozialen Folgen ganz ausdrücklich auf den Nenner gebracht wird:

»Mein Angriff gründet sich nicht auf Klügeleien über Wiederaufbaumethoden oder auf Haarspaltereien hinsichtlich Entwurfsmoden. Er richtet sich vielmehr gegen die Prinzipien und Ziele orthodoxer Stadtplanung und Stadtsanierung, also gegen die Wurzeln ihrer Unzulänglichkeit... Einer sinnigen Legende zufolge könnten wir, wenn wir genügend Geld hätten..., innerhalb von zehn Jahren unsere sämtlichen Slums vom Erdboden verschwinden lassen, den Verfall in den großen eintönigen und grauen Randbezirken, den Vorstädten von gestern und vorgestern, rückgängig machen, die ruhelos umherziehende Mittelklasse und das mit ihr herumziehende Steuergeld fest verankern und vielleicht sogar das Verkehrsproblem lösen. Man sehe sich aber an, was wir mit den ersten paar Milliarden gebaut haben: Siedlungen für Minderbemittelte, die schlimmere Brutstätten für Verbrechertum, Vandalismus und allgemeine soziale Hoffnungslosigkeit geworden sind als jene Slums, die sie ersetzen sollten; wir haben Wohnviertel für mittlere Einkommen gebaut, die, wahre Wunder an Langeweile und Uniformität, fest verriegelt sind gegen jede Schwungkraft oder Lebendigkeit eines Großstadtlebens; es entstehen Luxussiedlungen, die ihrer Fadheit mit schaler Vulgarität aufhelfen, oder es jedenfalls versuchen. Wir haben Kulturzentren, in denen sich nicht einmal eine gute Buchhandlung halten kann; Verwaltungszentren, die außer von Tagedieben, die wenig Auswahl an Plätzen haben, an denen sie sich herumtreiben können, von jedermann gemieden werden; Einkaufszentren, die nur lackglänzende Imitationen der standardisierten Kettenläden der Vororte sind. Wir haben Promenaden, die irgendwo sinnlos anfangen und nirgendwo hinführen und die kein Spaziergänger benutzt. Wir haben Schnellverkehrsstraßen, die unsere Großstädte ausweiden. Das ist kein Städtebau, kein Umbau, das ist Plünderung der Städte.«(Jacobs 1963: 9f.)

Bemerkenswert ist, daß eine so scharfe Kritik bisher wenig zur Besserung beigetragen hat. Sie hat die Politiker und Planer meist nur dazu verleitet, die bemängelten Defizite oberflächlich – nämlich innerhalb des gewohnten und gut eingeübten Planungssystems – zu vertuschen. Der Mythos der Absonderung wurde dabei zu keiner Zeit in Frage gestellt, sondern eher noch verfeinert und damit ausgebaut. Das ist weiter nicht verwunderlich. Daß die bestehenden untragbaren Zustände nur mit wirklich im Grundansatz veränderten Planungsvorgaben angegangen werden können – das kann die Kritik von außen nur ganz schwer vermitteln.

Der typischen europäischen Stadt war – und damit komme ich wieder auf meine grundlegende These – ein relativ simples Gestaltungsmodell eigen, mit dem es ihr gelang, die so wichtigen sozialen Zusammenhänge herzustellen und vor allem sinnlich erfahrbar zu machen. Durch die Abwendung von diesem Modell hat die Stadt die Chance verloren, wirklich urbane Situationen aufzubauen und für die Gestaltung des Alltags zu nutzen.

Könnte es sein, daß in einer ernsthaften Neubeschäftigung mit dem herkömmlichen Entwurfsmodell der Schlüssel für den dringend erforderlichen Neuansatz zu einem anderen, politisch motivierten städtebaulichen Handeln liegt? Könnte es sein, daß die Soziologen die Urbanität des Aufklärungszeitalters als vergangen betrachten, weil sie sich mit eben dem herkömmlichen Entwurfsmodell nicht eingehend auseinandergesetzt haben – ebenso wie die Praktiker des modernen Städtebaus?

Ganz direkt: In den Siedlungsgebieten der modernen Stadt gibt es keine geeigneten Räume, wo der zivile Umgang zwischen den Einfamilienhausbewohnern und den am Siedlungsrand in Wohncontainern untergebrachten Asylbewerbern zwanglos und selbstverständlich eingeübt und praktiziert werden kann. Die Kinder haben keinen Platz auf der Straße, wo sie zusammen spielen können und die Erwachsenen keine Bänke, auf denen sie nebeneinander sitzend das Straßenleben zusammen beobachten können. Die traditionelle Urbanität wird – wegen der fehlenden räumlichen Voraussetzungen – im Keim abgetötet. Welche neue Urbanität soll nun an ihre Stelle treten? Warum gehen wir zum Zahnarzt, wenn uns Zahnschmerzen plagen? Es wäre doch vielleicht viel besser, auf die Zähne zu verzichten und uns *neue* Eßgewohnheiten, ein dekonstruktivistisches Leben ohne Gebiß anzuschaffen!

Die *andere* Stadt

Die klassische europäische Stadt – das ist die *andere* Stadt, die uns die Geschichte quasi als Modell vorstellt. Eine Stadt, die nicht funktional geordnet ist oder geordnet sein will. Eine Stadt, die durch ein Element geprägt wird, welches sich gerade dadurch auszeichnet, daß es funktional nicht vorbestimmt ist: durch den öffentlichen Raum.

Was die herkömmliche europäische Stadt von der Stadt unseres Jahrhunderts unterscheidet, ist nicht allein die viel stärkere Verflechtung der Nut-

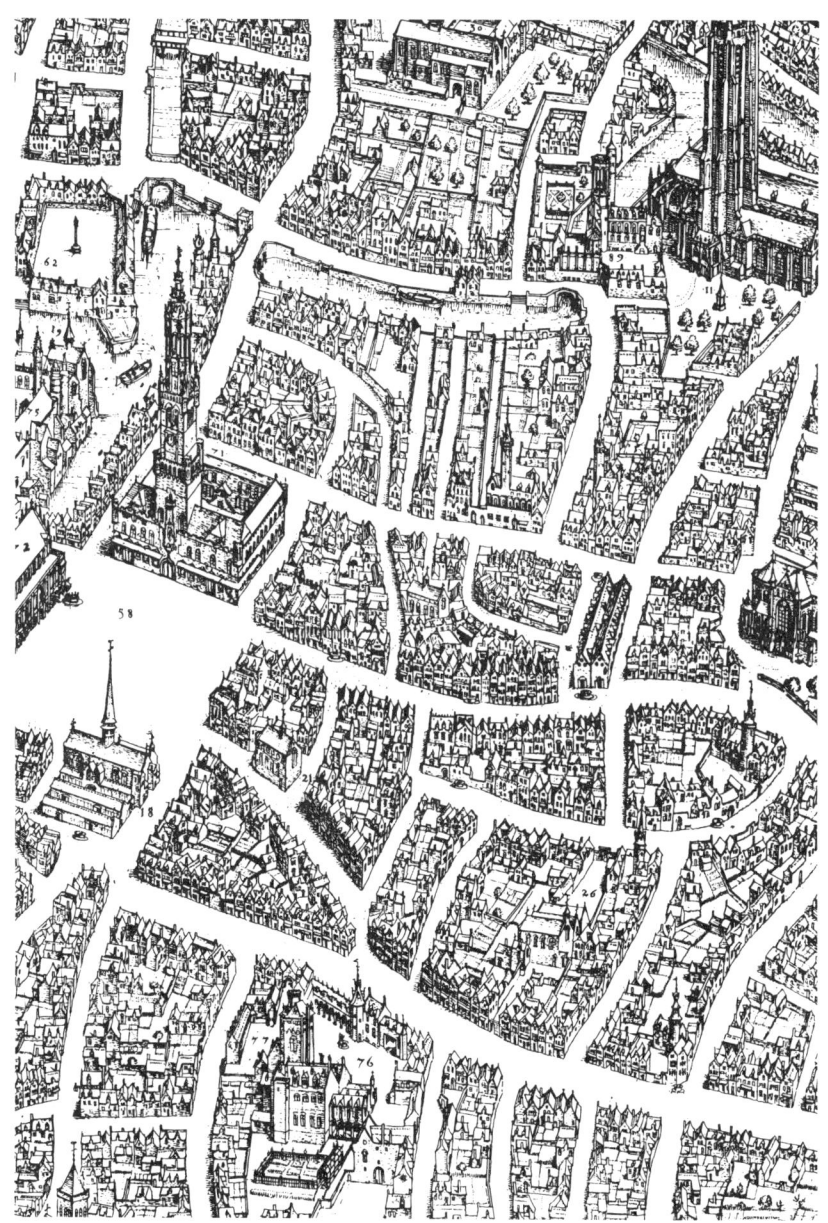

8 Brügge: Polarisierung des Öffentlichen und des Privaten

41

zungen (die Mischung) und die Geschlossenheit der Bebauung, sondern etwas, was erst daraus entsteht: ein Stadtraum, der Öffentlichkeit hervorbringt.

Bei der vergleichenden Analyse dürfen wir nicht in den Irrtum verfallen, die alte Stadt einfach als Vorform, als geschichtliche Variante der modernen Stadt zu betrachten. Nein, die alte Stadt ist nicht bloß eine Variante mit anderem architektonischen oder sozialen Gepräge, etwas weniger funktionalistisch, auf primitivere Verkehrsmittel zugeschnitten...

Wenn wir versuchen wollen, dieses herkömmliche Stadtmodell in seinem grundlegenden Anderssein zu erkennen, so müssen wir an der Bedeutung des öffentlichen Raums ansetzen. Im oberflächlichen Sprachgebrauch versteht man unter öffentlichem Raum allzu oft schlicht alles, was in der Stadt zwischen privaten Parzellen übrigbleibt. Mit diesem Verständnis verfehlt man das Paradigma der alten Stadt ganz und gar. Für das Begreifen dieses Paradigmas kommt es entscheidend darauf an, daß hier der Straßenraum ein enges Nebeneinander von privater und öffentlicher Sphäre geradezu erzwingt: eine Spannung zwischen diesen beiden Sphären, die den Alltag der Menschen unmittelbar prägt.

Solche Straßen sind öffentlicher Raum in dem Sinne, daß sie imstande sind, eine reale Öffentlichkeit, ein Publikum, ein Theater gezielter und ungezielter sozialer Interaktionen zu produzieren und dies auch tatsächlich tun. Sie sind der Ort, an dem die private Sphäre und die öffentliche Sphäre aneinander anstoßen, an dem sich privates Leben als ein vom öffentlichen unterschiedenes und sich unterscheidendes ausbilden kann. Der private Wohn- und Arbeitsbereich ist hier gerade nicht isoliert, sondern über die Straßenfront der Häuser mit dem öffentlichen Bereich konfrontiert.

Polarisierung des Alltags

Der öffentliche Raum war nicht einfach eine schöne Gelegenheit zum Aufenthalt im Freien und zur Begegnung oder ein Zweckmittel für den Verkehr zwischen Häusern, zwischen Stadtquartieren, zwischen Stadt und Land und zwischen entfernten Regionen.

Der öffentliche Raum war traditionell ein Bereich, der einer konkreten, vorbestimmten Nutzung entzogen war – und damit eine Voraussetzung dafür, daß städtisches Leben sich überhaupt entfalten konnte. Das beteiligt unbeteiligte Miteinander-Verkehren, die Vertrautheit in der Anonymität, das Dabeisein ohne Rechenschaftspflicht für die Anwesenheit – all das ist das Ergebnis dieser Errungenschaft.

Hans-Paul Bahrdt hat die These aufgestellt, daß die Stadt nicht – wie es Max Weber postulierte – mit dem Auftreten eines Marktes zur Stadt wird, sondern mit der Erfindung des öffentlichen Raums und ihrem engen Nebeneinander von öffentlicher und privater Sphäre, mit ihrer Scheidung in zwei deutlich entgegengesetzte Bereiche.

Nach Bahrdt ist die Stadt eine

»Ansiedlung, in der das gesamte, also auch das alltägliche Leben die Tendenz zeigt, sich zu polarisieren, d. h. entweder im sozialen Aggregatzustand der Öffentlichkeit oder in dem der Privatheit stattzufinden... Die positive Kulturleistung der Entwicklung einer Öffentlichkeit besteht zu einem guten Teil darin, Kommunikationsformen zu entwickeln, die die Distanz, die gegeben ist und bestehen bleibt – ja bestehen bleiben soll, überbrücken... *(Öffentlichkeit entsteht dort),* wo durch spezifische Stilisierungen des Verhaltens *(bei lückenhafter Integration)* dennoch Kommunikation und Arrangement zustandekommen. Die wichtigste Stilisierung des Verhaltens, die die Brücke über die Distanz schlägt, ist die Repräsentation, die... sehr verschiedene Formen haben kann... Die meisten Begegnungen der Individuen in der Öffentlichkeit bleiben flüchtig. Innerhalb gewisser Grenzen ist es aber mit Hilfe repräsentativen Verhaltens möglich, Brücken zu bauen, wo man will. Dabei ist auch die Art der Soziierung weitgehend in das Belieben der Partner gestellt. In einer Gesellschaft, in der es Öffentlichkeit gibt, finden wir daher eine große Variabilität der sozialen Kontakte: z. B. Kontakte von großer psychologischer Differenziertheit, aber auch völlig versachlichte... Trotz aller Kasuistik erlaubter Themen kann sich aus der Frage nach dem Weg ein Flirt entwickeln.« (Bahrdt 1961: 38, 43, 47)

Das Beispiel vom Tisch

Die tieferliegenden Hintergründe dieser Polarisierung zwischen Öffentlichem und Privatem hat Hannah Arendt in ihrem Buch *Vita activa oder Vom tätigen Leben* untersucht. Sprechen und Gehörtwerden, Sehen und Gesehenwerden in der Allgemeinheit – in einer Sphäre, wo dies von jedermann wahrgenommen wird – ist die Voraussetzung dafür, daß überhaupt städtische Wirklichkeit zustandekommt. »In der Welt zusammenleben heißt wesentlich, daß eine Welt von Dingen zwischen denen liegt, deren gemeinsamer Wohnort sie ist, und zwar in dem gleichen Sinne, in dem etwa ein Tisch zwischen denen steht, die um ihn herum sitzen; wie jedes Zwischen verbindet und trennt die Welt diejenigen, denen sie jeweils gemeinsam ist.« (Arendt 1967: 52)

Das Verschwinden des öffentlichen Raums in der Massengesellschaft unserer Zeit gleicht nach Arendt einer Situation, wo »eine um einen Tisch versammelte Anzahl von Menschen plötzlich durch irgendeinen magischen Trick den Tisch aus ihrer Mitte verschwinden sieht« (Arendt 1967: 52), wodurch die Möglichkeit der Kommunikation entfällt, weil zwischen den Menschen nichts Trennendes und nichts verbindend Greifbares mehr vorhanden ist. Wesentlich für die Bedeutung des Öffentlichen ist nach Hannah Arendt, daß in ihr Wirklichkeit »aus der gleichzeitigen Anwesenheit zahlloser Aspekte und Perspektiven« heraus entsteht,

»in denen ein Gemeinsames sich präsentiert, und für die es keinen gemeinsamen Maßstab und keinen Generalnenner je geben kann... Nur wo Dinge, ohne ihre Identität zu verlieren, von Vielen in einer Vielfalt von Perspektiven erblickt werden, so daß die um sie Versammelten wissen, daß ein Selbes sich ihnen in äußerster Verschiedenheit darbietet, kann weltliche Wirklichkeit eigentlich und zuverlässig in Erscheinung treten.« (Arendt 1967: 56f.)

Das ist etwas, das im privaten Bereich nicht denkbar ist. Räumlichkeit und Vielfalt der Ansichten und Perspektiven werden auch hier wieder maßgeblich für das Öffentliche der vom Menschen hergestellten Welt. So bezieht Hannah Arendt das Öffentliche auch ganz ausdrücklich aufs Städtische:

»So ist die Polis genau genommen nicht die Stadt im Sinne ihrer geographischen Lokalisierbarkeit, sie ist vielmehr die Organisationsstruktur ihrer Bevölkerung, wie sie sich aus dem Miteinanderhandeln und -sprechen ergibt; ihr wirklicher Raum liegt zwischen denen, die um dieses Miteinander willen zusammenleben... Dies räumliche Zwischen ist der Erscheinungsraum im weitesten Sinne, der Raum, der dadurch entsteht, daß Menschen voreinander erscheinen, und in dem sie nicht nur vorhanden sind wie andere belebten und leblose Dinge, sondern ausdrücklich in Erscheinung treten... Menschlich und politisch gesprochen, sind Wirklichkeit und Erscheinung dasselbe, und ein Leben, das sich außerhalb des Raumes, in dem allein es in Erscheinung treten kann, vollzieht, ermangelt nicht des Lebensgefühls, wohl aber des Wirklichkeitsgefühls, das dem Menschen nur dort ersteht, wo die Wirklichkeit der Welt durch die Gegenwart einer Mitwelt garantiert ist, in der eine und dieselbe Welt in den verschiedensten Perspektiven erscheint.« (Arendt 1967: 192f.)

Eine Stadt der Fremden

Der Städter ist dem Wesen nach ein Zugezogener, ein Fremder, nicht ein Eingeborener, Verwandter. Das Fehlen jener Intimität, in der die Nachbarn eines Quartiers übereinander herfallen, ist eines der entscheidenden Merkmale, die das öffentliche Erscheinen erst möglich macht. Nur so entsteht eine Situation, in der tatsächlich zahllose Aspekte und Perspektiven nebeneinander anwesend sind, in der »es keinen gemeinsamen Maßstab und keinen Generalnenner« geben kann. In der folglich das entstehen kann, was wir Stadtkultur nennen. Das hat nichts mit Anonymität zu tun, aber sehr viel mit der Respektierung jedes personalen Selbst, das im öffentlichen Raum frei, das heißt ohne Fremdbestimmung erscheint. Und mit der für alle lebenswichtigen Anerkennung durch andere.

Bei näherer Betrachtung werden wir erkennen, daß dieses Organisations- oder Gestaltungsprinzip in der Praxis nur in Kraft treten kann, wenn in den einzelnen Stadtarealen die in der Stadt vorhandenen unterschiedlichen sozialen und ethnischen Gruppierungen vielfältig miteinander vermengt sind. Und diese Vermengung ist tatsächlich ein charakteristisches Merkmal alter Städte. Wir finden hier dicht nebeneinander Wohnräume, Manufakturen, Kaufhallen, Verwaltungs- und Gerichtssäle, Gaststätten, Kirchen und Klöster, Pfleghöfe und Spitäler. Ins Arbeitsleben Eingespannte und Müßiggänger, Einheimische und Fremde bilden hier die Darsteller und das Publikum auf der Bühne des Straßenraums.

Daß zum Städtischen die Zugehörigkeit der Fremden als Bürger gehört, hat schon Michel de Montaigne in seinem Reisetagebuch von 1580/1581 treffend vermerkt. Er bezeichnet Rom als die »bequemste« Stadt der Welt, und zwar ausdrücklich deswegen, weil hier überdurchschnittlich viele Ausländer ansässig sind.

»Ich gab, wenn die Frage auf den Vorteil, den Rom bietet, kam, offen zu, daß es die bequemste Stadt der Welt sei, in welcher der Unterschied der Nationalität, und gehöre man der fremdartigsten Völkerschaft an, am wenigsten ins Gewicht falle... In Venedig lockt die milde Handhabung der Polizei und die Einträglichkeit des Handels die Fremden in Massen an: aber sie sind doch nur zu Besuch in dieser Stadt. Hier in Rom besitzen sie ihre eigenen Ämter, Güter und Berufe... In Venedig sieht man ebensoviel oder mehr Fremde (der Zufluß von Fremden nach Frankreich oder Deutschland oder einem anderen Land steht in keinem Vergleich dazu), aber angesessen und wohnhaft sind dort viel weniger Ausländer. Das niedere Volk regt sich in Rom über unsere oder die spanische oder die deutsche Kleidertracht nicht im geringsten mehr als über seine eigene auf, und man sieht kaum einen Bettler, der einen nicht in unserer Sprache um ein Almosen bittet.« (Montaigne 1963: 216f.)

Möglichkeiten der Verzahnung

Wo in der Stadt Öffentliches und Privates hart aneinanderstoßen – und das ist in der realen Stadt nirgendwo anders so konkret der Fall wie in der Straße –, dort ergibt sich entlang der Grenzlinie die Chance der Verzahnung. In der privaten Sphäre öffnen sich Läden, Werkstätten, Gasträume, Galerien, Salons der Öffentlichkeit. Das Öffentliche dringt ins Private vor – wobei es durch privates Reglement eingeschränkt wird: Der Wirt entscheidet, wann und wie er einen unbotmäßigen Gast auf die Straße setzt. Umgekehrt bemächtigen sich private Geschäfte eines Teils des öffentlichen Bereichs, einer Randlage: Händler rücken ihre Ware auf die Straße, Gastwirte stellen Tische und Stühle auf den Platz vor ihren Häusern. Beide Erscheinungsformen dienen der Ausgestaltung, der Bereicherung der städtischen Öffentlichkeit, solange einerseits die harte Grenze nicht verwischt wird und andererseits die Verzahnung nicht zu einer irreführenden Vortäuschung von Öffentlichem führt.

Dazu trägt allerdings leicht die Verwendung der Bezeichnung »öffentlich« für Gebäude und Einrichtungen bei, die zwar allgemein zugänglich, aber eben nicht in dem Sinne öffentlich sind, daß sie jedermann beliebig offen stünden. Der öffentliche Charakter von Rathäusern, Versammlungsstätten, Theatern, Kinos, Kaufhäusern und Hotels ist – wie schon gesagt – durch ein vom Betreiber (sei er eine öffentliche Institution oder ein privater Besitzer) bestimmtes Reglement eingeschränkt. Zugelassen ist, wer bereit und imstande ist, sich diesem Reglement zu unterwerfen, wer Eintritt bezahlen kann, wer sich als potentieller Kunde zu erkennen gibt oder – als Kind – in Begleitung Erwachsener auftritt. Manche solcher Einrichtungen gehorchen dem Prinzip der Verzahnung, die meisten täuschen dieses jedoch höchstens vor oder erheben sogar den Anspruch, gültiger Ersatz für die auf der Straße verlorengegangene Öffentlichkeit zu sein.

Vorgetäuschte Stadt

Immer dann, wenn solche Einrichtungen keinen direkten Kontakt zur Straße mehr haben, besteht Anlaß zu dem Verdacht, daß sie ihrem Publikum suggerieren wollen, die Stadt könne auch ohne die Straße fortbestehen.

Passagen waren ursprünglich Durchgänge, abkürzende Verbindungen zwischen öffentlichen Straßen. Aus ihnen haben sich in der modernen Stadt Anlagen entwickelt, die durch die Präsentation von Luxus und eine Abgeschlossenheit gegenüber der gewöhnlichen Straße ein eigenes, besseres Publikum anziehen, ihm einen möglichst komfortablen und abgesonderten Zugang bieten (das eigene Parkhaus beispielsweise) und es auf diese Weise vom gewöhnlichen Volk auf der Straße trennen. Was zunächst das Kaufhaus erprobte, haben mittlerweile auch kulturelle Einrichtungen – Museen, Theater, Kongreßhallen – nachgemacht. Zum Schaden des zusammenhängenden Systems Stadt.

»Der vollendete Ausdruck der Flucht von der Straße weg sind die Megastrukturen: große Mehrzweckkomplexe, die Büros, Läden, Hotels und Garagen vereinen und die in einen großen Panzer aus Beton und Glas eingeschlossen sind... Ihr entscheidendes Charakteristikum ist Unabhängigkeit. Zur Rettung der Innenstädte erdacht, neigen sie dazu, sich von ihnen abzulösen, und ihre äußere Erscheinung unterstreicht dies. Die Megastrukturen sind ganz nach innen gewandte Umwelten mit eigener Versorgung und keinerlei Abhängigkeit von den Straßen – von denen höchstwahrscheinlich eine ausradiert wurde, damit die Struktur so groß gemacht werden konnte, wie sie ist. Ihre Außenwände sind fensterlos und der Stadt kehren sie eine glatte Fassade zu... Die Ähnlichkeit mit Festungen ist nicht zufällig. Sie gehört zu ihrer philosophischen Grundlage. ›Sie sehen etwas abweisend aus‹, erklärte mir einer ihrer Befürworter, ›aber dafür gibt es einen Grund: Es ist eine harte Tatsache, daß wir den Mittelstandskunden nicht in die Stadt zurücklocken können, wenn wir ihm nicht Schutz vor der Stadt versprechen.‹ Um die Stadt zu retten, sind diese Leute bereit, sie zu verraten.« (Whyte 1988: 206f.)

Die Aussicht, daß sich die westliche Zivilisation in eine Festung zur Abwehr gegenüber Zuwanderungen und gegen kulturelle Einflüsse von außen verwandelt, besteht nicht nur an ihren äußeren Grenzen, sondern mindestens genauso akut an neuen Grenzen, die sie in ihrem Innern ausbildet, in der Herstellung unzähliger kleiner Befestigungen, in der Umformung der Städte zu Arealen aus Festungen und zwischen ihnen vermittelnden, streng überwachten Autobahnen.

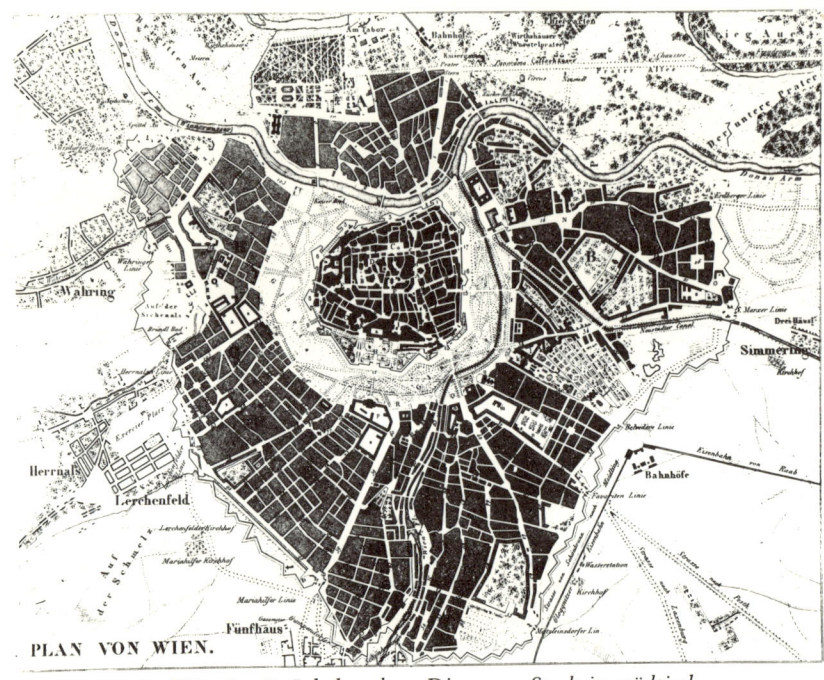

9 Wien im 19. Jahrhundert: Die ganze Stadt ist städtisch

Zusammenhängendes System

Leonardo Benevolo hat in seiner *Geschichte der Stadt* (1983) beschrieben, wie der öffentliche Raum in der Stadt des europäischen Mittelalters ein zusammenhängendes System von ganz unterschiedlich geformten Freiräumen bildete, welches die gesamte Stadt innerhalb ihrer Mauern strukturierte. Nicht allein die Plätze, sondern genauso die Straßen und Gassen waren Orte des Handels und Wandels, des Alltags, der Feste und des gemeinsamen Spiels. Die verschiedenartigen und vielfältigen Nutzungen, die an den Straßen angesiedelt waren, prägten deren jeweils eigenen Charakter und gaben jedem Viertel sein spezifisches Milieu.

Die ganze Stadt war städtisch – es gab nicht die Unterscheidung in Zentrum und Peripherie, in ein Herz der Stadt und einen irgendwie gearteten Rest. Durch die Umgrenzung der Städte mit befestigten Mauern waren alle privaten Nutzungen in den engen Kontakt zu den öffentlichen Räumen gezwungen (und es gab nur wenige Einrichtungen – Klöster, Altenstifte, Pesthäuser, Stadtburgen –, die die Möglichkeit hatten, abgesonderte private Inseln für sich zu reservieren). Das urbane Gefüge löste sich an seinen Rändern nicht im Ländlichen auf; es stieß im Bereich der Mauern hart an das entweder ganz unwirtliche oder landwirtschaftlich genutzte Land.

Im Unterschied dazu ist es heute geradezu normal, daß weder die Peripherie noch das Zentrum wirklich städtischen Charakter tragen.

5. Schwierigkeiten bei der Umsetzung der urbanen Vision in städtebauliches Handeln

»Wir können unsere Pläne ganz leicht wieder in Ordnung bringen«

Es gibt gute Gründe, der Urbanität auch künftig einen Platz im Repertoire der ganz wichtigen gesellschaftlichen Visionen einzuräumen – auch in einer Zeit, in der materielle Genüsse und individuelle Ambitionen sich überall in den Vordergrund schieben. Und es kann auch keinen Zweifel daran geben, daß zur Verwirklichung dieser Vision die passend gebaute Stadt zwingend dazugehört. Allerdings stellen wir fest, daß die moderne Gesellschaft nicht in der Lage ist, urbane Situationen auch nur annähernd mit Erfolg zu konzipieren und zu realisieren.

Der amerikanische Architekt Louis I. Kahn, ein namhafter Pionier, der es sich zum Ziel gesetzt hatte, die Ideen des modernen Bauens aus dem Bann der Maschinenfaszination zu befreien, hat auf einen der zentralen Effekte beim Zerfall des Städtischen hingewiesen. Und zugleich den Architekten und Planern gezeigt, wie städtebauliches Handeln sich ändern müßte:

»Wenn man sich die Straße als Treffpunkt vorstellt, wenn man sich die Straße ganz real als einen öffentlichen Saal vorstellt, der nur kein Dach hat. Und wenn man sich eine Versammlungshalle vorstellt, ist das nichts anderes als eine Straße mit einem Dach darüber. Wenn man das unter dem Aspekt des Zusammenkommens (*meeting*) betrachtet. Und die Wände des Versammlungsortes, den man öffentlichen Raum nennt, also der Straße, sind nichts anderes als die Häuserfronten, und die Straßen wurden der Stadt für ihren Zweck von den Häusern zugeeignet (*dedicated*). Heute

The Street is a Room by agreement. A community Room the walls of which belong to the donors. Its ceiling is the sky

10   Louis I. Kahn: »Die Straße ist ein Saal durch Übereinkunft«

sind die Straßen abgelöste Bewegungsabläufe, die mit den Häusern, welche an ihnen stehen, gar nichts zu tun haben. Eigentlich gibt es gar keine Straßen mehr. Es gibt Trassen, aber keine Straßen. Um die Straße zurückzubringen, muß man die Bewegung neu definieren und sie in ein Bewegungsgefüge einordnen, bei der die Straße ihre korrekte Position als Teil der kommunikativen Öffentlichkeit zurückbekommt. Ich glaube, wir können unsere Pläne ganz leicht wieder in Ordnung bringen. Genau damit würde ich beginnen, ganz einfach. Man braucht nur den rechtmäßigen Zweck der Häuser richtig neu zu bestimmen, um ihre Straßen wiederherzustellen. Ich denke, der Charakter der Straße würde enorm verändert, wenn das getan würde.« (Giurgola 1979: 95f.)

Kahn hat sehr richtig gesehen, daß nicht nur die anschwellende Autolawine das Problem der Stadt ist, sondern der Verlust der alten Beziehung zwischen Haus und Straße, zwischen Gebäudenutzung und Straßenraum, zwischen der privaten und der öffentlichen Sphäre der Stadt. Und ich glaube, er hat auch genau erkannt, daß das, was er als »ganz leicht« bezeichnete, in Wirklichkeit eine regelrechte Utopie ist.

Unsere weiteren Überlegungen werden noch zeigen, wie groß in Wirklichkeit die Schwierigkeit ist, die Pläne »wieder in Ordnung« zu bringen. Ohne die Erkenntnis, daß das Verschwinden der Öffentlichkeit aus der Stadt etwas mit dem Mythos der Absonderung zu tun hat, werden alle Pläne zur Neugewinnung der Straße kosmetische Operationen bleiben, die womöglich den Trend zur Ästhetisierung und zur Isolierung gesonderter Funktionen und ausgesuchter Sozialgruppen nach wirtschaftlichen Verwertungsinteressen geradezu noch verstärken können.

Tabus

Das Dilemma des modernen Städtebaus liegt darin, daß die Grundregel einer möglichst perfekten ästhetischen und damit auch sozialen Isolierung der einzelnen Stadtpartikel zu der immer noch vorhandenen Wertvorstellung von einer Stadt, die ein ausgeglichenes bauliches und soziales Gefüge bildet, quersteht. Wenngleich die Gestalt, das Milieu, die Urbanität historischer Stadtquartiere weiterhin allgemein bewundert wird, ist doch weder der moderne Stadtbewohner bereit, sich etwas von seiner privaten Bequemlichkeit wegnehmen zu lassen, noch der engagierte Architekt, traditionellen Entwurfsmustern Eingang in seine Planungspraxis zu gewähren.

Wir alle lieben die alten Viertel etwa von Kopenhagen, Arles, Barcelona, Bern und Palermo und können nicht begreifen, daß es heute nicht mehr gelingen soll, Stadtquartiere von vergleichbar lebendiger Dichte zu schaffen. Offenbar besteht ein allgemeiner Konsens darüber, daß der Zustand unserer Städte ein Spiegel der bestehenden gesellschaftlichen Zustände ist und somit ein gültiger Ausdruck der Zeit mit all ihren Vorlieben, aber auch Vorurteilen, Schwächen und Katastrophen.

Wenn man die schlimmen Defizite in den europäischen Städten ernsthaft abräumen wollte, dann müßten Tabus verletzt werden, über deren Aufrechterhaltung Architekturschulen, Kunst- und Kulturjournalisten, Baugesetzverfasser und Grundbesitzerverbände peinlich wachen. Den Profit aus dem Mythos der Moderne, der überall gegenwärtigen Isolierung, ziehen genüßlich die Kapitalanleger, die immer wieder aufs neue die Chance bekommen, ohne Rücksicht auf soziale Zusammenhänge die auf dem Markt befindlichen Grundstücke wirtschaftlich optimal auszuwerten. Und zwar allein dadurch, daß die für das städtebauliche Handeln Verantwortlichen – Planer und Politiker – es aufgegeben haben, den öffentlichen Raum als Kitt der Stadt, als Regulativ für die Einordnung der einzelnen Stadtpartikel in das urbane Gefüge zu betrachten. Sie haben den öffentlichen Raum aus ihren Köpfen verdrängt, ihn vernachlässigt und schließlich vergessen. Alle, die daraus ihren privatwirtschaftlichen Gewinn ziehen, sind natürlich daran interessiert, daß die herrschenden Tabus aufrechterhalten bleiben. Was wir hier vorfinden, ist eine bemerkenswerte Symbiose aus wirtschaftlichen Interessen und Strömungen des Zeitgeists, die, obwohl in ihren Folgen außerordentlich problematisch, von der Politik allenfalls am Rande zur Kenntnis genommen wird.

Es mag manchem überspitzt vorkommen, wenn ich die Ausschaltung so grundlegender Werte der Stadt aus der Politik auf ein Tabu zurückführe. Aber die Abneigung, sich mit traditionellen sozialen Qualitäten zu befassen, die mangelnde Bereitschaft, vordergründig wirtschaftlichen Sachzwängen zu widerstehen, und das (gerade im Bereich der Stadtplanung weiterhin vorherrschende) Vertrauen in Berühmtheiten – die Medizinmänner der Moderne – sind eben tatsächlich die Ursachen dafür, daß die Frage nach der tieferen Zweckbestimmung der Stadt aus der politischen Diskussion ausgeblendet bleibt. Man redet sich damit heraus, daß die Qualitäten traditioneller Stadtstrukturen eben gewachsen und schon deshalb in unserer Zeit nicht planerisch herstellbar seien.

Rauschgiftkriminalität, Energieverschwendung, Wohnungsnot, der dramatische soziale Abstieg immer weiterer Bevölkerungskreise, Fremdenfeindlichkeit und Politikverdrossenheit mögen der Politik als weitaus drängendere Fragen erscheinen. Aber müßte sie sich nicht der Frage stellen, ob dies nicht alles Symptome sind, die auch aus der Zweckentfremdung der Städte hervorgehen und die nicht geheilt werden können, solange der gesellschaftliche Zweck der Stadt nicht wiederhergestellt ist?

III. Konstruktionselemente des Stadtraums

6. Der Stadtraum als Produkt gestaltender Herstellung

Stadtgestalt als Konstruktion

Gemeinhin tendieren wir dazu, Erscheinungen oder Erzeugnisse unserer Kultur, die wir nicht einzelnen benennbaren Urhebern zuschreiben können – bei denen wir also nicht sagen können, das hat der und der zum ersten Mal herausgefunden, erfunden, entwickelt –, als organisch gewachsen zu bezeichnen. Zu diesen Erscheinungen und Erzeugnissen gehört auch die Gestalt der historischen europäischen Stadt (soweit sie nicht aus irgendeinem besonderen Anlaß ausnahmsweise einmal aus einem Guß entstanden ist) und ihr öffentlicher Raum. Ich halte diese Vorstellung für bedenklich, weil sie zu der Annahme verführt, daß gute Städte in der Regel nicht durch politisches Handeln hergestellt werden können, sondern eben nur durch organisches Wachsen entstehen.

Natürlich ist es richtig, daß unsere alten Städte wichtige Eigenschaften erst im Laufe einer jahrhundertealten Geschichte erworben haben und daß man neuen Stadtteilen zubilligen muß, sich ihre eigene Geschichte erst noch anzueignen. Dies ändert aber nichts daran, daß man an die Gestalt der herkömmlichen Stadt anders als mit der Vorstellung vom nicht konzeptionell Entworfenen herangehen muß.

Ich möchte dies wieder an einem Beispiel aus dem Bereich der Musik erläutern. Niemand würde behaupten, die Musik des barocken Concerto oder die sakrale Musik der Wiener Klassik sei ein Produkt organischen Wachstums. Beide sind unbestritten Ergebnisse unzähliger Einzelerfindungen – bedeutender und weniger bedeutender – innerhalb einer bestehenden Tradition, die sich zu einem übergeordneten Konzept zusammenfügen. Die Erfindungen einzelner Künstler – Komponisten, Instrumentenbauer, Virtuosen und Kapellmeister – sind Bestandteil übergeordneter Konzepte und tragen jeweils auf ihre Weise dazu bei, daß sich derartige Konzepte im Laufe der Geschichte wandeln.

Ähnlich stelle ich mir die Konstruktion der historischen Stadt vor. Es gibt ein übergeordnetes Konzept, das jeweils im einzelnen ausgeführt, bereichert, abgewandelt wird und das sich dadurch an neue Erfordernisse, neue Erkenntnisse, auch neue Geschmacksrichtungen anpaßt, sich neuen technischen Errungenschaften stellt. Das übergeordnete Konzept ist dabei gleichermaßen entscheidend wie die Einzelheiten, die es ausfüllen – aber eine brauchbare Stadt kann nur dort entstehen, wo die Ausführenden das Konzept kennen und in seinem inneren Sinn begriffen haben.

Historische Quellen

Die Geschichte des Städtebaus ist immer wieder geschrieben worden als Überblick über die Verschiedenheit der Städte, als Darstellung, wie sie sich aus jeweils unterschiedlichen politischen Verhältnissen, geographischen Gegebenheiten und kulturellen Anstrengungen entwickelt hat. Meine Idee ist nicht, mit Arbeiten dieser Art zu wetteifern. Mir geht es darum, einmal das hervorzuheben, was – im europäischen Raum – an den Städten durch viele geschichtliche Perioden hindurch gleichgeblieben ist und deshalb meist als sowieso selbstverständlich gar nicht mehr wahrgenommen, folglich übersehen und übergangen wird.

Das Kontinuum, das hier betrachtet werden soll, ist die Art und Weise, wie das Aufeinanderstoßen des Privaten und des Öffentlichen städtebaulich behandelt wird. Unsere alten Städte haben – wie ich meine – gerade dadurch städtischen Charakter, daß sie dieses Aufeinanderstoßen behandeln, herausarbeiten, zu ihrem besonderen Thema machen.

Interessanterweise gibt es für die Gestaltung des öffentlichen Raums in historischen Architekturtraktaten kaum Anweisungen. Vermutlich konnten die dafür erforderlichen Kenntnisse als allgemein bekannt vorausgesetzt

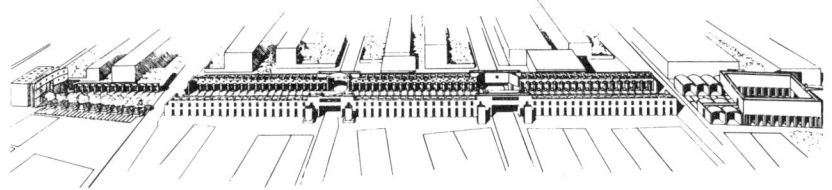

11   *Gibbelina: fünffache Piazza als künstlerische Installation (Purini/Thermes)*

werden. Hinweise auf Gestaltungsregeln bezüglich des Straßenraums geben die klassischen Theoretiker mehr *en passant* – so etwa Alberti hinsichtlich der Bedeutung der Krümmung einer Straße oder Laugier, dem zufolge öffentliche Plätze eine gewisse Chaotik aufweisen sollten.

Im übrigen steht allerdings ein reiches Material als Informationsquelle zur Verfügung: schriftliche Dokumente aus Stadtbausatzungen, aus alten Bauordnungen der Landesherrschaften und städtischen Protokollbüchern, aus Stadtbeschreibungen in Reisetagebüchern und anderen Werken der Literatur, daneben natürlich auch viele Stadt- und Straßendarstellungen auf Werken der bildenden Kunst. Nicht zuletzt können wir vielfältige Kenntnisse aus der umittelbaren Anschauung beziehen, wenn wir den historischen Restbestand alter Stadtkerne aufmerksam betrachten.

Wie der moderne Architekt den öffentlichen Raum sieht

Seit einigen Jahren ist die *Piazza* ein neues Thema der Architektur und Stadtplanung. Vorreiter dieser Entwicklung war der Luxemburger Rob Krier, der schon in den 70er Jahren begonnen hat, den Straßenraum als Entwurfselement wieder in die Planung einzuführen (beispielsweise in Skizzen für den Umbau der Stuttgarter Innenstadt). Inzwischen gibt es eine verbreitete Tendenz, die Piazza als eigenständiges Element zu behandeln, das nicht wie der öffentliche Raum der historischen Städte Europas ein integraler, also nicht herauslösbarer Teil eines Stadtquartiers ist, sondern etwas, was in die moderne Stadt hineingestellt wird. Ihre Funktion – als Erfindung der Moderne hat die Piazza selbstverständlich eine Funktion – ist nichts anderes als das Zurschaustellen der Architektur, die die Piazza umrahmt. Die Nutzungen, falls solche als Teil der Piazza überhaupt vorgesehen sind, dienen der Unterhaltung derjenigen, die hierherkommen, um das Raumerlebnis der Piazza zu genießen und die Erfindungskraft der Architektur zu bewundern – Öffentlichkeit wird damit bestenfalls simuliert.

Zum Versuch einer Konstruktionslehre des öffentlichen Raums

Wir müssen davon ausgehen, daß die in unseren alten Städten für das Bauwesen Verantwortlichen sehr genau wußten, wie eine Stadt zu konzipieren war, damit Straßen und Plätze auch wirklich als öffentlicher Raum genutzt werden konnten. Wenn wir darangehen, die Konstruktionsmerkmale des öffentlichen Raums aufzuspüren, werden wir nicht nur auf bauliche Qualitäten, sondern ebensosehr auf Qualitäten in der Anordnung sozialer Strukturen und auf das Zusammenspiel im baulichen und sozialen Gefüge achten müssen.

Nehmen wir als Beispiel das Konzept eines mittelalterlichen Platzes, der schon sehr früh berühmt war, des Campo von Siena. Ganz leicht lassen sich hier fünf Elemente bestimmen, von denen wir annehmen können, daß sie hier nicht bloß zufällig auftreten:

1. Die den Platz begrenzende Bebauung beinhaltet eine große Vielfalt der Nutzungen: Wohnen, unterschiedlichstes Gewerbe und die Stadtregierung.
2. Das Leben auf dem Platz steht in engem Wechselspiel mit dem Leben in den angrenzenden Gebäuden: Die Nutzungen in diesen Gebäuden sind dem Platz zugewandt.
3. Für die Bauteile, die das Öffentliche des Platzes und das Private der Räume in der Randbebauung verbinden und trennen, gibt (oder gab) es eine verbindliche Norm der Gestaltung – Fenster, Läden und Tore sind nicht nur zweckmäßige Werkzeuge des Heraus und Herein, sondern auch Abbilder der Kommunikation.
4. Der Platz wird als geschlossener Raum wahrgenommen, der dennoch durch mehrere Zugänge geöffnet ist. Obwohl der Platz von jedem einzelnen Zugang zu jedem anderen leicht überquert werden kann, hat er nicht die Funktion einer Straßenkreuzung. Die Umschließung des Platzraumes bildet die Vielfalt der an dem städtebaulichen Ensemble beteiligten Eigentümer und Nutzer ab, ohne deren Individualität besonders hervorzukehren.

5. Eine poetische Ausschmückung des Platzes durch den ziegelsteinernen Bodenbelag, durch den Brunnen – die *Fonte Gaia* –, die eigenartig hohen Steinpfosten, die Architektur der Platzwände und durch die geniale Ausnutzung der Topographie verschafft dem Campo seine Identität.

Vieles davon hat schon Montaigne im 16. Jahrhundert als Charakteristikum dieses Platzes beschrieben:

»Der Platz in Siena ist der schönste, den man in einer Stadt sehen kann. Jeden Tag wird auf ihm öffentlich an einem Altar Messe gelesen, und alle Häuser und Läden sehen dabei zu, derart, daß die Handwerker und das ganze Volk, ohne ihre Beschäftigung aufgeben oder nur aufstehen zu müssen, sie anhören können. Wenn die Wandlung an der Reihe ist, ertönt eine Trompete und gibt jedem Nachricht.« (Montaigne 1963: 331 f.)

Dieses Beispiel aus Italien könnte die verbreitete Auffassung bestätigen, all das Gesagte sei nur charakteristisch für den öffentlichen Raum in südlichen Ländern. Nichts wäre verkehrter. Man werfe nur einen Blick auf die Stadträume, die Canaletto und Bellotto in London, Dresden, Wien, München, Pirna und Warschau gemalt haben: Die Städte nördlich der Alpen folgten genau den gleichen Konstruktionsregeln.

Diesen Konstruktionsregeln und ihren Wirkungsmechanismen im Detail nachzugehen und sie zu erklären, soll die Aufgabe der folgenden Überlegungen sein.

7. Element 1 – Mischung der Nutzungen

Vielfalt der Erscheinungen

Als öffentlich – in dem hier erörterten Sinne – empfinden wir eine städtische Situation immer dann, wenn der vorhandene Straßenraum für jedermann frei (das heißt ohne besondere Berechtigung) zugänglich ist und nicht einer begrenzten Benutzergruppe – seien es die Anwohner, bestimmte soziale oder kirchliche Nutzer, oder heute die Autobesitzer – zugeordnet und als von ihnen vereinnahmt gelten kann. Öffentlichkeit heißt damit zunächst Vielfältigkeit der tatsächlichen und möglichen Begegnungen.

57

12   Canaletto/Visentini: Alltag im öffentlichen Raum

Vielfalt bringt eine Situation hervor, bei der offen bleibt, welchen Absichten ein Passant nachgeht oder ob er gar absichtslos anwesend ist. Geht einer zur Arbeit, zum Einkaufen, ist er auf dem Weg zu einem Besuch, sucht er die Gelegenheit zu einem zufälligen Gespräch, betrachtet er die Auslagen in den Schaufenstern aus echtem Interesse oder nur, um andere Motive der Anwesenheit zu verdecken? All dies bleibt offen. Auch der Fremde muß in einer solchen Situation nicht das Gefühl haben, als Eindringling gesehen und damit ausgeschlossen zu sein, sondern er kann, ohne zurückgesetzt zu sein, an diesem Teil des städtischen Lebens teilnehmen.

Öffentlichkeit bedeutet etwas anderes, sogar etwas weitgehend Gegensätzliches zu Nachbarschaft, Intimität, Heimat. Sie ist das Resultat einer Spannung aus Fremdheit und Bekanntheit, aus Aktivität und Müßiggang, aus zielgerichtetem Verhalten und Absichtslosigkeit. Das sogenannte Bad in der Menge ist ebenfalls nicht gleichzusetzen mit Öffentlichkeit – auch ein fast leerer Platz kann öffentlichen Charakter haben, und eine Straße voll hastender Fußgänger kann diesen Charakter ganz und gar vermissen lassen.

Vielfalt in der Nutzung städtischer Freiräume entsteht dann, wenn in dem betreffenden Bereich viele und sehr verschiedenartige Nutzungen angesiedelt sind. Wer alte Stadtkerne aufmerksam beobachtet, wird feststellen, daß für die Partien mit Stadtmilieu gerade diese Vielfalt typisch ist, wo neben Wohnungen, Läden, Werkstätten, Büros, Cafés, Speiselokalen, ein Friseur, ein Zeitungsstand, ein öffentliches Gebäude – etwa eine Kirche, ein

Museum, ein Theater, ein Rathaus – zu finden sind. Wo die Nutzung uniform ist, wird sofort jene Vielfalt der Lebensäußerungen fehlen, die die öffentliche Szene, das städtische Milieu bestimmt.

Vielfalt der Nutzungen bedeutet aber auch, daß zur Öffentlichkeit nicht nur Angenehmes, Unterhaltendes, Bereicherung gehört, sondern ebenso die Auseinandersetzung mit dem Unerfreulichen, dem Beunruhigenden, Häßlichen und Quälenden im Alltag der Stadt. In der Öffentlichkeit treten Zivilcourage und Solidarität – in extremen Situationen sogar Aufopferungsbereitschaft – ebenso in Erscheinung wie Egoismus und Rücksichtslosigkeit.

Kleinräumigkeit der Mischung

Das gemischt genutzte Stadtgebiet – in der modernen Stadt immer eine Ausnahme und meist auf die überalterten historischen Viertel beschränkt – war in der herkömmlichen Stadt Europas der Normalfall.

Die traditionelle europäische Stadt war so organisiert, daß Wohnungen, Produktionsstätten, Kontore, Gasthöfe, Kirchen, Klöster, Märkte auf alle Stadtviertel verteilt waren. Natürlich gab es auch abgelegene Gassen, wo vielleicht nur wenige Handwerker und eine Wirtschaft lagen, dafür gab es aber dort wiederum städtische Formen landwirtschaftlicher Produktion. Aus den gemischt genutzten Gebieten waren nur ganz wenige Nutzungen ausgegliedert, beispielsweise Produktionszweige, die von bestimmten Standortbedingungen abhängig waren – Färber, die mit giftigen Stoffen hantierten oder Pulvermühlen mit der stets vorhandenen Explosionsgefahr –, außerdem Siechenhäuser für unheilbare, ansteckende Kranke.

Die städtische Mischung betrifft auch die Sozialstruktur. Die Unterbringung von Mieträumen für ärmere Bewohner in den höher liegenden Geschossen alter Stadtquartiere zeigt deutlich, daß bei der räumlichen Anordnung der Stadt die soziale Rangordnung zwar durchaus ihre Bedeutung hatte, sich aber nicht so auswirkte, daß etwa die kleinen Handwerker und die Tagelöhner auf eigene Viertel verwiesen wurden. Im öffentlichen Raum vor dem Haus lebte man zusammen. Der Markt war immer der Markt aller Bürger. Das heißt nicht, daß es nicht bessere und ärmere Straßen, daß es nicht Quartiere gab, in denen sich etwa bestimmte ethnische Gruppen bevorzugt ansiedelten, daß es etwa gar keine Form der Segrega-

13   Florenz: Vielfalt der Straßenräume, Dichte der Parzellen

tion gab. Mit den Judenvierteln in den europäischen Städten wurde sogar eine sehr radikale Form der Ausgrenzung praktiziert. Aber auch die Judenviertel waren gemischt genutzte Quartiere.

Mischung und Vielfalt waren offenbar selbstverständliche, vielleicht sogar begehrenswerte Eigenschaft eines Stadtquartiers, denen zuliebe man ihre Nachteile – unangenehmen Lärm und störende Gerüche, turbulente und lautstarke Betriebsamkeit – in Kauf nahm. Zweifellos war der entscheidende Vorteil der Nutzungsmischung eben der intensive Austausch von Meinungen, Waren, Informationen und Hilfen, dessen Qualität außer jeder Diskussion stand.

Bemerkenswert ist, daß zur Mischung in diesen Städten nicht nur die Nutzungsvielfalt im Quartier, sondern geradezu auf die Spitze getrieben die Vielfalt auf ein und derselben Parzelle gehört. Von der Mischung profitierten nicht nur alle, alle waren an ihr ganz unmittelbar in ihrer engsten räumlichen Umwelt beteiligt.

Vervielfältigung

Städtische Öffentlichkeit kann nur entstehen, wo das Fremde, das Unerwartete und sogar das Spektakuläre und Abenteuerliche zur Selbstverständlichkeit gehört. Stadtviertel, die nur Wohnungen beherbergen sowie die unmittelbar dazugehörenden sozialen und kommerziellen Einrichtungen – die heute so genannten Wohnfolgeeinrichtungen –, können immer nur eine sehr beschränkte, rudimentäre Öffentlichkeit hervorbringen.

Rousseau hat in dem berühmten *Brief an d'Alembert* über die Einrichtung eines Theaters in seiner Heimatstadt Genf geschildert, wie Mannigfaltigkeit des Lebens in den Straßen selbst einer nicht besonders großen und weltläufigen Stadt zu einer Vergrößerung seiner Öffentlichkeit führen kann:

»Das erste, was den Fremden, der Genf betritt, überrascht, ist wohl das Leben und die Tätigkeit, die er hier regieren sieht. Alles ist beschäftigt und in Bewegung, alles geht seiner Arbeit und seinen Geschäften nach. Ich glaube nicht, daß irgendeine andere kleine Stadt der Welt ein ähnliches Schauspiel bietet. Besuchen Sie das Viertel St. Gervais: die gesamte Uhrmacherei Europas scheint hier versammelt. Gehen Sie den Molard und die unteren Straßen entlang: der große kaufmännische Aufwand, Haufen von Ballen, durcheinanderliegende Fässer, ein Duft von Indien und nach

Gewürzhandel lassen einen denken, man sei in einer Hafenstadt. In Pâquis und in Eaux-Vives scheint Sie der Lärm und der Anblick der Fabriken von bedrucktem Kattun und Leinentuch nach Zürich zu versetzen. Die Stadt vervielfacht sich gewissermaßen durch die Arbeiten, die in ihr verrichtet werden; ich habe Leute getroffen, die ihre Einwohnerzahl auf den ersten Blick auf hunderttausend Seelen geschätzt haben... Genf hat, wie Sie auch wissen, keine vierundzwanzigtausend Einwohner.« (Rousseau 1981, Bd. 1: 428f.)

Was Rousseau hier für Genf schildert, ist die Besonderheit dieser Stadt. Was er hervorhebt, ist ihre virtuelle Vergrößerung durch Vielfalt in der Mischung.

Nutzungsmischung im Medienzeitalter

»*Wenn uns der Platz am Ende der Straße, der zu Fuß in zehn Minuten zu erreichen ist, ebenso fern vorkommen wird wie Peking, was bleibt dann von der Welt? Was bleibt von uns?*« (Virilio 1990: 56)

Der Traum einer morgen realisierbaren Nutzungsmischung erscheint utopisch, unbequem, umständlich zu produzieren, bedarf der Arbeit im Kleinen, des Eingehens auf zu viel Individuelles. Dieser Traum hat einen rückwärtsgewandten, nostalgischen und äußerst wirklichkeitsfremden Touch. Er lebt von veralteten Bildern. Unsere Welt ist durch die großen, die pauschalen Lösungen definiert. Wir stellen alles in Serie her, unsere Kommunikation läuft eindimensional, wir dürfen unter zwei Antworten eine wählen. Mehr erlauben unsere ins Äußerste verfeinerten Maschinen und Geräte nicht. Erlauben wir uns daher keine Träume, die unsere wirtschaftliche Leistungsfähigkeit in der Welt verderben könnten!

»Die historische Solidarität des Produktionsprozesses: die Solidarität der Fabrik, des Stadtviertels und der Klasse, ist verschwunden. Von nun an sind alle voneinander getrennt und gegeneinander indifferent im Zeichen des Fernsehens und des Autos, im Zeichen der überall in die Medien und die Stadtpläne eingeschriebenen Verhaltensmodelle. Alle sind ausgerichtet auf ihren jeweiligen Wahn einer Identifikation mit Leitmodellen und bereitgestellten Simulationsmodellen. Alle sind austauschbar – wie diese Modelle selbst.« (Baudrillard 1990: 216)

8. Element 2 – Augen auf die Straße

Wohnen und Straße

Vielfalt und Mannigfaltigkeit allein reichen nicht aus, um das Entstehen einer öffentlichen Sphäre zu begründen. Als zweite Schicht bei der Konzipierung des öffentlichen Raums kommt etwas hinzu, was Jane Jacobs »Augen auf die Straße« nennt. Der Stadtraum wird erst durch die Anwesenheit von Anwohnern mit unmittelbarem Kontakt zur Straße zu einer Angelegenheit des Alltags. Nicht spektakuläre Aktionen der Stadtherrschaft – öffentliche Huldigungen und Hochzeiten, Gerichtssitzungen, Folterungen und Hinrichtungen –, auch nicht große Veranstaltungen – Feste, Jahrmärkte, Wettkämpfe (wie etwa der *Palio* in Siena) –, sondern der ganz normale *Alltag* prägt vor allem den öffentlichen Raum.

Allein die Funktion des Wohnens sorgt für eine alltägliche Anwesenheit von Personen aller Art in der städtischen Szene. Bewohner sind tags wie nachts präsent und gehen Tag für Tag regelmäßig ihren einfachen Gewohnheiten auch außer Haus nach. Sie fühlen sich mehr als alle anderen Benutzer für ihr Quartier verantwortlich und garantieren solange die Sicherheit in der Stadt, wie der Wohnraum Augen auf die Straße hat.

Das Mittelalter kannte die uns geläufige Trennung von Wohnen und Arbeiten nicht. Beide bildeten eine viel engere Einheit. Die meisten Tätigkeiten – auch gewerbliche – wurden zu Hause verrichtet. Und selbst diejenigen, die zur Arbeit etwa in eine Manufaktur eines anderen Viertels gingen, durchquerten dabei doch bloß die Straßen und Gassen einer zusammenhängenden Alltagswelt. Die Feststellung, daß der Bezug zum Wohnen ein wichtiger Faktor bei der Entstehung des öffentlichen Raums ist, bedeutet aber nicht, daß hier eben das bestand, was Soziologen heute als Nachbarschaft bezeichnen. Nicht in erster Linie die Beziehungen der an einer Straße Wohnenden untereinander spielen hier die entscheidende Rolle, sondern der Bezug der Wohnenden zur Straße, zu dem *Welttheater*, das sich draußen abspielt, und umgekehrt der Bezug der Passanten auf der Straße – gerade auch der Fremden – zur Wohnsphäre, die sich in und hinter den Wohnungsfenstern abbildet. Die Bewohner sind ein Teil des anwesenden Publikums, und sie können jederzeit als Mitspieler in die öffentliche Szene eintreten.

Überwechseln

14 *Augen auf die Straße*

Der unmittelbare Kontakt des Wohnraums zur Straße hat demnach noch eine zweite Bedeutung. Er ist nicht nur an der Herstellung von Öffentlichkeit beteiligt, sondern ermöglicht den Anliegern, die in einer solchen Situation wohnen, den jederzeitigen Zugang zur öffentlichen Sphäre: Sie haben die Chance, den Stadtraum in ihren Alltag, in die Gewohnheiten ihrer täglichen Lebensgestaltung einzubeziehen. Wie wir bereits gesehen haben, genügt es ja für das Erscheinen des Phänomens Stadt nicht, daß sich irgendwo an einzelnen, ausgewählten Punkten der Stadt Öffentlichkeit bildet: Die alte Stadt war überall Stadt, wirklich alle Bürger hatten die Möglichkeit, nach Lust und Laune in die andere, nicht private Sphäre überzuwechseln und an dem ständig wechselnden Abenteuer Stadt teilzunehmen.

Die natürlichen Besitzer der Straße

In Wirklichkeit sind die Leute, die ein Auge auf die Straße haben – und deren Räume sich folgerichtig auf die Straße orientieren –, nicht nur die jeweiligen Anwohner eines Straßenabschnitts, sondern auch andere Personen mit einem ähnlichen, vielleicht noch innigeren Verhältnis zu ihrer Straße – etwa alteingesessene Geschäftsinhaber, Hausmeister, Kioskbetreiber, Angestellte in Gaststätten. Wo sich An-Wohner und andere An-Grenzer für ihre Straße zuständig fühlen, installieren sie zugleich ein soziales Netz, das auch öffentliche Sicherheit gewährleistet.

Die »Augen auf die Straße« gehören für Jane Jacobs denen,

> »die wir die natürlichen Besitzer der Straße nennen können. Die Gebäude einer Straße, die mit Fremden fertig werden will und die die Sicherheit von Bewohnern und Fremden gewährleisten soll, müssen zur Straße orientiert sein... Niemand hat Lust, auf einem Hocker zu sitzen und aus einem Fenster auf eine leere Straße zu gukken. Kaum einer tut so etwas. Aber zahllose Menschen unterhalten sich damit, ab und zu die Geschehnisse auf der Straße zu beobachten...

15 *James A. Whistler: geschäftiges Chelsea*

Dem Anschein nach haben wir also nur einige einfache Ziele: Straßen zu haben, auf denen der der Öffentlichkeit vorbehaltene Raum eindeutig öffentlich ist und unvermischt mit dem privaten oder einem unidentifizierbaren Raum, damit der Bezirk, der Beaufsichtigung braucht, klar und übersehbar abgegrenzt ist; und außerdem müssen wir dafür sorgen, daß auf diesem öffentlichen Straßenraum Augen sind, und zwar überall und so durchdringend wie möglich. Aber es ist nicht so einfach, diese Ziele zu erreichen, besonders das letztere nicht. Man kann niemanden zwingen, Straßen zu benutzen, für deren Benutzung keine Veranlassung besteht. Man kann niemanden zwingen, Straßen zu beobachten, die uninteressant sind. Sicherheit auf den Straßen durch gegenseitige Überwachung und Beaufsichtigung klingt zwar ziemlich scheußlich, im wirklichen Leben ist es aber gar nicht scheußlich. Die Sicherheit auf der Straße ist genau dort am besten und am selbstverständlichsten, hat genau dort den geringsten Anklang an Feindseligkeit oder Verdächtigung, wo die Menschen die Straße freiwillig benutzen und genießen und sich normalerweise kaum bewußt sind, daß sie sie dabei auch beaufsichtigen...

Die... Feststellung, daß nämlich der Anblick von Leuten wieder andere Leute anzieht, ist etwas, was Stadtplaner und Städtebauer unbegreiflich zu finden scheinen. Sie gehen von dem falschen Axiom aus, daß Großstadtmenschen den Anblick von Leere suchen, von überschaubarer Ordnung und Ruhe. Nichts könnte weniger zutreffen. Überall in den Großstädten erweisen sich die Menschen als begeisterte Beobachter lebendigen Betriebs und anderer Menschen.« (Jacobs 1963: 32 ff.)

Kann die Mediengesellschaft noch Augen auf die Straße ertragen?

Wenn uns der Platz am Ende der Straße, der zu Fuß in zehn Minuten zu erreichen ist, ebenso fern vorkommen wird wie Peking, was bleibt dann von der Welt? Was bleibt von uns?
Wer fast nur noch Augen für elektronische Medien hat, wendet der Straße seine Rückseite zu. Als Steuerzahler kann er erwarten, daß die öffentliche Hand die Überwachung der Straße übernimmt. Er kann ja auch verlangen, daß die gesetzlich vorgeschriebenen Plätze für die Betreuung und Unterrichtung von Kindern und Jugendlichen vorhanden sind und daß die Obdachlosen und aufdringlichen Bettler unauffällig aus den Fußgängerzonen ferngehalten werden. Die Vorstellung einer Sicherheit, die ausgerechnet dadurch hergestellt werden soll, daß die Straße als Aufenthaltsraum allen, auch ganz unbekannten Menschen dient, paßt nicht in ein auf Substitution und Simulation abgestelltes Weltbild.

»Architektur und Urbanismus, selbst wenn sie umgestaltet sind durch Imagination, vermögen nichts zu verändern, denn sie sind selbst Massenmedien und reproduzieren bis in ihre kühnsten Konzeptionen hinein das gesellschaftliche Massenverhältnis, das heißt sie lassen die Leute kollektiv ohne Antwort. Alles, was sie ausrichten können, gehört zur Animation, zur Partizipation, zum urbanen Recycling, zum Design im weitesten Sinne des Wortes, das heißt zur Simulation des Tauschs und der kollektiven Werte, zur Simulation des Spiels und der nicht-funktionalen Räume. Das gilt für die Abenteuerspielplätze der Kinder, die Grünräume, die Kulturinstitute ebenso wie für die City Walls und die Protest-Mauern, die die Grünräume des Sprechens sind.« (Baudrillard 1990: 224)

9. Element 3 – Umschlossener Straßenraum

Öffnung und Abschluß

Öffentlicher Straßenraum muß als solcher erlebbar sein, das heißt er muß sich deutlich von den privaten und allen sonstigen, eben nicht öffentlichen Bereichen abgrenzen. Diese Abgrenzung kann aber nicht durch irgendeine immaterielle Linie, einen fiktiven Zaun erzeugt, sie muß vielmehr von privaten Nutzungen in privaten Gebäuden, die an den öffentlichen Raum hart angrenzen, geschaffen werden. Es geht also um die Umschließung von Stadträumen durch geeignete Gebäude. In der herkömmlichen europäischen Stadt sind es die uns allen bekannten Stadthäuser mit ihren Fassaden, die die Straßen- und Platzwände bilden und für das Zusammenspiel zwischen privatem und öffentlichem Bereich sorgen.

Vielfalt der Nutzungen in einem Stadtquartier, Mannigfaltigkeit in den zweckgebundenen und zweckfreien Aktivitäten der öffentlichen Sphäre werden dabei durch eine dichte Gruppierung vieler Stadthäuser – kombiniert mit einzelnen Sondergebäuden – um einen Straßen- oder Platzraum hergestellt. Augen auf die Straße, die Einbindung der Alltagswelt der Bewohner in den öffentlichen Raum und die präzise Bestimmung der Grenzlinie zwischen Privatem und Öffentlichem – all dieses wird erreicht durch das dichte Heranrücken der Häuser an die Straße und die Instrumentierung der Straßenwände als Orte der sinnlich erfahrbaren Kommunikation: Sie gewähren Einblicke und Ausblicke in Öffentliches und Privates, Zutritt und Ausschluß, Partizipation und Separierung in einem.

Umschlossenheit

Die Anordnung von Baublöcken, Häuserquartieren zu einer Raumschale, welche ein zusammenhängendes System definierter städtischer Freiräume umschließt, ist eine der großen erfinderischen Leistungen des europäischen Mittelalters. Diese Stadträume sind nicht der übriggebliebene Rest eines von den Häuserquartieren nur teilweise verbrauchten Raums, sondern ebenso wie diese Häuserquartiere selbst Gebilde eigener Raumqualität. Beide stehen zueinander im Verhältnis komplementärer, gleichberechtigter Größen. Jeder Straßen- und Platzabschnitt hat dabei seine individuelle, identische Form, auch wenn sie für uns heute vielfach den Eindruck macht, mehr oder weniger zufällig zustandegekommen zu sein.

Diese Stadträume sind nach dem Grundsatz angelegt, zugleich Geschlossenheit und Offenheit zu vermitteln. Die Ausgänge aus den einzelnen Straßenabschnitten sind jeweils räumlich so angeordnet, daß der Charakter der Umschließung gewahrt bleibt; zum Beispiel dadurch, daß ein solcher Ausgang durch ein Gebäude verdeckt wird, durch die Unterbringung eines Ausgangs in der Ecke eines Platzes oder durch gekrümmte Straßenfronten,

16   Christopher Alexander: »Gebäude, die negativen, übrigbleibenden Raum
hervorbringen ... Gebäude, die positiven Außenraum hervorbringen«

die in der Wahrnehmung desjenigen, der sich im Straßenraum aufhält, einen
optischen Verschluß bewirken.

Jeder einzelne Straßenabschnitt hat immer mehrere, oft zwei, meist aber
noch mehr Zu- und Ausgänge, die die Offenheit des Raums gewährleisten.
Eine Hausparzelle kommt in der Regel mit einem einzigen Zugang aus, für
einen öffentlichen Raum genügt das nicht. Diese Durchgängigkeit ist einer
derjenigen Faktoren, die für ein nicht vorhersehbares, sich ständig wan-
delndes Publikum sorgen. Im Gesamtsystem der Straßen führt diese Art
der Gestaltung dazu, daß man auf dem Weg zwischen zwei Punkten eines
Stadtteils grundsätzlich immer mehrere alternative, sich voneinander unter-
scheidende Wege einschlagen kann. Dies ist eine Regelung, die nicht allein
der Sicherheit des einzelnen dient, sondern auch das Zufußgehen attraktiv
macht und immer die Möglichkeit offenhält, jemandem, den man nicht
treffen möchte, aus dem Weg zu gehen.

Die Durchgängigkeit ist ein Prinzip, das die westliche Stadt ganz grundsätzlich etwa von der islamisch geprägten Stadt unterscheidet. In den arabi-
schen Städten bilden nur die wichtigen Bazaarstraßen und einige wenige
Sammelstraßen ein durchgängiges Netz, alle übrigen Straßen und Gassen
sind Sackgassen, die, je weiter man in sie hineingeht, desto mehr als private
Bereiche gelten, in denen der Fremde nur als Gast Zutritt hat. Gastfreund-
schaft tritt hier an die Stelle der westlichen Öffentlichkeit.

Diesen Unterschied in der Durchlässigkeit der Stadt haben übrigens
schon die Römer registriert, wie Alberti interessiert vermerkt:

»Curzio Rufo berichtet, daß in Babylon die Häuser in voneinander abgesonderten
Vierteln ohne Durchgängigkeit innerhalb der Mauer angeordnet waren. Platon
dagegen gefiel es, wenn nicht nur die Viertel untereinander verbunden waren, sondern auch die Außenwände der Gebäude, so daß diese wie eine Stadtmauer angesehen werden konnten.« (Alberti 1966: 308f.)

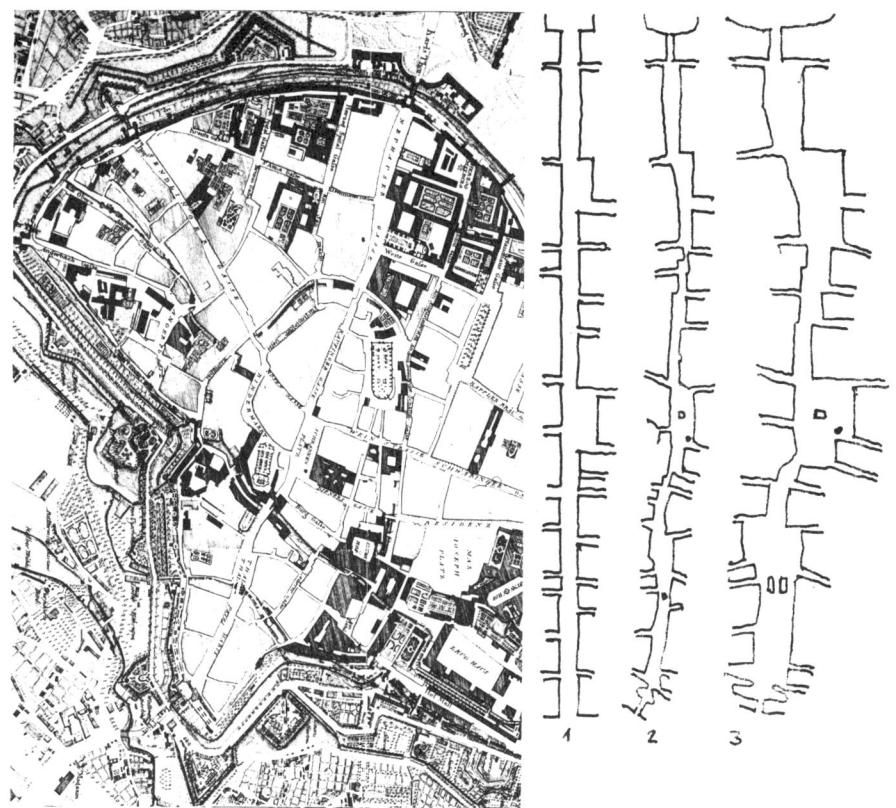

17 Münchens zentrale Straßenraum-Folge: 1 Übersetzt in die Geometrie eines
Gitterplans, 2. plangetreu wiedergegeben, 3. durch Dehnung der Straßenbreiten
der optischen Wahrnehmung des Passanten angenähert

Räumliche Identität

Die klar definierte Umschließung der Straßenräume trägt zu ihrer Identität
bei. Räume, die nicht umschlossen sind, können nicht identifiziert werden
und bringen deshalb auch keine Ortsbindung des Benutzers zuwege – eine
solche Bindung setzt voraus, daß ein Platz ein Ort bestimmter Formen,
Kräfte, Gefühle und Bedeutungen ist.

Dem Mittelalter ist es gelungen, engverzahnte Gefüge aus Bauquartieren
und städtischen Raumgestalten der jeweiligen Topographie des Ortes abzu-

69

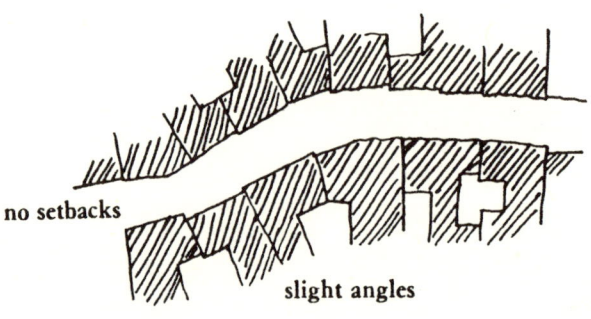

no setbacks

slight angles

18 *Christopher Alexander: »Baue unmittelbar an die Straße; ändere die Bauvorschriften der Gemeinden, die dies unmöglich machen. Und lasse die Gebäudefronten leicht ungleiche Winkel einnehmen, wo sie dem Straßenverlauf folgen.«*

gewinnen und dadurch in jeder Stadt ein eigenes Muster ihrer örtlichen Individualität zu schaffen. Kein Straßenzug, kein Platz, keine Platzfolge in den Tausenden von Städten und Städtchen, die nicht ihr eigenes Gepräge, ihre Unverwechselbarkeit besäßen.

Das Zeitalter der Renaissance legte es darauf an, in dieses kleinräumige Bedeutungsgefüge Regelmäßigkeit hineinzubringen, Geometrie, Perspektive, Großzügigkeit. Die besondere Kunst dieser Epoche besteht darin, auch unter diesem neuen künstlerischen Gesichtspunkt die Umschlossenheit der Räume nicht aufgegeben zu haben. Die Perspektive bleibt eine Perspektive des Raums als Innenraum. Bezeichnend ist aber, daß daneben das traditionelle Konzept der unregelmäßigen Straßengestalt weiterhin durchaus seine Gültigkeit behält. Ausgerechnet einer der großen Neuerer der Architektur, Leon Battista Alberti, weist in seinem Architekturtraktat auf die Qualitäten dieses herkömmlichen Konzepts hin, wenn er davon spricht, daß die Straßen

»innerhalb der Stadt... nicht geradlinig, sondern in weiten Kurven gebogen verlaufen (sollen), so wie Flußläufe, einmal zur einen, dann wieder zur anderen Seite. Damit erscheint einerseits die Straße länger, so daß der Eindruck einer größeren Stadt entsteht, andererseits ist dies günstiger im Hinblick auf die Schönheit, die Bequemlichkeit und die jeweilige Zweckmäßigkeit. Es ist nämlich von nicht geringer Wirkung, wenn sich dem Fußgänger nach und nach beim Gehen immer neue Gebäudeansichten darbieten, wobei jeder Hauszugang und jede Fassade in ihrer Draufsicht einmal mitten auf der Straße erscheint, so daß sich die Geräumigkeit der Straße, die sonst eher als unangenehm und ungesund zu beurteilen ist, sogar besonders vorteilhaft ausmacht.« (Alberti 1966: 306)

Alberti setzt sich nicht nur wegen der größeren Geräumigkeit und wegen des Hervortretens der einzelnen, aufgereihten Häuser für die gekrümmte, räumlich geschlossene Straße ein. Er hebt zusätzlich hervor, daß in die gekrümmte Straße Licht und Schatten viel differenzierter einfallen als in eine geradgestreckte, daß beispielsweise »eine Straße mit Kurven immer Schatten hat, auch im Sommer, und gleichzeitig in jedes Haus das Licht hereinkommt« (Alberti 1966: 306). Tatsächlich gibt es in einem gebogenen Straßenstück immer Stellen, die zu einer bestimmten Tageszeit mehr, und solche, die weniger tiefe Schatten werfen. Wer einmal eine schnurgerade Straße in praller Sonne gegangen ist, weiß die wechselnden Schatten krummer Straßenräume zu schätzen – die Identität und Kurzweiligkeit eines Straßenraums wird eben auch durch das Sonnenlicht und den Schatten mitbestimmt, der aus seiner ungeometrischen Form und dessen Lage zu den Himmelsrichtungen resultiert.

Erst der Übergang zum Barock bricht den geschlossenen Raum auf, verliebt sich in weite *Vistas*, macht die Ferne, den Blick auf ein weit abgelegenes, ideales Ziel zum Gegenstand der Stadt. Die Art und Weise, wie die Künstler dieser Epoche die Stadt abbilden, offenbart den Wandel im Blick auf den Stadtraum. Mit der Gestalt des Stadtraums wandelt sich die Bedeutung der Öffentlichkeit, des Schauspiels, das auf der Stadtbühne gespielt wird.

Behavior in Public Places

In seinem Buch *Verhalten in sozialen Situationen* (Originaltitel: *Behavior in Public Places*) hat der amerikanische Soziologe Erving Goffman die Verhaltensweisen beschrieben, die den Aufenthalt der Stadtmenschen im Straßenraum regeln. Er stellt die zahllosen Verhaltensmuster vor, die notwendig sind, um die spezifisch städtische Kombination von Beteiligtsein und Auf-Distanz-bleiben, von persönlicher Präsenz und Anonymität, von Absicht und Zufälligkeit zustande zu bringen. Die Arbeit Goffmans kann uns erkennen helfen, inwiefern die Umschlossenheit des traditionalen Straßenraums etwas mit seiner Bestimmung für die Öffentlichkeit zu tun hat – oder ob hier einfach nur eine kulturelle Tradition vorliegt, die sich beispielsweise aus der Raumknappheit innerhalb der jeweiligen Stadtbefestigung ergeben hat. Warum treffen sich heute in unseren Städten diejenigen Bevöl-

19 Gordon Cullen: Wiederentdeckung des umschlossenen Straßenraums

kerungsgruppen, die etwa am Feierabend zwanglos zusammenkommen wollen, beispielsweise junge Menschen oder italienische Landsleute, an definierten, umschlossenen Orten, auf den Plätzen der innerstädtischen Quartiere oder in großen Bahnhofshallen und nicht in den Grünanlagen der neuen Wohngebiete?

Die Kommunikation der Personen, die im öffentlichen Raum aufeinandertreffen, funktioniert nach Goffman nur, wenn die Erfahrung einer gemeinsamen Präsenz vorhanden ist.

»Die vollen Bedingungen von *gemeinsamer Präsenz* sind in wenigen variablen Umständen anzutreffen: die Einzelnen müssen deutlich das Gefühl haben, daß sie einander nahe genug sind, um sich gegenseitig wahrzunehmen bei allem, was sie tun, einschließlich ihrer Erfahrung der anderen, und nahe genug auch, um wahrgenommen zu werden als solche, die fühlen, daß sie wahrgenommen werden. In unserer von Mauern umschlossenen westlichen Gesellschaft geht man im allgemeinen davon aus, daß diese Umstände gegeben sind innerhalb des gesamten Raumes, der in einem Zimmer vorhanden ist, und daß sie gegeben ist für jedwede Person, die in diesem Raum anwesend ist. Auf öffentlichen Straßen (und auf anderen, relativ unversperrten Plätzen) läßt sich der Bereich, in dem gegenseitige Anwesenheit als

72

bestimmend gesehen werden kann, nicht so klar abgrenzen. Denn die Auswahl anderer Verkehrsteilnehmer, von denen Menschen Notiz nehmen, die sich an verschiedenen Punkten einer Straße befinden, kann sehr verschieden ausfallen, ebenso wie umgekehrt auch sie nicht von allen in gleichem Maße beobachtet werden.« (Goffman 1971: 28f.)

Die gemeinsame Präsenz löst sich offenbar mit dem Verschwinden des erfahrbar umschlossenen Raums für die Straßenbenutzer auf. Interessant ist in diesem Zusammenhang, daß auch Hannah Arendt die Umschließung als wichtigen Teil der öffentlichen Stadtsphäre bezeichnet:

»Bevor das Handeln selbst überhaupt beginnen konnte, mußte ein begrenzter Raum fertig- und sichergestellt werden, innerhalb dessen die Handelnden dann in Erscheinung treten konnten, der Raum des öffentlichen Bereichs der Polis, dessen innere Struktur das Gesetz war; der Gesetzgeber und der Architekt gehörten in die gleiche Berufskategorie.« (Arendt 1967: 187f.)

Die Mediengesellschaft und der umschlossene Stadtraum

Wenn uns der Platz am Ende der Straße, der zu Fuß in zehn Minuten zu erreichen ist, ebenso fern vorkommen wird wie Peking, was bleibt dann von der Welt? Was bleibt von uns?

Der Drang aus der räumlichen Enge der Städte ins Freie ist wohl so alt wie die Stadt, und Intellektuelle – von Niccolo Machiavelli bis zu Thomas Bernhard – haben auch das Hin-und-her-Wechseln zwischen Stadtquartier und irgendeiner Form von Datscha immer wieder als ein wichtiges Phänomen des Stadtlebens geschildert. Aus dem »Komm! Ins Offene, Freund!« Friedrich Hölderlins ist inzwischen das absolute Primat der Weite geworden, die Eroberung der großen Aussicht – aus unverbaubarer Lage, vom Skyscraper, aus der Boeing, im »Tele« des Fernsehens. Öffentlicher, städtisch gebundener Freiraum erscheint eher als Hindernis, Einengung und zu überbrückende Nähe. Nähe wird außerhalb der privaten vier Wände und des beruflichen Alltags als Zumutung empfunden. Soweit das Individuum selbst entscheiden kann, soll es allein die unbegrenzte Natur sein – und sei es auch eine künstliche oder künstlerisch installierte –, der es sich hingibt…

»Ich habe im Geschwindigkeitsszenarium, im gleichgültigen Reflex des Fernsehens, in dem Film von Tagen und Nächten quer durch einen leeren Raum, in der wunderbar affektlosen Aufeinanderfolge von Zeichen, Bildern, Gesichtern und rituellen Akten der Straße das gesucht, was dem nuklearen und entnuklearisierten Universum, das bis hin zu den Hütten Europas im Prinzip schon das unsrige ist, am nächsten liegt... Diese nukleare Form, diese zukünftige Katastrophe, von alledem wußte ich schon in Paris. Aber um sie zu verstehen, muß man selbst die Form der Reise annehmen, die endlich das realisiert, was Virilio die Ästhetik des Verschwindens nennt. Denn die mentale Wüstenform, die die gereinigte Form der sozialen Verwüstung ist, wächst zusehends... Was die soziale Verwüstung oder Entkernung an Kaltem oder Totem hat, trifft hier, in der Hitze der Wüste, seine kontemplative Gestalt... Die Unmenschlichkeit unserer sozialen und oberflächlichen Nachwelt begegnet hier unmittelbar ihrer ästhetischen und ekstatischen Gestalt. Denn die Wüste ist nur das eine: eine ekstatische Kritik der Kultur, eine ekstatische Form des Verschwindens.« (Baudrillard 1987: 14f.)

10. Element 4 – Das Gassenfenster

»der wird es ohne Gassenfenster nicht lange treiben...«

Häuserfronten und Platzwände bilden jene Flächen, an der die private Sphäre mit der öffentlichen zusammenstößt. Der Austausch von Kontakten, Informationen, Orientierungen, von Hilfen und Ermutigungen ebenso wie ihre zeitweise Abschirmung voreinander vollzieht sich über die Öffnungen, die in diese Fronten und Wände eingebaut sind. Das Gassenfenster: Ich übernehme diesen Namen einer gleichnamigen Skizze, die Franz Kafka 1913 geschrieben hat und die darauf hinweist, daß das Fenster in der Stadt viel, viel mehr sein kann als nur ein Instrument der Belüftung, Belichtung und Sichtbeziehung:

»Das Gassenfenster

Wer verlassen lebt und sich doch hie und da irgendwo anschließen möchte, wer mit Rücksicht auf die Veränderungen der Tageszeit, der Witterung, der Berufsverhältnisse und dergleichen ohne weiteres irgend einen beliebigen Arm sehen will, an dem er sich halten könnte, – der wird es ohne Gassenfenster nicht lange treiben. Und steht es mit ihm so, daß er gar nichts sucht und nur als müder Mann, die Augen auf und ab zwischen Publikum und Himmel, an seine Fensterbrüstung tritt, und er will nicht und hat ein wenig den Kopf zurückgeneigt, so reißen ihn doch unten die Pferde mit in ihr Gefolge von Wagen und Lärm und damit endlich der menschlichen Eintracht zu.« (Kafka 1970: 18)

20 *Edward Hopper: Vorstudie zu Pretty Penny*

Das Bild der Häuserzeilen in alten Stadtmilieus mit ihren Fenstern ist uns so vertraut, daß wir die Sensation, die ihm innewohnt, kaum noch bewußt aufnehmen. Sensation nenne ich es, weil dieses Bild eben mehr ist als nur eine einfache Wahrnehmung: Es ist gefüllt mit Assoziationen, mit Erinnerungen, Empfindungen, Sehnsüchten, Träumen. Es ist ein Bild, das aus zwei einander entgegengesetzten Richtungen zu betrachten ist: von der öffentlichen Straße als Ensemblebild und aus dem privaten Zimmer – oder aus einer Werkstatt, einem Arbeitsraum als Ausschnitt, der doch auch das Ganze verkörpert. Die Sensation ist mit beiden Blickrichtungen verbunden. Bei genauerem Hinschauen stellt sich das Bild als die immergleiche Wiederholung eines und desselben Motivs dar: des Motivs eines Gassenfensters.

Kein Zufall: Immer wieder hat dieses Stück Straße, dieser Typus des gereihten und in Reihen übereinander angeordneten einfachen Stadtfensters, dieses kleine Rechteck die Maler angezogen. Nach dem Beginn der Industrialisierung wurde es für sie mehr und mehr zu einem Zeichen, zu einer Abschiedsgeste aus der verschwindenden Welt der Städte. Whistler und Ruskin können gar nicht aufhören, die Details, den Bewegungsmechanismus und die Ausstrahlung dieser Fenster in allen Facetten festzuhalten, bei Carlo Carra und Edward Hopper in unserem Jahrhundert werden sie schließlich zu einem Zeichen für die Verlassenheit in der modernen Stadt.

Vokabular

Mischung und Vielfalt, Augen auf die Straße, die Umschlossenheit des Stadtraums – dies reicht allein noch nicht aus, um das Städtische wirklich erscheinen zu lassen. Zur *Sprache* einer Stadt gehören auch die Kommunikationsinstrumente, die in die Häuserwände – die Grenzfläche zwischen dem Reich des Privaten und dem Reich des Öffentlichen – eingelassen sind.

In der Geschichte der europäischen Stadt hat sich ein Vokabular für die Sprache der Straßenfronten ausgebildet, das jeder lesen und verstehen konnte. Über Jahrhunderte hat sich an diesem Vokabular kaum etwas geändert. Das Straßenbild der Häuser besteht im Erdgeschoß aus Tor, Tür und Ladenfront, in den oberen Stockwerken aus einer meist einfachen Reihung gleicher Fenster in der Form stehender Rechtecke. Der Rest ist Wand, bekrönt von einem zum Dach überleitenden Gesims. Dieses Bild ist das Haus, seine Reihung die Stadt.

Christopher Alexander hat das Straßenfenster als wichtigen Baustein einer »zeitlosen Art zu bauen« in den Katalog von *A Pattern Language* aufgenommen, übrigens nicht ohne Kafkas oben zitierten Text ins Englische übersetzt als Beleg mitzuliefern (wie ich, längst nachdem ich den Kafka-Text für mein Konzept entdeckt hatte, überrascht feststellte): »Eine Straße ohne Fenster ist blind und verbreitet Angst. Und es ist genauso unangenehm, in einem Haus zu sein, das an einer öffentlichen Straße liegt und kein Fenster auf die Straße hat.« (Alexander 1977: 770)

Die Öffnungen in den Häuserfronten der Straße sind geformt als Instrumente für einen vielfältigen und äußerst differenzierten Kontakt zwischen innen und außen, außen und innen: Fenster mit kleinen, handlichen Flügeln zum Öffnen und Schließen, zum Drehen, Heben, Kippen, mit Bekleidungen (aus Holz oder bearbeitetem Stein) zur Verfeinerung der Wandlaibungen an den Stellen, die der Körper desjenigen berührt, der sich in das Fenster beugt, mit Läden zum Auf- und Zuklappen oder zum Schieben, mit Jalousien, *Venetian Blinds*, um sich abzuschirmen, um das Private vor öffentlichem Einblick zu schützen, es in den Schatten zu bringen.

21   Canaletto: Fenstervokabular

Welche Vielfalt der Tätigkeiten, Aufmerksamkeiten, Empfindungen verbindet sich mit dem Gebrauch dieser Instrumente: das Öffnen der Läden, um die Morgensonne zu begrüßen, den Ausblick zu genießen, den Himmel über den Kanten der Nachbarhäuser mit seinen Wolken und umherfliegenden Vögeln zu beobachten; das Aufmachen eines Fensterflügels, um ein Gespräch mit jemandem auf der Straße zu beginnen, Kindern etwas auf den Platz vor dem Haus zuzuwerfen oder einen Korb heraufzuziehen; das sperrangelweite Öffnen des ganzen Fensters, um Luft hereinzulassen, um sich weit aus dem Fenster zu beugen (vielleicht, um nachzusehen, wann endlich die Post kommt), um sich in die Fensterbank zu legen, um einem Fest, einer Prozession, einer Demonstration oder nur dem Straßentreiben zuzuschauen, jemandem auf der Straße oder in einem Fenster gegenüber durch einen Fensterspalt einen Blick zuzuwerfen, jemandem nachzuschauen; den Ablauf einer handgreiflichen Auseinandersetzung oder ein verstohlenes Rendezvous durch die halbgeöffneten Läden zu beobachten; die Jalousieläden zu schließen oder einen Spalt breit zu öffnen, um das Eindringen ungebetener Einwirkungen (gleißende Sonne, Einblicke) zu filtern, aber nicht ganz auszuschließen; das Schließen der Läden bei geöffnetem Fenster zum Eintritt der Nacht usw.

Alle diese Varianten des Fenstergebrauchs sind für unterschiedliche Personen ganz verschieden bedeutsam, für die Fensterbenutzer in ihren privaten Räumen, indirekt – aber ganz real auch – für die Personen in der Straße, mit denen die Fensterbenutzer in Kontakt treten (oder auch gerade nicht), und für die im öffentlich Raum Flanierenden.

Das Fenster als bewegliches Bild

Tradition und Praxis haben das Gassenfenster als Element des Verbindens und Trennens zu einem Bild des täglichen Lebens gemacht. Es selbst hat die Form eines Bildes bekommen: eines Bildes mit Basis, Rahmen und Ädikula, mit Flügeln, Teilungen, Friesen.

Fenster sind bewegliche Instrumente. Nur durch ihre Beweglichkeit können sie die komplizierten Anforderungen erfüllen, die aus den unterschiedlichen Akten des Verbindens und Trennens abzuleiten sind. Aus eigener Anschauung kann man sich leicht in fast jeder noch einigermaßen erhaltenen Altstadt darüber Rechenschaft ablegen, daß die Fenster mit ihren

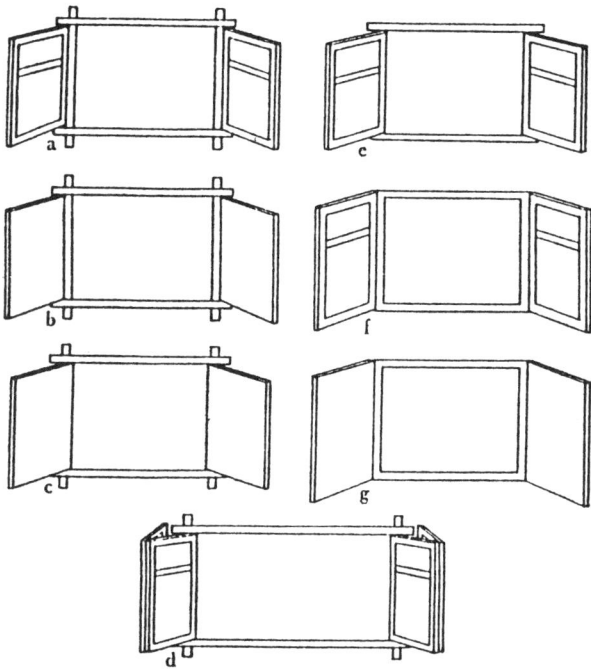

Arten von Klapptafelbildern nach der
römischen und pompejanischen Wandmalerei

1) Achtendenrahmen: a, b, c, d
2) Einfache Rahmen oder erhabene Tafelränder: f, g
3) Türchen aus Rahmen mit Füllung: a, d, e, f
   Türchen mit glatter Fläche: b, c, g
   Türchen an den Außenkanten des Rahmens angebracht: a, b, f, g
   Türchen innerhalb der Rahmung angebracht: c, d, e

Beweglichkeit der Türchen durch Zapfen oder Scharniere.
Verschlüsse wohl vornehmlich durch Schubriegel

22   Bilder als Fenster

beweglichen Flügeln, Fensterläden, Jalousien und Vorhängen zum Leben in einem innerstädtischen Ambiente dazugehören. An jedem beliebigen Hause lassen sich dort zu fast jeder beliebigen Tages- und Nachtzeit bei, sagen wir: zwölf Fenstern wenigstens sechs verschiedene Gebrauchszustände notieren.

Fenster werden zu Bildern. Auffällig ist schon die Verwandtschaft in der Form und Machart von Fenstern und Bildern. Aber Fenster sind tatsächlich

Bilder einer anderen Welt, und Bilder sind Fenster in eine andere Welt. Fenster haben Flügel wie manche Bilder – das Öffnen und Schließen der Flügel ist in beiden Fällen mehr als die Bewegung eines Apparats: Die Veränderung bedeutet Wechsel in der Verbindung zweier Sphären, zweier Welten. Das Fenster in der Straße ist selbst ein Bild des Öffentlichen und des Privaten.

Ein fensterloses Medienzeitalter

Wenn uns der Platz am Ende der Straße, der zu Fuß in zehn Minuten zu erreichen ist, ebenso fern vorkommen wird wie Peking, was bleibt dann von der Welt? Was bleibt von uns?
Für das Zeitalter der Medien sind Fenster ein Anachronismus. Das Träumen von Stadtfenstern ist nichts anderes als die Sehnsucht nach der eigenen Kindheit. Der nüchterne Blick des Zeitgenossen orientiert sich an den fernen Panoramen in den Breitwandfenstern, in den spiegelnden Fassaden der Glasarchitektur, in den undurchdringlichen Bildschirmen der elektronischen Medien.

»Kein Interface zwischen Innen und Außen. Die Glasfassaden spiegeln die Umgebung und schicken ihr ihr eigenes Bild zurück. Sie sind unüberwindbarer als eine Steinmauer. Genau wie die Leute mit den schwarzen Brillen. Der Blick kann sich dahinter verstecken, das Gegenüber sieht sein eigenes Spiegelbild. Überall findet die Transparenz des Interface in der inneren Brechung ein Ende. Walkman, schwarze Brillengläser, automatische Elektrogeräte, Autos mit Mehrfachkontrollen bis zum ununterbrochenen Zwiegespräch mit dem Computer; alles, was man großsprecherisch Kommunikation und Interaktion nennt, endet schließlich im Rückzug der Monade in den Schatten ihrer eigenen Formel, in ihre selbstverwaltete Nische und künstliche Immunität.« (Baudrillard 1987: 86)

11. Das Stadthaus als Baustein der Stadt

Ein Entwurfsmodell

Der öffentliche Stadtraum, der durch Hauswände eingefaßt und durch Fenster kommunikativ mit privat genutzten Häusern verbunden ist, stellt ein städtisches Entwurfsmodell dar, das über einen Zeitraum von fast zweitau-

23   *Stadt-Baukasten Florenz*

send Jahren hinweg die europäische Stadtgeschichte geprägt hat. Dieses
Modell steht in engem Zusammenhang mit der Verwendung eines gleich-
bleibenden Stadt-Bausteins. Dieser Baustein ist der Typus des Stadthauses,
eines in der Regel gemischt genutzten einfachen Gebäudes, aus dem sich
sehr leicht die verschiedensten städtischen Ensembles zusammensetzen lassen und das schon in seiner Grundanlage darauf abzielt, Privates mit
Öffentlichem zu konfrontieren. Daran dachte wohl auch Kahn in der
bereits zitierten Bemerkung, daß früher »der Stadt diese Straßen von den
Häusern für diesen Zweck zugeeignet« (Giurgola 1979: 95f.) wurden: Die
Straßen sind letztlich ein Produkt der Häuser.

Was uns im folgenden interessiert, ist weniger die geschichtliche Vielfalt, die
Verschiedenheit der Stadthäuser etwa bei den Römern, im Mittelalter, im Ancien
Régime, im bürgerlichen Zeitalter; worauf es hier ankommt, ist die Kontinui-
tät des Stadthausmodells, ist also, zu erkennen, worin sich alle Stadthäuser im
Laufe der Jahrhunderte gleich geblieben sind, welches der gemeinsame Nen-
ner ist, der sie zum elementaren Baustein der europäischen Stadt gemacht hat.

Die Stadt als Baukasten

Die meisten von uns werden sich nie überlegt haben, wie eine Stadt aus ihren einzelnen Bestandteilen zusammengesetzt und aufgebaut ist. Wir können uns Straßenräume aus Städten, in denen wir uns einmal aufgehalten haben, in Erinnerung rufen. Dabei spielen aufgereihte Häuserfronten eine wichtige Rolle. Einzelbilder von Innenräumen in Gebäuden, von Privatgärten in städtischen Quartieren und von Parkanlagen haben sich eingeprägt; aber wie das alles räumlich zusammenhängt, ist uns nicht so recht bewußt.

Vielleicht spielt dabei auch mit, daß unsere Zeit ihre Städte und Stadtviertel so ganz anders entwirft, als das frühere Zeiten getan haben. Das Repertoire der modernen Stadt – Gebäudeblocks, Reihenhäuser, Teppichsiedlungen, Einfamilienhäuser, Hochhaustürme und -scheiben – ist aus einem radikalen Bruch mit der vorangegangenen Tradition des Städtebaus hervorgegangen. Außerdem kommt nach dem geltenden Bildungskanon in der Schule nirgends vor, daß es in der europäischen Stadt einen Baustein mit einer fast unendlich langen Geschichte gibt, der die Gestalt der Städte in entscheidendem Maße mitbestimmte.

Das Stadthaus ist ein mehrstöckiger Kasten, der mit seiner Vorderseite an den öffentlichen Straßenraum angrenzt, mit der Rückseite an einen privaten Garten oder Hof. Beide Seiten öffnen sich mit Fenstern zu den vor ihnen liegenden Freiflächen. Die beiden verbleibenden Seiten des Kastens sind in der Regel geschlossene Brandwände, die sich zum Anbauen von Nachbarhäusern eignen. Das auf Straßenniveau liegende Geschoß (und manchmal auch der Keller) ist fast immer für eine gewerbliche Nutzung vorgesehen, die darüberliegenden Stockwerke dienen überwiegend Wohnzwecken. Das ganze wird nach oben durch ein Dach abgeschlossen.

Aus dem Stadthaus lassen sich Bau-Quartiere zusammensetzen, die die Komplementärfigur zum öffentlichen Raum, zu Straßen und Plätzen bilden. Das private Haus – als Bau- und als Nutzungsform – prägt wie ein Stempel den öffentlichen Raum. Der Zusammenschluß einer Gruppe von Stadthäusern zu einem Baublock oder Quartier bildet die Form der Straße. Die begrenzende Wand zwischen Straße und Quartier läßt Privates und Öffentliches über Hunderte von Metern in einem Stadtviertel zusammenstoßen und bietet unzählige Chancen des Austauschs. Die typische Grundform des Quartiers, also eines Blockes, der aus mehreren, um einen freiblei-

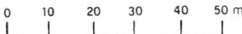

24　*Stadthausquartier Florenz: Straßenfront – Haus – Hof/Garten*

benden Hof angeordneten Häuserzeilen besteht, sorgt dafür, daß eine ruhige Freiraumzone in seinem Innern entsteht, die durch die Häuser vom geräuschvollen Betrieb der Straße abgeschirmt ist. Aus der Vielfalt der Formen, die ein Quartier annehmen kann, und aus den vielfältigen räumlichen Beziehungen, die Quartiere gegeneinander einnehmen können, entsteht die räumliche Vielfalt des Straßenraums.

Römische Grunddisposition

Die Baugeschichte des Stadthauses ist bis heute ungeschrieben. Dies ist umso erstaunlicher, als dieser Gebäudetyp vielleicht neunzig Prozent der Substanz unserer alten Städte liefert. Die Baugeschichte hat sich immer den künstlerisch bedeutenderen Gebäuden zugewandt, und dies sind nun einmal überwiegend Gebäude mit Sonderfunktionen – öffentliche Gebäude, Gebäude der Kirche, der Mönchsorden, der Feudalherrschaft. Mit der regionalen Ausprägung des Stadthauses in einzelnen Epochen haben sich zahllose Einzeluntersuchungen beschäftigt; diese Untersuchungen sind allerdings in ihren Ergebnissen bis jetzt nicht systematisch zusammengetragen – was auch eine unermeßliche, wohl kaum lösbare Arbeit wäre. Uns

25 *Römische Stadthäuser in Ostia*

interessiert hier aber nicht so sehr die Geschichte des Stadthauses, sondern seine Grunddisposition, die es zum prädestinierten Baustein der Stadt werden läßt.

Die Ursprünge des Stadthauses sind schon bei den Römern zu finden, wo in den dicht bebauten Städten des zweiten Jahrhunderts v. Chr. *domus* und *taberna* zusammengezogen wurden:

»Handel, Gewerbe und Wohnen waren in einer Weise räumlich vereint, die in den älteren Stadtteilen von Provinzstädten wie Pompeji unbekannt war. In diesen lagen Geschäfte und Werkstätten abseits der Wohnviertel der Stadt dicht gedrängt um das Forum oder an den wichtigsten Straßen... Den meisten Wohnungen in Ostia waren Geschäfte angegliedert, die manchmal hinter einem schützenden Portikus lagen. Des Nachts wurden die Geschäfte mit Hilfe von hölzernen Türläden verschlossen, die in der Türschwelle und den Türsturz aus Travertin eingelassen wurden, doch war vielleicht nachts und während der mittäglichen Ruhepause der Zutritt durch eine in das größere Tor eingesetzte Tür möglich. Andere Türen, zum Beispiel der Haupteingang zum Etagenhaus, hatten normalerweise zwei hölzerne Türflügel, die sich in Angeln in der Türschwelle und im Türsturz drehten und sich nach innen öffneten. Der ursprünglich nach innen gewandte Charakter der *domus* verschwand mit dem Aufkommen von regelmäßigen Fensterreihen, die es zunächst über dem Mezzanin gab und die sich dann auch über die oberen Stockwerke ausdehnten. Selunit, Glim-

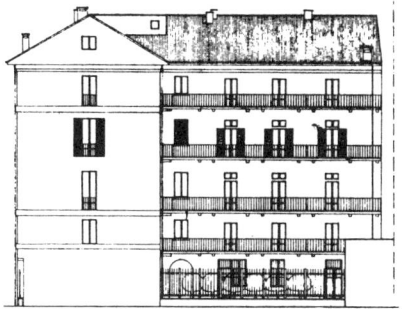

26 *Stadthäuser in Mailand und Lissabon*

mer und Glas brachten Licht in die Wohnungen. An weniger wohlhabenden Wohnungen gab es doppelte hölzerne Fensterläden eines Typus, der noch heute in Italien üblich ist.« (McKay 1975: 76, 85f.)

In dieser Beschreibung sind bereits
alle die Elemente wiederzufinden,
aus denen das später die europäische
Stadtbaugeschichte prägende Stadthaus aufgebaut ist.

»Die Stadt«

Mit dem römischen Stadthaus war
somit ein Bautypus und zugleich eine
städtebauliche Gestaltungsfigur gefunden, die zwei Jahrtausende lang für
die europäische Stadtentwicklung bestimmend bleiben sollte. In ihm haben
wir eigentlich im Kern die Stadt vor uns. Und zwar deswegen, weil dieser
Gebäudetyp alle Konstruktionselemente des Urbanen im Ansatz in sich
vereinigt: Vielfalt und Mischung (das Stadthaus ist ein Typ, der das Prinzip
Reihung in sich trägt und – was viel zu leicht vergessen wird – selbst
gemischt genutzt ist), Augen auf die Straße, Umschlossenheit des Straßenraums und das Gassenfenster (das Stadthaus steht unmittelbar an der Straße
und öffnet sich zu ihr). Obwohl das Stadthaus im Kern – wie gesagt – die

Stadt ist, kennen wir keinen Namen, der es treffend bezeichnet. Auch der Begriff *Stadthaus*, den ich hier verwende, ist ein Notbehelf: Niemand versteht ohne umständliche Erläuterungen, was damit eigentlich gemeint ist.

Wer heute durch eine Stadtstraße etwa in Paris oder Mailand geht, der nimmt an den Straßenfronten gar nicht so sehr ihre Entstehungszeit, ihr Alter wahr. Kirchen beispielsweise sind für uns romanisch, gotisch, barock, klassizistisch. Die Häuserfronten sind dagegen aus einem nahezu zeitlosen Stoff gemacht, der, wenn er nicht durch eine spezifische Dekoration besonders ausgezeichnet ist, in uns gar keine Gedanken über Alter oder Stil aufkommen läßt. Und tatsächlich stecken in vielen Gebäuden, die wir gedankenlos dem 19. Jahrhundert zuordnen, mittelalterliche oder barocke Fassadenstrukturen.

Die lange Beständigkeit des Typs Stadthaus ist, wenn man sich mit ihr einmal eingehend beschäftigt, erstaunlich. Sie ist zweifellos dafür verantwortlich, daß dieser Gebäudetyp für uns eine Bildhaftigkeit gewonnen hat, die uns dieses Haus mit dem Begriff *Stadt* fast gleichsetzen läßt.

Verbindliche Gestaltungsregeln

Die Stadtgrundrisse der alten europäischen Städte sind durch nichts so stark geprägt wie durch das unzählige Male aneinandergereihte Stadthaus, seinen Wechsel mit den herausragenden Sondergebäuden und seine gestaltbildende Funktion bei der Herstellung der Straßen- und Platzräume.

Aus Forschungen über die Kommunalgesetzgebung im Mittelalter und der frühen Neuzeit ist bekannt, daß auf die Gestaltung der Zone, in der Gebäude und Straßenraum zusammentreffen, ganz besonders Einfluß genommen wurde. Es wurden Regeln aufgestellt über die Zulässigkeit von Erkern und Balkonen, über die Gestaltung der Fenster, über das Auskragen von Stockwerken und Gesimsen.

In der alten Stadt stehen Gebäude eng nebeneinander, die nicht als Einheit nach einem gemeinsamen Plan entworfen wurden, sondern sozusagen als eine Versammlung von Individuen, die bestimmten gemeinsamen Gestaltungsregeln gehorchen; dadurch ist der öffentliche Raum nicht ein von dominierenden Einzelbauten beherrschter, sondern ein relativ neutral, aber dennoch vielgestaltig umstellter Raum.

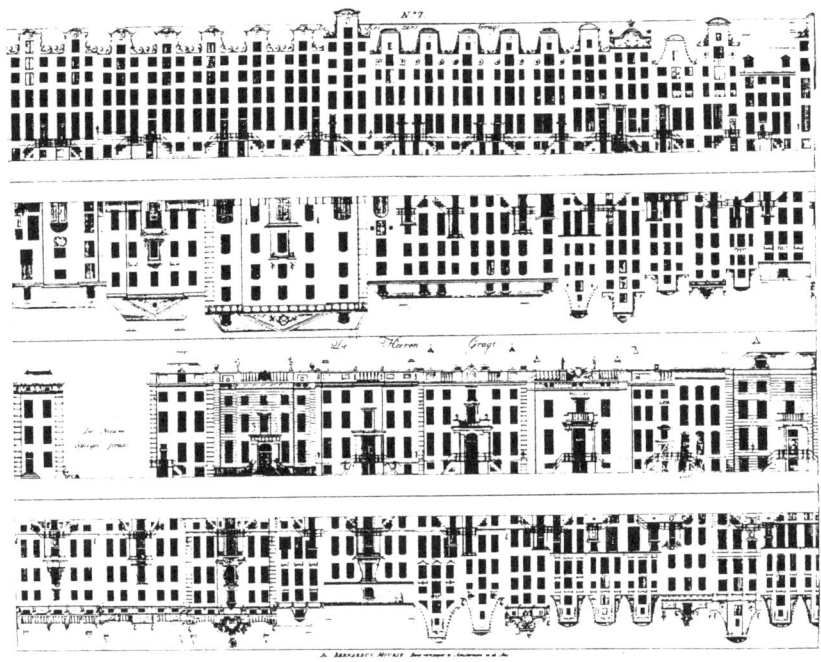

27 Amsterdam: Stadthaus-Ensembles

Das Stadthaus bestimmt den Bau der Stadtkerne in Europa bis in den Anfang unseres Jahrhunderts hinein. Es gibt aber bereits seit dem 16. Jahrhundert Tendenzen, die Kombination von Stadthaus und Straßenraum in der hier dargestellten Bedeutung abzulösen durch neue städtebauliche Erfindungen, die die Gebäude aus dem bisherigen Verbund herauslösen und der Straße vorrangig Verkehrsaufgaben zuweisen. Sie kommen einem zunehmenden Privatisierungsdrang entgegen.

IV. Zur Poetik des öffentlichen Raums

12. Elemente der Zeit und Geschichte

Flair des Öffentlichen

Schon Vitruv hat in seiner Architekturtheorie festgestellt, öffentliche Räume seien solche, die jedem, »wer es auch sei«, zugänglich sind. Für öffentliche Räume ist darüber hinaus kennzeichnend, daß sie nicht bestimmten Handlungen vorbehalten sind. Sie sind deshalb in der Regel unmöblierte, nicht eingerichtete Räume, die zunächst nur durch ihre Wände, dann auch durch die privaten Nutzungen hinter diesen Wänden geprägt sind. Wie in der herkömmlichen Stadt des alten Europa diese Wände organisiert waren, habe ich in den vorangegangenen Kapiteln zu beschreiben versucht.

Aber die öffentlichen Räume in der alten Stadt sind eben doch eigentlich nicht nur leere Räume, in denen sich die Öffentlichkeit jeden Tag neu herzustellen hat. In diesen Räumen liegt – wie ein eigener Schmelz – die Poesie der Öffentlichkeit.

Wie es dazu kommt, ist als nächstes zu klären. Wir unterstellen, daß den Städten daran gelegen war, ein Flair des Öffentlichen im Stadtraum festzuhalten, es mit ihm zu verschmelzen durch geeignete stadtgestalterische und künstlerische Mittel. Der Fremde, der in die Stadt kam, sollte sogleich merken: Hier findet städtisches Leben statt.

Viele, die sich heute für die Stadt verantwortlich fühlen, glauben, daß das Zurschaustellen von Luxus gleichbedeutend ist mit lebendiger Stadtkultur.

Werner Sombart hat in einem Essay über *Luxus und Kapitalismus* von 1913 (Sombart 1983) brillant geschildert, daß auch diese Vorstellung eine lange Tradition hat. Die Präsentation von Luxus hat tatsächlich in den vergangenen Jahrhunderten in der Stadt einen immer breiteren Raum eingenommen und ein eigenes Ambiente entwickelt, das die Poesie des Öffentlichen immer mehr überdeckt und teilweise ganz verdeckt hat.

Poetische Fassung

Die Benutzung des öffentlichen Stadtraums ist weitgehend unvorhersehbar; seine besondere Qualität liegt gerade in der Verfügbarkeit für alle möglichen Zwecke. Deshalb ist eine funktionelle Gestaltung der Straße immer ihrem öffentlichen Charakter abträglich. Der Städter, der Straße und Platz aufsucht, um in ein Publikum einzutauchen als Beobachter, Zuschauer, Flaneur, aber auch als Akteur, Informant, Passant, erwartet nicht Zweckmäßigkeit, sondern Atmosphäre oder sogar Emotion. Typisch für den historischen Stadtraum ist deshalb eine überhöhende, eben poetische Fassung, die dem Raum eine zusätzliche Dimension verleiht.

Topographie und Natur, Geschichte und Kunst sind die wichtigsten Arsenale, aus deren Bestand solche Poesie geschöpft wurde. Beide Arsenale bieten Material, mit dessen Hilfe Zeitablauf, Alterung und Vergänglichkeit, Wandel und Dauerhaftigkeit, Geschichtlichkeit und Tradition in der Stadt verankert und zum Ausdruck gebracht werden können.

Nach Hannah Arendt hatte schon in der Antike der öffentliche Raum der Polis die Aufgabe, eine Dingwelt herzustellen, die Menschen versammelt und miteinander verbindet und dabei Dauerhaftigkeit, also eine die Lebensspanne sterblicher Menschen übersteigende Existenz, repräsentiert:

»Ohne dies Übersteigen in eine mögliche irdische Unsterblichkeit kann es im Ernst weder Politik noch eine gemeinsame Welt noch eine Öffentlichkeit geben... Die Welt haben wir nicht nur gemeinsam mit denen, die mit uns leben, sondern auch mit denen, die vor uns waren und denen, die nach uns kommen werden. Aber nur in dem Maße, in dem sie in der Öffentlichkeit erscheint, kann eine solche Welt das Kommen und Gehen der Generationen in ihr überdauern. Es liegt im Wesen des Öffentlichen, daß es aufnehmen und durch die Jahrhunderte bewahren und fortleuchten lassen kann, was immer die Sterblichen zu retten suchen vor dem natürlichen Verfall der Zeiten.« (Arendt 1967: 54)

28   Öffentliches Andenken im Stadtraum: Wrens Londoner Säule nach dem
Stadtbrand 1666

90

Etwas von der antiken Idee, den Ablauf der Zeit und der Geschichte in der Stadt festzuhalten, finden wir immer noch in dem Bestreben der traditionellen Stadt, ihrem öffentlichen Raum eine poetische Fassung zu geben.

Natur als poetisches Element

Nirgends wird die Topographie, die in eine Stadt eingearbeitet ist, so deutlich wie beim Aufenthalt und bei der Bewegung im Straßenraum. Die Stadt wird so ein Teil der Erdgeschichte, der Besiedlungsgeschichte, des unvordenklich Alten und immer noch weiter Bestehenden. Die Stadt in der Ebene, die Stadt am Meer, an einem Fluß, auf einer Klippe, die Stadt auf dem Berg oder an einem Berghang, die Stadt auf der Insel – alle diese Städte haben dann ihre je eigene Poesie, wenn sie ihr besonderes Thema im Laufe einer langen Stadtgeschichte ausgearbeitet haben.

Natur tritt in der alten Stadt stets als ein von der übrigen Natur abgelöstes, gezähmtes Stück auf, das aus einer feindlichen Umgebung herausgerissen und in die Stadt eingebaut ist. Ein Fels in der Stadt, ein Kanal oder ein Hafenbecken, ein einzelnstehender Baum, eine Baumgruppe, eine Allee, ein Garten, selbst der durch zwei Häuserzeilen ausgeschnittene Himmel mit ziehenden Wolken und eiligen Vögeln sind Stücke aus der Natur, die in der gebauten Stadt Poesie erzeugen: Die gebaute Stadt ist in unserer Vorstellung eine unbewegliche Szene, in der Menschen ein- und ausgehen. Dieses Bild wird durch die Einbeziehung von Versatzstücken der Natur wie durch einen Widerspruch belebt. Fallende Blätter, glitzerndes Wasser, wehender Wind, klatschende Tropfen, flirrende und gleißende Lichtreflexe bringen eine unerklärliche Poesie in das Artefakt Stadt.

Kunst in der Straße

Das poetische Element im öffentlichen Raum der Stadt zeigt, daß dies kein funktionaler Ort ist. Und es dient seiner Identifikation – was poetisch gesteigert ist, prägt sich in seiner Eigenart ein.

Dies gilt auch für die Architektur der Straßen- und Platzwände. Es gilt aber in besonderem Maße von der Kunst im öffentlichen Raum. Kunst und Öffentlichkeit sind im Straßenraum der alten Stadt untrennbar miteinander verbunden, denn ohne die Reaktionen eines Publikums ist die Kunst hier ohne Sinn. Wo Kunst, die für einen öffentlichen Ort geschaffen ist, aus dem Stadtraum entfernt und zum Beispiel in einem Museum – etwa aus Gründen der Sicherheit und der dauerhaften Konservierung – untergebracht wird, verliert sie ihre eigene Poesie ebenso wie der leer gelassene Stadtraum die seine. Kunst im Stadtraum muß immer zugleich Zeugnis der Stadtgeschichte sein, der in der Stadt abgelaufenen Zeit, des vergangenen Lebens der Stadtbürger – und Hinweis auf die Zukunft der Stadt. Dieser Aspekt wird uns im Verlauf der Überlegungen noch ausführlicher beschäftigen.

Topographie, Natur und Kunst

Eine innige Verbindung von Elementen aus den verschiedenen Arsenalen, aus denen die Poesie in den Städten schöpft, stellen die Brunnen dar. Brunnen sind ein Teil der Wasserversorgung der Stadt, ihr Wasser wird oft unter topographisch schwierigen Bedingungen aus der Umgebung herbeigeschafft. Aquädukte und Brunnenleitungen nehmen daher den Rang wichtiger kommunaler Bauwerke ein (Perugias Via dell'Acquedotto ist hierfür ein eindrucksvolles Beispiel). Brunnen sind immer Treffpunkte der Menschen. So bot es sich an, das wertvolle Wasser an geeigneten Stellen auf den Straßen und Plätzen als natürliches, strudelndes und glitzerndes Element mit seinem wohlklingenden Rauschen zu präsentieren und dazu die besten künstlerischen Kräfte in der Stadt aufzubieten.

Ähnliches wie für die Brunnen gilt auch für die Obelisken: Sie demonstrieren Topographie und Geschichte in der Stadt. Die Brunnen Gianlorenzo Berninis in der Innenstadt von Rom verschmelzen Topographie und Natur, Kunst und Geschichte auf einmalige Weise zu einer faszinierenden Collage. Bernini hat sich selbst ausdrücklich als »großen Freund des Wassers« bezeichnet. Die Kombination von Brunnen und Obelisk auf dem Petersplatz und der Piazza Navona verbindet alle Elemente des Poetischen im öffentlichen Raum. Berninis Arbeiten wirken trotz ihres großen materiellen Aufwands eigentlich nicht als Äußerungen eines verschwenderischen Luxus, sondern als äußerste Steigerung von Stadtkultur.

Daß der öffentliche Raum der Hand des Künstlers bedarf, um fesselnd auf den Benutzer zu wirken, hat 1753 der Pariser Jesuitenpater Marc-Antoine Laugier in seinem schon der Aufklärung zuzuordnenden Archi-

29   *Brunnen in Rom: Skizze von Filippo Barigioni*

tektur-Essay (auch mit einem Hinweis auf Berninis Brunnen auf der Piazza Navona in Rom) betont:

»Es ist also keine Kleinigkeit, den Plan einer Stadt so zu entwerfen, daß aus einer unendlichen Zahl einzelner, ganz unterschiedlicher Schönheiten ein prachtvolles Ganzes entsteht, daß man dort so gut wie nie auf Gleiches trifft, daß man, falls man sie von einem Ende zum anderen durchstreift, in jedem Viertel etwas Neues, Einmaliges und Fesselndes entdeckt, daß dort zwar Ordnung, aber auch eine Art Durcheinander herrscht, daß die Straßen gerade ausgerichtet sind, aber ohne Monotonie, und daß aus einer großen Zahl regelmäßiger Teile doch der Gesamteindruck einer gewissen Regellosigkeit und von Chaos entsteht, der so gut zum Charakter einer großen Stadt paßt. Um das zu erreichen, muß man die Kunst zu kombinieren außerordentlich gut beherrschen und dazu einen sprühenden und einfühlsamen Geist besitzen, der rasch erfaßt, was das Beste und Geglückteste ist...

Brunnen und Statuen können zur Ausschmückung der Plätze dienen... Man muß nach Rom gehen, um zu begreifen, was schöne Brunnen sind. Sie sind dort sehr zahlreich, und obgleich untereinander sehr verschieden, besitzen sie doch alle dies undefinierbare Echte und Natürliche, das so bezaubernd wirkt. Gibt es etwas so Geglücktes, so Edles, so Charakteristisches wie den Brunnen auf der Piazza Navona? Da haben wir ein Vorbild, das wir *(zu ergänzen ist: in Paris)* auch nicht annähernd erreicht haben.« (Laugier 1989: 178, 136f.)

V. Die Geschichte des Verschwindens

13. Städtebauliche Erfindungen

Sich verändernde Balance

Die Veränderungen, denen die europäische Stadt vom Beginn der Neuzeit an unterworfen ist, betreffen zwei Aspekte des ursprünglichen, ausbalancierten Konzepts: Die private Wohnnutzung wird aus dem früheren Kontext des Quartiers herausgelöst, und die Straße wird mehr und mehr der zweckgebundenen Bewegung, dem Verkehr, überlassen. Diese beiden Trends führen dazu, daß wichtige Voraussetzungen für öffentliches Leben im Stadtraum verlorengehen und der öffentliche Raum langsam verschwindet.

Diese Entwicklung wird durch den modernen Städtebau konsequent insofern zu Ende gebracht, als nun die Straße zur reinen Verkehrsader erklärt und das Stadthaus – als Teil des angebauten und damit umschlossenen Straßenraums – als ungesunde und schon deshalb unsoziale Wohnform betrachtet und aufgegeben wird.

Bürgerpaläste

Eine erste Erfindung zur Veränderung der Stadtstruktur ist die Isolierung von Bürgerpalästen aus der Reihe der Stadthäuser und die Abkehr von ihrer bisherigen Außenorientierung auf den Straßenraum.

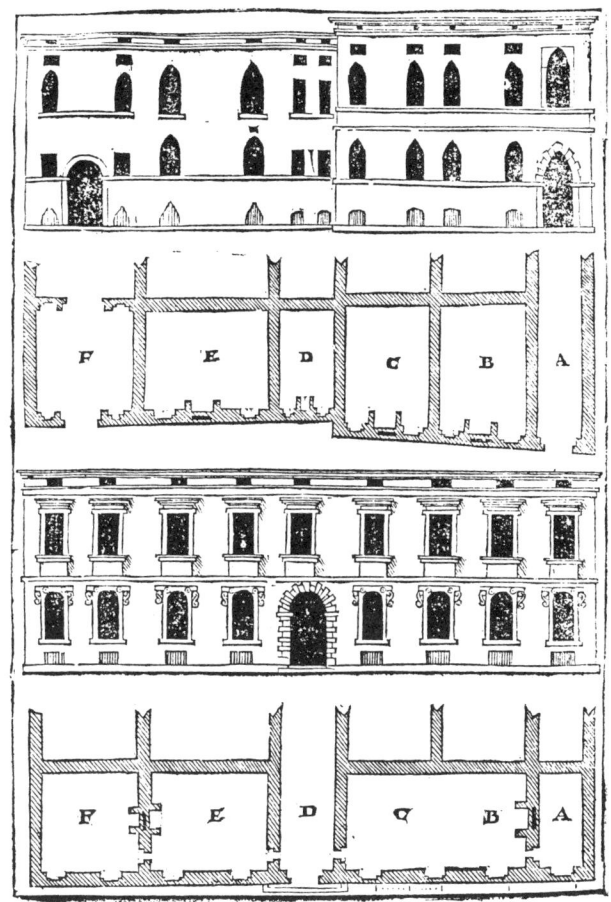

30 *Sebastiano Serlio: Umbau von Stadthäusern an einer gekrümmten Straße*
zu einem auf sich selbst bezogenen Palazzo

Man kann in Florenz die geschichtliche Abfolge bekannter Palazzi nicht nur unter kunstgeschichtlichem Aspekt, sondern auch unter einer komplexeren, stadtbaugeschichtlichen Perspektive betrachten. Die aus Reiseführern geläufige Folge Palazzo Davanzati – Palazzo Ruccelai – Palazzo Strozzi illustriert diese Entwicklung. Der am Ende der Reihe stehende Palazzo Strozzi stellt schon fast ein eigenes Hausquartier dar, sein Innenhof ist nicht mehr Teil eines größeren gemeinschaftlichen Quartier-Innenraums, die Höhenentwicklung des Baukubus und das vierseitig um das ganze Gebäude umlaufende Gesims demonstrieren, daß dies nicht mehr ein Haus an der Straße ist, sondern ein auf sich selbst bezogenes Baugebilde. Das rustizierte Erdgeschoß zeigt zum Straßenraum mehr Abgeschlossenheit als Öffnung, seine Stockwerkshöhe entrückt das als Wohngeschoß genutzte Obergeschoß aus dem Alltagsbetrieb der Straße.

Was hier vorgemacht wird, findet später weitere Verbreitung. Die Strada Nuova in Genua ist bereits eine Aufreihung selbständig nebeneinander stehender Bürgerpaläste, die – beidseits an einer geraden Straßenflucht angeordnet – mit ihren Häuserfronten weniger eine Raumbildung beabsichtigt als vielmehr die Präsentation von Bürgerreichtum und -prestige. Solche Errungenschaften hatten Vorbildcharakter: 1622 läßt Peter Paul Rubens ein Buch publizieren, in dem die Genueser Palazzi abgebildet und als Modelle für fortschrittliches Bauen in der Stadt empfohlen werden.

Rastermodelle

Als Alternative zum raumbildenden unregelmäßigen Straßennetz war das geometrisch einfachere, aber auch rationalere Straßenraster schon in der Antike im Gebrauch. Auch das Mittelalter kannte dieses Modell. Eine Erfindung der Neuzeit ist die Aufwertung dieses bisher vor allem für Kolonialstädte, Bastiden und Militärlager bevorzugten Gliederungssystems für Stadterweiterungen und Neustädte – vielleicht also für Siedlungsanlagen, bei denen das Entstehen einer städtischen Öffentlichkeit gerade nicht im Sinne der Gründer lag oder von ihnen ganz bewußt verhindert werden wollte. Dürer beispielsweise veröffentlichte 1527 in seiner Befestigungslehre *Etliche underricht zu befestigung der Stett, Schloß und flecken* (Dürer 1982: 258ff.) eine Anweisung, wie eine Stadt nach Gesichtspunkten der Rationalität und der Verteidigung gegen äußere Feinde organisiert werden soll. Selbstverständlich ist diese Stadt in Gestalt einer »Vierung« angelegt, selbstverständlich hat sie »gerade Gassen«. Ganz eingehend wird beschrieben, wie die einzelnen »Stöck« (Stücke) der Anlage geometrisch eingeteilt und wo in der Stadt die verschiedenen Funktionen systematisch angesiedelt werden sollen.

Aus der Festungslehre entsteht in der Renaissance eine städtebauliche Mode: die Erfindung der geometrisch konzipierten Idealstadt. Spiro

Kostof zeigt in seinem Buch »Die Gestalt der Stadt« (Kostof 1992), daß viele europäische Städte mit ihrem unregelmäßigen Straßensystem durch eine allmähliche Umformung des früher vorhandenen römischen Straßengitters entstanden sind. War der Grund zur Umformung nur eine Folge der Vernachlässigung? Oder gab es ein Raumbedürfnis, das mit den geraden Straßen nicht zu befriedigen war?

Erst mit der Idealstadtidee wird zum erstenmal seit der Antike die streng geometrisch geordnete Stadt wieder zu einer auch qualitativen Alternative. Das Zusammenwirken von offenem Stadtraum und Baublöcken tritt in den Hintergrund: Nicht mehr die unmittelbare Beziehung von Stadthaus und Straßenraum ist maßgeblich, sondern die Produktion von Bauparzellen innerhalb eines Straßengitters.

Diese Erfindung hat auch etwas mit dem Sortieren verschiedener Bevölkerungsgruppen in einzelne Stadtviertel zu tun. Nicht zufällig wird im 18. Jahrhundert die Stuttgarter »Obere oder Reiche Vorstadt« – ein besonders frühes Beispiel für eine nördlich der Alpen streng geometrisch angelegte Stadterweiterung (die möglicherweise auf die Beziehungen des Grafen Eberhard im Bart zu Italien zurückzuführen ist) – als eine »Hof- oder wohlhabende Particulierstadt« bezeichnet. Was in den herkömmlichen Stadtquartieren gemischt war, beginnt nun säuberlich getrennt zu werden.

Kostof macht in seinem Buch übrigens eine interessante Bemerkung zu Städten, die nach dem Prinzip des Gitternetzes konstruiert sind:

»Die Prämisse des Gitternetzes ist..., daß die Gestalt einer Stadt nur der Hintergrund für das Leben ist – es hängt letztlich von den Menschen ab, ob eine funktionierende Gemeinschaft entsteht und wie sie Straßen und Plätze gestalten. Der Vorteil des Gitternetzes ist, daß es einen formal-abstrakten Ordnungsrahmen darstellt, der nicht hierarchisch ist und solange neutral bleibt, bis er mit bestimmten Inhalten gefüllt wird. Das Gitter ist frei von malerischen Nebensächlichkeiten und ideologischen Posen. Es wiederholt sich, ist homogen und vielleicht redundant, aber gerade deshalb erfordert es Respekt und Vervollständigung. Die Aufgabe der Planer ist es, die Gewöhnlichkeit des Gitters durch Aspekte aufzuwerten, die es als zweidimensionaler Plan nicht erahnen läßt. Das Gitter trägt in sich keine Bürde. Das Gitter ist das, was daraus gemacht wird.« (Kostof 1992: 156f.)

Dies ist sicher eine moderne Perspektive, aber vielleicht haben die Architekten des 16. und 17. Jahrhunderts auch schon etwa so gedacht. In der Tat haben ja die Städtebauer, solange sie noch mit den Konstruktionselementen des öffentlichen Raums vertraut waren, auch aus dem Gitter herausgeholt,

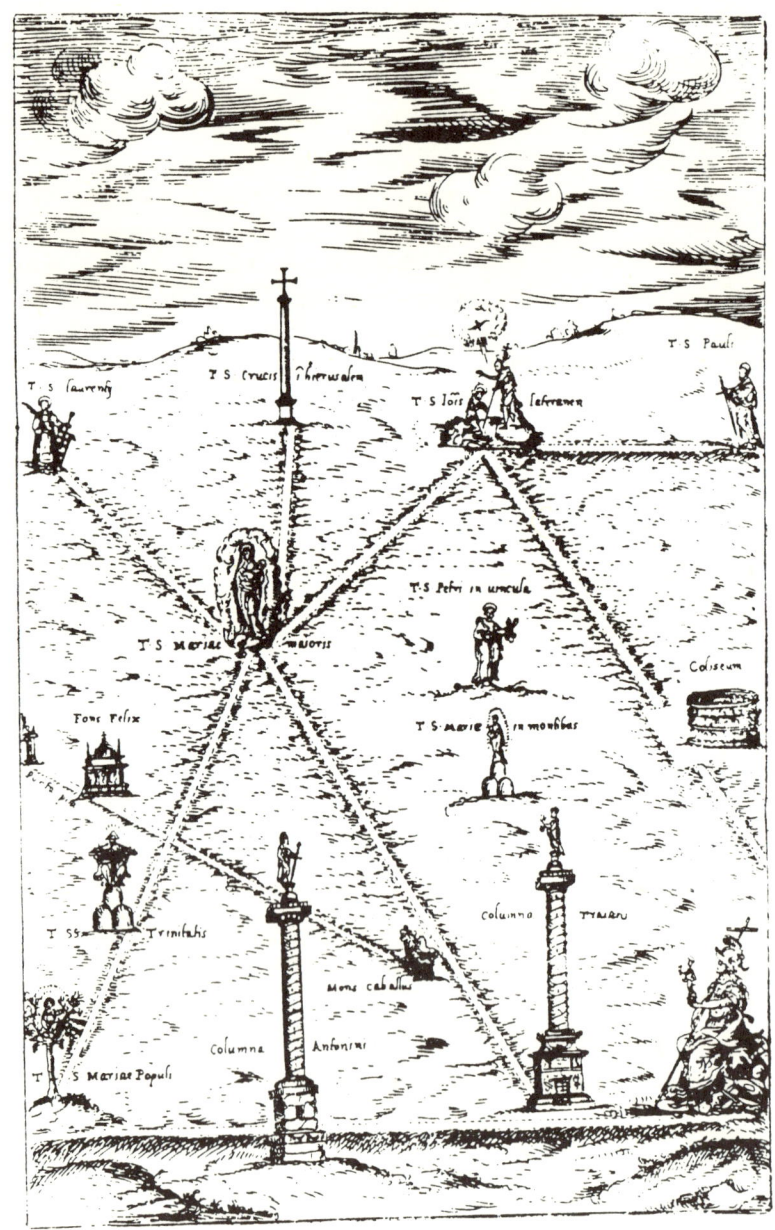

31   Pilgerstraßen in der Altstadt Roms

was die Stadt brauchte. Die Altstadt von Turin ist hierfür ein geglücktes und deshalb lehrreiches Beispiel.

Ganz abgesehen von solchen Überlegungen bleibt die Rasterstadt eine Erfindung gegen das Prinzip der Konfrontation von Öffentlichem und Privatem.

Straßenachsen

Eine neue Interpretation der Stadt ist mit der Entdeckung der an der Schnur gezogenen und auf ein fernes Ziel ausgerichteten Stadtstraße verbunden. Die Achsen, die Papst Sixtus V. Ende des 16. Jahrhunderts in Rom vollendete, um die wichtigsten Pilgerstätten untereinander und mit dem Eingangsplatz der Rompilger, der Piazza del Popolo, zu verbinden, stellen eine neue Auffassung von der Stadt dar, die die Bewegungsfunktion der Straße zum dominierenden Faktor macht. Die Gebäude entlang der Straße bekommen die Aufgabe, eine eindrucksvolle Ausschmückung dieser Achsen zu besorgen; der Zuschnitt der Quartiere ergibt sich nicht mehr aus dem Dualismus von Bausubstanz und Straßenraum, sondern aus der Geometrie der Straßen allein (was dann viel später bei der Planung der Rasterstädte und bei den großen Straßendurchbrüchen des 19. Jahrhunderts zum entscheidenden Entwurfsprinzip wird).

Die *vista* auf einen von der feudalen oder kirchlichen Herrschaft vorgegebenen *point de vue* wird wichtiger als die Umschließung eines der Öffentlichkeit dienenden Stadtraums für die Bürgerschaft. Das neue Straßenideal wird zu einem wichtigen Bestandteil barocker Gestaltungsprinzipien und hat in den folgenden Jahrhunderten weite Verbreitung gefunden. Als Beispiel aus der späteren Planungspraxis sei hier auf die rivalisierenden Wiederaufbaupläne für die Londoner Innenstadt nach dem großen Brand von 1666 hingewiesen, in denen das Thema der Achsen ganz in den Vordergrund treten sollte. Durchgesetzt hat sich bei dieser Konkurrenz der Plan von Christopher Wren, der die ausgeprägtesten Achsen enthielt (und Wren hat dann auch – dies als Randbemerkung – die Erinnerung an den Brand in einem eigenwilligen Denkmal, bestehend aus einer riesigen, besteigbaren Säule mit aufgesetzter Feuerkugel, auf einem Platz in der wiederaufgebauten Stadt festgehalten – eine interessante Demonstration zur Poetik des Stadtraums).

32 *Abgeschlossenheit eines Londoner Square*

Squares – Platzgeometrien

Eine Neuerung des 17. Jahrhunderts sind einheitlich bebaute, rechteckige (später auch runde, halbrunde oder ovale) Plätze wie die Place Royale in Paris – die heutige Place des Vosges – oder der Platz von Covent Garden in London. Diese Ensembleform orientiert sich an regelmäßigen Klosterhöfen des Mittelalters und geometrischen Schloßhöfen der Renaissance; sie ordnet die einzelnen, an dem Platze stehenden Stadthäuser einander gestalterisch so zu, daß sie wirken wie ein großes öffentliches Gebäude, und spekuliert auf eine zunehmend homogene, wohlsituierte Bewohnerschaft. Zunächst wohl noch als öffentliche Straßenanlage gedacht, bieten sich die geräumigen Platzrechtecke auch zur Unterbringung von Bürger- und Bewohnerparks an; eine solche Ausgestaltung wird dann auch im späten 17. und im 18. Jahrhundert gebräuchlich.

Während Covent Garden ab 1671 als Markt genutzt wird und auch später seinen öffentlichen Charakter noch lange behält, werden andere Squares reine Bewohnerplätze. Bedford Square beispielsweise ist im 18. Jahrhundert schon reiner Wohnnutzung vorbehalten; Läden oder Restaurants dürfen in den Häusern nicht etabliert werden, die Zugänge von den großen Straßen zu diesem Platz sind mit Toren geschlossen, und Leute, die nicht hier beschäftigt sind und nicht zur Einwohnerschaft gehören, haben keinen Zutritt.

Plätze dieser Art sind, wie wir sehen, geeignet, dem gesellschaftlichen Vorrang privater Belange Raum und Gestalt zu geben. Es entsteht etwas wie eine einheitliche Wohnanlage, die mit der überkommenen Gestaltung des Straßenraums durch eine abwechslungsreiche Reihung von individuellen Stadthäusern nicht mehr viel gemeinsam hat, und es ist immerhin interessant zu lesen, daß der Rationalist Laugier solche Plätze deshalb tadelt, weil sie nicht jene gewisse Unordnung aufweisen, die seiner Meinung nach zu einem attraktiven städtischen Platz dazugehört.

Ineinandergehen von Tradition und Umbruch

Hier darf nun nicht der Eindruck entstehen, als ob diese beschriebenen Neuerungen im Städtebau jeweils das, was ich als das alte, herkömmliche Stadtmodell beschrieben habe, völlig ausgeschaltet hätten. Natürlich bleibt ein großer Teil der Stadt weiterhin in der bisherigen Form fortbestehen, und er entwickelt sich weitgehend auch nach den alten Planungsgrundsätzen weiter. Nur so ist es zu erklären, daß noch bis in unser Jahrhundert hinein die herkömmliche, die alte Stadt in ganz Europa vorhanden ist.

Dies ist auch der Grund, warum ich das, was in einer langsamen Entwicklung mit dem öffentlichen Raum geschieht, nicht als Abschaffung, als Zerstörung, als Unzulässigmachen bezeichne, sondern als allmähliches Verschwinden. Neue Gesichtspunkte der städtebaulichen Ordnung setzen sich jeweils erst nach und nach durch; sie tragen dazu bei, daß auf das alltägliche Entstehen von Öffentlichkeit nicht mehr in dem Maße und mit der räumlich-baulichen Konsequenz, wie das früher offenbar selbstverständlich war, Wert gelegt wird.

Naturbegeisterung

Zu einer veränderten Auffassung von der Aufgabe der Stadt führt dann im 18. Jahrhundert die aufkommende und sich in vielen Lebensbereichen niederschlagende Naturbegeisterung. Die Natur wird nicht mehr nur als besonderes Element in die Stadt eingefügt, sondern geradezu zu ihrem Mittelpunkt gemacht. Man möchte auch in der Stadt in enger Verbundenheit mit der Natur leben. Stadthäuser werden jetzt bewußt als Wohnanlagen um Grünflächen und Parks angeordnet. Pläne der Revolutionsarchitektur in Frankreich sehen sogar vor, Wohngebäude in einem städtischen Ensemble so anzuordnen, daß sie wie kleine Tempel in einer parkartigen Naturlandschaft stehen und sich beispielsweise um eine Gießerei oder einen Markthallenkomplex gruppieren, die jeweils wiederum die Merkmale einer Schloßanlage in ihrem Schloßpark annehmen. Der Park, die Natur ersetzt hier den öffentlichen Raum.

Was wird aus einer Stadtgesellschaft, die nicht mehr eigentlich städtisch wohnt und arbeitet, sondern sich in eine neue Art des urbanisierten Landlebens zurückzieht?

Wie ein Kommentar zu dieser Fragestellung lesen sich Passagen aus dem bereits oben zitierten Brief Rousseaus an d'Alembert aus dem Jahre 1758. Rousseau weist in diesem Schreiben den Vorschlag d'Alemberts, in Genf ein Schauspielhaus zu errichten, vehement zurück, weil ein Theater das vorhandene Gleichgewicht zwischen dem öffentlichen Leben in der Stadt und dem Wohnen in der Natur vor den Mauern der Stadt stören könnte. Wenn ein bürgerliches Theater in einer Stadt, die keine Großstadt ist, reüssieren soll, müssen die Bewohner, so die Kalkulation Rousseaus – so oft dorthin gehen, daß das öffentliche Leben darunter leiden würde. Man bekommt den Eindruck, Rousseau sieht bereits das Verschwinden des öffentlichen Stadtlebens unter dem Einfluß der bürgerlichen Kunstinstitute und des sich verbreitenden Rufs: Zurück zur Natur! Ein künftiges Dilemma der Städte kündigt sich an.

»Der Genfer liebt das Landleben ungemein... Man verbringt den Tag bei seinen Geschäften, geht am Abend, wenn die Tore schließen, hinaus und zieht sich in seine kleine Bleibe zurück, um die reinste Luft zu atmen und die reizvollste Landschaft zu genießen, die es unter dem Himmel gibt...
Aber laßt uns nicht diese sich abschließenden Schauspiele übernehmen, bei denen eine kleine Anzahl von Leuten in einer dunklen Höhle trübsinnig eingesperrt ist,

furchtsam und unbewegt in Schweigen und Untätigkeit verharrend, und wo den Augen nichts als Bretterwände, Eisenspitzen, Soldaten und quälende Bilder der Knechtschaft und Ungleichheit geboten werden. Nein, glückliche Völker, nicht dies sind eure Feste! In frischer Luft und unter freiem Himmel sollt ihr euch versammeln und dem Gefühl eures Glücks euch überlassen. Eure Vergnügungen seien weder verweichlicht noch kommerziell, damit nichts, was nach Zwang oder Interesse riecht, sie vergifte, damit sie frei und hochherzig seien wie ihr, damit die Sonne euer unschuldiges Schauspiel beleuchte, ihr seid es selbst, das würdigste Schauspiel, auf das die Sonne scheinen kann.

Was werden aber schließlich die Gegenstände dieses Schauspiels sein? Was wird es zeigen? Nichts, wenn man will. Mit der Freiheit herrscht überall, wo viele Menschen zusammenkommen, auch die Freude. Pflanzt in der Mitte eines Platzes einen mit Blumen bekränzten Baum auf, versammelt dort das Volk, und ihr werdet ein Fest haben. Oder noch besser: stellt die Zuschauer zur Schau, macht sie selbst zu Darstellern, sorgt dafür, daß ein jeder sich im andern erkennt und liebt, daß alle besser miteinander verbunden sind.« (Rousseau 1981: 431, 462)

Hier ist sie zwar noch, die Grundidee der städtischen Öffentlichkeit, aber sie ist nicht mehr Teil des Alltags, sondern wird Gegenstand einer Veranstaltung, in der die Vision eines Lebens in und mit der Natur gefeiert wird.

Palais Royal

Im Palais Royal sind wir von dem, was Rousseau beschäftigt, gar nicht so weit entfernt; auch hier geht es um eine Verbindung von Stadt und Natur. Gleichzeitig ergibt sich eine andere Perspektive, ein neuer Ausblick: Die alte Vorstellung vom öffentlichen Stadtleben spielt noch eine Rolle, man kann aber beobachten, wie die Stadt anfängt, sich von diesem Konzept wegzubewegen, wie es langsam zum Umschlag von der Zwanglosigkeit des Alltags zu einer Verbindung von Müßiggang und Kommerz kommt.

Aus dem Garten des Kardinals Richelieu am nordwestlichen Rand der Pariser Altstadt wird bereits im 17. Jahrhundert ein öffentlicher Park und später dann ein aus dem Straßenbetrieb herausgelöster, zurückgezogener Treffpunkt für Literaten, Zeitungsmacher und andere Leute, die ein urbanes Milieu suchen, aber den Banalitäten des Alltagslebens auf den verkehrsreichen Straßen mit ihren unangenehmen Belästigungen aus dem Wege gehen wollen. Später säumen das Quartier Wohnungen, Cafés und Läden für einen gehobenen Bedarf. Hier wird also eine reduzierte Öffentlichkeit in ein im wesentlichen privat organisiertes Ambiente versetzt, das als Gartenanlage etwas aus der Stadt Entrücktes vorstellt.

Carlo Goldoni hat in seinen Lebensbeschreibungen verschiedene Stationen des Palais Royal aus eigener Anschauung geschildert und dabei typische Merkmale, die auch uns interessieren, notiert.

1761: »Ich ging in das Palais Royal. Welch eine Menge Leute! Welch eine Versammlung von Personen aller Art! Welch ein reizendes Rendezvous! Welch eine köstliche Promenade!«

1762: »Ich hatte eine Wohnung im Palais Royal gemietet... Ich mochte noch sosehr beschäftigt sein, so konnte ich mich doch nicht enthalten, von Zeit zu Zeit einen Blick auf die reizende Allee zu werfen, die beständig eine Menge ganz verschiedener Gegenstände vereinigte. Unter meinen Fenstern sah ich die Frühstückstische des Kaffeehauses de Foi, wo Leute allen Schlages sich ausruhten und erfrischten. Vor mir hatte ich den berühmten Kastanienbaum, den man den Krakauer Baum nannte, um den die Neuigkeitsträger sich versammelten und ihre Mären auskramten.«

1781: »Noch in demselben Jahr, von dem ich rede, machte man dem Publikum die Veränderungen, die mit dem Palais Royal vorgenommen werden sollten, bekannt, und den 15. Oktober geschah der erste Hieb mit der Axt auf die Bäume der großen Allee... Der Grund und Boden war dem Hause Orléans von dem König geschenkt worden; der Duc de Chartres, jetziger Duc d'Orléans und erster Prinz von Geblüte, hatten den Gebrauch davon. Die Einsicht und der Zutritt in diesen Garten war eine bloße Duldung des Besitzers, und die Einbuße der Kläger abgerechnet (die Besitzer der Häuser um den Garten fühlten sich durch die geplanten Veränderungen in ihren Rechten bedroht, A. F.), wollte man ja einzig für die größte Zufriedenheit des Publikums arbeiten...

Jeder Baum, der fiel, erregte eine schmerzhafte Empfindung in den Gemütern der Zuschauer. Durch einen Zufall war ich eben bei dem Sturz des Krakauerbaums, dieses schönen Kastanienbaums, gegenwärtig, um den die Politiker sich versammelten, der lange Zeit Zeuge ihrer Neugierde, ihrer Beteuerungen und Lügen gewesen war. Ich drängte mich durch die Menge hindurch und war so glücklich, einen Zweig zu erhaschen, der seine Blätter erhalten hatte, und trug ihn auf der Stelle in ein Haus von meiner Bekanntschaft. Einigen Damen traten die Tränen in die Augen, die Mannspersonen tobten vor Ärger. Jedermann schrie gegen den Zerstörer, nur ich lachte heimlich bei mir selbst. Ich setzte großes Zutrauen in seine Projekte, und der Erfolg hat bewiesen, daß ich mich nicht betrog.

Nunmehr ist das Palais Royal erneuert, wiederaufgebaut und vollendet... Bedeckte Gänge, die gegen Regen und Sonne schützen; sehr besuchte Kaufleute; Niederlagen von Stoffen, Juwelen und allem möglichen, was auf Putz, Kleidung und Liebhaberei Bezug hat; Kaffeehäuser, Bäder, Restaurateurs, Traiteurs, Wirtshäuser, gesellschaftliche Anlagen, Schauspiele, Gemälde, Bücher, Konzerte, Zimmer, von innen sehr bequem und von außen sehr und vielleicht nur zu sehr verziert; immer ein Schwarm von Leuten, Personen von Geschäften, Kaufleute, Politiker –

jeder findet hier etwas, womit er sich nützlich beschäftigen und angenehm unterhalten kann… Bisweilen kommt es freilich zu Zänkereien und Auflauf. Aber wo geschieht das nicht? Die Polizei hat, wie sonst überall, auch hier ein wachsames Auge, und überdies sind auch Schweizer bei der Hand, die bei der geringsten Bewegung herbeieilen… Es ist ein öffentlicher Ort, ein Platz für Handel und Wandel – ein nützlicher, bequemer, angenehmer Ort. Es lebe das Palais Royal.« (Goldoni 1985: 325, 331, 390ff.)

Geht man Goldonis Schilderungen nach den Merkmalen durch, die für ihn ein gutes Stadtquartier ergeben, dann erhält man eine Liste, die immer noch fast alles enthält, was wir als Konstruktionsmerkmale für den öffentlichen Raum notiert haben. Der entscheidende Unterschied ist die private Verfügungsmacht über das Areal und damit das Angewiesensein der Benutzer auf das *goodwill* der Eigentümer – und dementsprechend auch die Überwachung des städtischen Treibens durch eine private Polizei, die dafür zu sorgen hat, daß Unanständigkeiten und Streitereien nicht ausarten.

Scheideweg

Das Palais Royal ist aus unterschiedlichen Gründen ein bemerkenswerter Fall, und man kann diesen Ort vielleicht als Scheideweg für die weitere Entwicklung der Geschichte des Städtebaus bezeichnen.

Die Verwertung eines privaten Orts für öffentliche Annehmlichkeiten und Vergnügungen ist eine Erfindung, aus der sich in den nächsten hundert Jahren die Attraktionen der Innenstädte entpuppen: die Passagen, die Warenhäuser und Hotelhallen, die Panoramen, Lichtspieltheater, Theater- und Opernfoyers, Veranstaltungspaläste und Kunsttempel – jene Einrichtungen der Bequemlichkeiten, des Konsum, des Luxus und der bürgerlichen Repräsentation, die es möglich machen, daß die alte Stadtstraße vollends dem Verkehr, den rein gewerblichen Bedürfnissen und den kleinen Leuten überlassen werden kann. Nicht zufällig wird in eben jenem Palais Royal um 1786 die Galerie de Bois erbaut, der früheste Prototyp der später so populären Glas- und Eisen-Passagen.

Und es ist vielleicht nicht einmal – wie man zunächst glauben möchte – eine Ironie der Geschichte, daß der Ort, an dem am 12. Juli 1789 Camille Desmoulins die Bürger von Paris zum Aufstand gegen das Ancien Régime aufruft – der Ort also, der aufgrund seines öffentlichen Charakters zum

33 »*Camilles Desmoulins predigt Aufruhr in dem Palais royal*« (*12. Juli 1789*)

revolutionären Ausgangspunkt für die Verwirklichung der bürgerlichen
Freiheiten wird –, auch ein Platz ist, von dem aus die konsumorientierte
Moderne ihres Siegeszug durch die Stadt antritt.

Die Französische Revolution ist eine Bewegung, die nur in der Öffentlichkeit der Stadt entstehen konnte. Ihr Ergebnis ist die Durchsetzung der
bürgerlichen Rechte, in deren Gefolge das Gleichgewicht zwischen öffentlicher und privater Sphäre verlorengehen soll. Das Palais Royal ist der Scheideweg zwischen Freiheit mit Brüderlichkeit auf der einen Seite und Freiheit
als Unabhängigkeit auf der anderen.

Damit wird das Palais Royal zu einer Geburtsstätte der modernen Gesellschaft und der modernen Stadt.

Die vernünftige Stadt des Industriezeitalters

Das 19. Jahrhundert ist weniger die Zeit erfinderischer städtebaulicher
Neuerungen als der Umsetzung früherer Konzepte und deren breiter

106

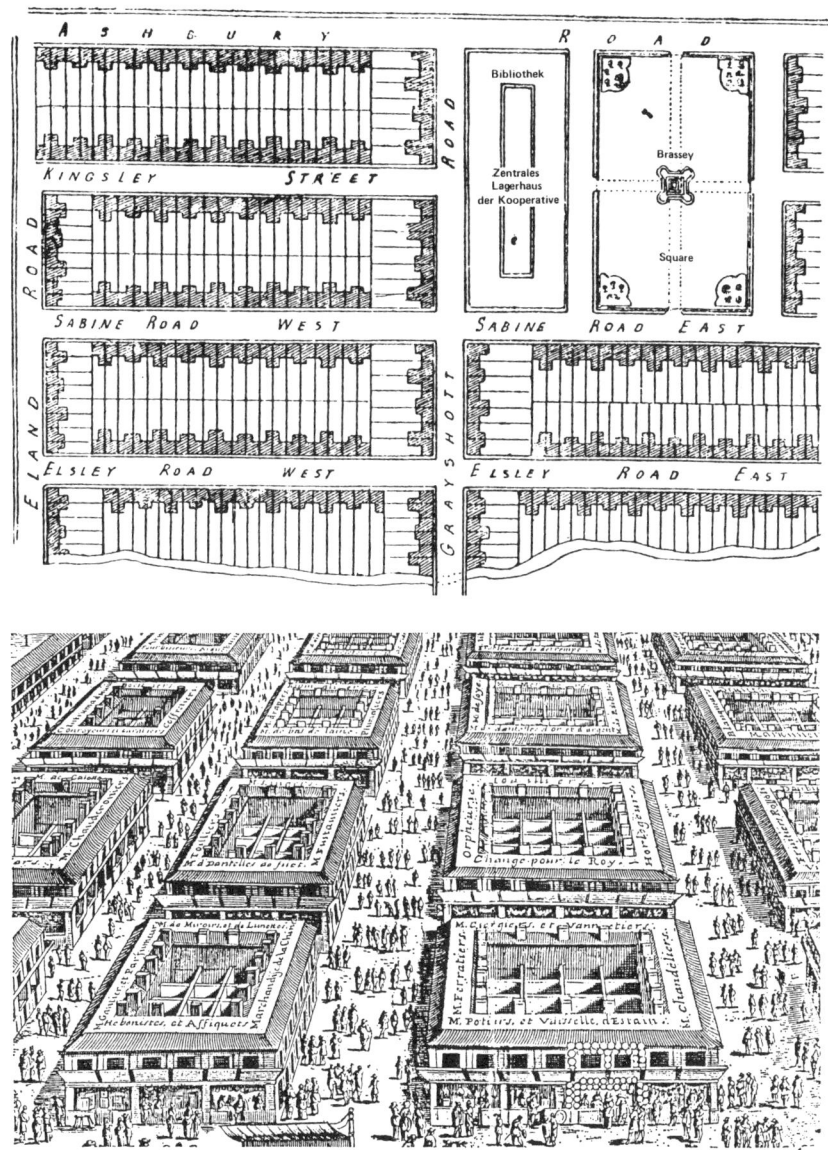

34   Arbeitersiedlung in London – Foire St. Germain in Paris:
     Perfektionierung abgesonderter Nutzungen

Anwendung im Rahmen einer allgemeinen Verstädterung. Mit der Industrialisierung der Produktivkräfte wachsen die Städte, es entsteht ein ungeheurer Bedarf an Siedlungen für die Arbeiter in den Fabriken, an Gewerbeflächen abseits der Zentren und in günstiger Lage zu den neu entstehenden Bahnlinien und an Vororten, wo die Angestellten und Selbständigen ihre bürgerlichen Villen hinter distanzierenden Vorgärten errichten können.

Die Stadt wird zu einer Stadt der Vorstädte. Die Ansprüche an die wirtschaftliche Effektivität der Baugebiete und an den Schutz vor den Belästigungen, die von immer größeren Industriequartieren und Fabriken ausgehen, leiten eine systematische Entmischung der Stadt – nach Nutzungen und nach sozialen Gruppen – und eine Rationalisierung des Straßensystems ein.

Straßen und Plätze werden nun geradezu prinzipiell nicht mehr wie früher durch Hausquartiere geformt, sondern die Gebäude reihen sich an Straßen auf, die – ohne weitere Bedeutung – einfach einem geometrischen Schema, zumeist dem orthogonalen Raster, folgen. Zwischen den beliebig verlängerbaren Straßen können mit ebenso großer Beliebigkeit Bauvolumen aufgebaut werden, die über das Straßensystem rational miteinander verbunden sind.

Das Bürgertum verlangt aber eine schöne Stadt. Dazu werden die bis in die Aufklärungszeit hinein entwickelten städtischen Elemente – der Platz, der Stadtpark, der Brunnen, das Denkmal, die Straßenachse als Vista, die Villa, das Palais usw. – eingesetzt. Der entstehende Funktionalismus trennt Gebäude verschiedener Zweckbestimmung und bildet Gebiete einheitlicher Nutzung; er gliedert auch die Straße in Fahrbahn, Gosse und Bürgersteig. Nicht mehr der Straßenraum dient dem Aufenthalt im Freien, sondern der private Garten und der städtische Park – und damit kann die Straße ganz auf die Belange des Verkehrs zugeschnitten werden.

Hier sind wir nicht mehr sehr weit entfernt von der gegliederten und aufgelockerten Stadt der Moderne. Nur ist alles noch schmutziger in den Industriequartieren, aufgeputzter in den Bürgervierteln.

Boulevards

Eine letzte Reminiszenz an die Öffentlichkeit des städtischen Straßenraums (gleichzeitig ein wichtiges Bindeglied zwischen den alten Stadtquar-

35 Paris: *Boulevard du Temple*

tieren – dem künftigen Zentrum – und den Vorstädten der Peripherie) bildet die von Bäumen gesäumte große Straßenallee, in der Funktionalismus, Naturbegeisterung und bürgerliche Repräsentation eine seltsame Verbindung eingehen.

Der Boulevard ist selbst schon Teil einer zergliederten Stadt. Er hat die Funktion, Stadtteile effektiv miteinander zu verbinden – also den rasch wachsenden Fahrverkehr aufzunehmen –, daneben aber auch an einem bestimmten Ort der Stadt dem Spaziergänger und Flaneur und gleichzeitig einer Erinnerung an die merkbar verschwindende Öffentlichkeit Raum zu geben. Auf dem Boulevard hat der Bürger, die Bürgerfamilie die Möglichkeit, sich zu zeigen. Der Boulevard ist aber nicht mehr die Straße, die das Theater aller gesellschaftlichen Gruppen darstellt. Abseits vom bürgerlichen Boulevard entsteht das kleinbürgerliche und proletarische Milieu.

Der Boulevard weist in neuer Kombination viele der Konstruktionsmerkmale auf, die wir für den herkömmlichen Stadtraum beschrieben haben. Die Bepflanzung der meist überbreiten Straßen mit Baumalleen schafft eine gewisse Geschlossenheit der einzelnen Straßenabschnitte – der Blick richtet sich weniger in die Ferne als vielmehr auf die Gegenstände der unmittelbaren Umgebung. Die Nutzung ist zwar noch wie früher eine gemischte. Produzierendes Gewerbe tritt aber in den Hintergrund der angrenzenden, oft katastrophal verbauten und damit überhaupt nicht repräsentativen Quartiere. Die Bebauung auf beiden Seiten der Straße besteht aus Stadthäusern mit Wohnungen in den Obergeschossen, die – oft historisierend – die traditionelle Fassade mit Augen auf die Straße haben. Brunnen und Denkmale sorgen für eine eigene Poesie dieses neuen Stadtgebildes, das – nicht zufällig – auch ein beliebter Gegenstand impressionistischer Malerei wird.

Im Gegensatz zum öffentlichen Raum der alten Stadt, der ein kontinuierlich die ganze Stadt überziehendes System bildet, ist der Boulevard eine gesondert zu betrachtende Nutzungseinheit – heute würde man vielleicht sagen: ein Kommunikationszentrum.

Schock des Verschwindens

Zweifellos ist ein großer Teil der gründerzeitlichen Stadt immer noch traditionell geprägt – insbesondere die aus den vergangenen Jahrhunderten stammenden Quartiere im Weichbild der Städte. Aber die Neubauviertel, die innerstädtischen Erweiterungsgebiete, peripheren Arbeitervororte und Villenquartiere weisen in eine neue Richtung: Der öffentliche Raum als Aufenthaltsort der unterschiedlichsten Gruppen und Individuen hat ausgespielt.

Separiert beherrschen privates Wohlergehen, privater Wohlstand und – bei den Unterprivilegierten – privates Mittelmaß, private Nöte ohne den Ausgleich der Vermittlung durch die Kultur des Öffentlichen die neue städtische Szene.

An die Stelle von gesellschaftlichem Straßenalltag tritt das Straßengewühl. Walter Benjamin hat in seinem Essay *Über einige Motive bei Baudelaire* die neue Erfahrung der Berührung des einzelnen mit der amorphen Masse der Straßenpassanten in der großen Stadt als Chok beschrieben. Genau dieser Chok sei es, mit dem sich Baudelaires Prosa in *Spleen de Paris* auseinandersetzt. Nach Benjamin steht also die Figur des Choks in innigem Zusammenhang mit dem Verschwinden der Menge als Publikum in der Straße. Benjamin zitiert Poe, der in dem Schauspiel der Menge auf den Straßen Londons das »Bedrohliche« herausgehoben habe, und Engels mit seiner Schrift über die *Lage der arbeitenden Klassen in England*, in der das

110

Straßengewühl als etwas »Widerliches« apostrophiert und mit folgenden Worten beschrieben wird: »Die brutale Gleichgültigkeit, die gefühllose Isolierung jedes einzelnen auf seine Privatinteressen tritt umso widerwärtiger und verletzender hervor, je mehr dieser einzelnen auf den kleinen Raum zusammengedrängt sind.« (Zit. n. Benjamin 1955: I, 426ff.)

Der Flaneur wird von nun an eine Schlüsselfigur des Urbanen. Er ist für Benjamin eine Erscheinung, die sich als Individuum aus der dumpfen Menge heraushebt, sozusagen noch ein kleines Stück Öffentlichkeit aus den ohne Kontakt aneinander vorbeidrängenden Fußgängerströmen herausrettend.

Der von Benjamin beschriebene Chok ist eine Erscheinung der großen Städte. Ihm ist in diesen Städten vielleicht geradezu das Überleben urbaner Inseln, der Rückzugsgebiete zu verdanken, in denen sich bis heute städtische Strukturen erhalten haben. In den kleinen und mittleren Städten gibt es diesen Chok nicht. Die Umformung des Stadtgefüges zu einem nach Verkehrs- und Gesundheitsfaktoren geordneten System geht aber dort genau wie in den großen Städten vor sich. Das Verschwinden des Urbanen geschieht hier ohne Erschrecken, unmerkbar, unversehens.

In den Zustand der Wildheit

Der Sinn des Öffentlichen in der Stadt, die Bedeutung praktischer Urbanität geht in dieser Zeit dem Bewußtsein verloren. Damit wird der Weg frei für privates Wohlstands- und Konsumstreben. Was uns allen heute kaum noch auffällt: Das Gefüge der Gründerzeitviertel mit ihren breiten, durch Baumreihen gegliederten Verkehrsflächen ist ohne Ahnung dessen entworfen, was das Auto später an Ansprüchen und Umwälzungen mit sich bringen wird. Dieses Gefüge ist unmittelbar an individueller Bequemlichkeit ausgerichtet und deshalb für das Verkehrsmittel mit der größten individuellen Bequemlichkeit prädestiniert (es ist nicht autogerecht, aber optimal auf städtischen Luxus, auch auf städtischen Droschken- und Fuhrmannsverkehr ausgerichtet). Es hat noch unendlich viel von den städtischen Qualitäten – im Gegensatz zum späteren autogerechten Agglomerations-Einerlei.

In dem bereits zitierten Essay über Baudelaire zitiert Benjamin eine Passage von Paul Valéry, die die heraufdämmernde Situation schlaglichtartig beleuchtet:

»Der Bewohner der großen städtischen Zentren verfällt wieder in den Zustand der Wildheit, will sagen der Vereinzelung. Das Gefühl, auf die anderen angewiesen zu sein, vordem ständig durch das Bedürfnis wachgehalten, stumpft sich im reibungslosen Ablauf des sozialen Mechanismus allmählich ab. Jede Vervollkommnung dieses Mechanismus setzt gewisse Verhaltensweisen, gewisse Gefühlsregungen... außer Kraft.«

Walter Benjamin fügt diesem Zitat lapidar und treffend hinzu: »Der Komfort isoliert.« (Benjamin 1955: I, 447)

Diese Feststellung nimmt visionär vorweg, was die Zukunft der Städte in den bevorstehenden Jahrzehnten noch viel krasser zutage fördern soll.

14. Vision der Moderne

Zerlegte Öffentlichkeit

Was sich in vier Jahrhunderten vorbereitet hat, die Aufsplitterung der komplex komponierten Stadt in spezialisierte Bestandteile und die Vernachlässigung des Kitts, der diese Bestandteile ursprünglich einmal zusammenhielt, wird in der rationalen Stadt der Moderne konsequent zu Ende geführt. Durch die Vorstellung, daß man die individuellen Ansprüche an Wohlergehen, an Komfort, an Unterhaltung, auch an Luxus, viel besser und viel perfekter erreichen kann, wenn man die herkömmlichen Bindungen des Bauens in der Stadt abstreift, entsteht eine grundlegend veränderte Situation.

Plötzlich erscheint es möglich, die ganze Stadt nach dem Grundsatz der Spezialisierung zu entwerfen und dabei eine erweiterte künstlerische Freiheit zu gewinnen. Die frühere städtische Öffentlichkeit findet ihren Ersatz in neuen Formen der Kommunikation, sozusagen in einer zerlegten Öffentlichkeit: in den Medien der bürgerlichen Repräsentation und des kleinbürgerlichen Milieus, in den Medien künstlerischer Veranstaltungen, der Oper, des Varietés, der großen Ausstellungen, in den Medien des Amüsements und des Konsums und schließlich in der Welt der elektronischen Medien, zunächst des Telefons und des Kinos, später dann der Television.

Erfindung der Kraftfahrstraße

Mit der Aufsplitterung der Stadt in spezialisierte Funktionen – Wohnen, Arbeiten, Erholen, Verkehr – bekommt die Straße als Träger der reinen Bewegung eine bis dahin nicht vorhandene neue Bestimmung.

Die Straße als bloßer Verkehrsweg in der Stadt – ohne Randbebauung, ohne Straßenfront – wurde zu einem Zeitpunkt erfunden, als das Auto zwar schon vorhanden, aber noch weit davon entfernt war, ein Massenverkehrsmittel zu werden. Erst die Erfindung der nur für den Autoverkehr gedachten, völlig anbaufreien Stadtstraße hat die Vision einer Stadt möglich gemacht, die sich mit Hilfe des privat gelenkten, mechanisch angetriebenen Verkehrs unendlich in die Landschaft ausdehnen kann. Das Innerstädtische wird damit zum erstenmal etwas Exotisches und Unmodernes.

Die uns heute ziemlich exaltiert erscheinenden Texte, mit denen Le Corbusier seine frühen städtebaulichen Projekte für die Umgestaltung des Stadtzentrums von Paris in *L'Instransigeant* vom Mai 1929 propagierte, unterstreichen ganz deutlich das Visionäre des neuen Konzepts:

»Dort hinten siehst du jenen feinen Strich – man sieht ihn kaum – auf einer langen Säulenreihe (was für eine Kolonnade, mein Gott, von 20 Kilometern Länge); es ist die überhöhte Einbahn-Autostraße, auf der die Automobile ohne Halt, wie Raketen, Paris durcheilen. Die Arbeit im Bureau geschieht nicht mehr in der ewigen Dämmerung freudloser Straßen, sondern wie im Freien, in voller Atmosphäre. Lacht nicht: die 400000 Angestellten der Geschäftsstadt streifen mit ihrem Blick über eine großartige Landschaft. Genau so sieht man von einem der hohen Felsen an der Seine bei Rouen unter sich das Meer von Bäumen wie eine wogende Herde grüner Schafe. Absolute Ruhe. Woher käme auch der Lärm?
Es ist Nacht. Wie ein Meteorenschwarm in den Sommer-Aequinoktien zeichnen die Autos Feuerzeichen der Autostraße entlang. Zweihundert Meter darüber, auf den Dachgärten der Wolkenkratzer... breitet das elektrische Licht ruhige Freude aus. Die Nacht darüber. Bequeme Stühle, Menschen, die sich unterhalten, Orchester, Tanzbars, Ruhe... Man hört den fernen Lärm der Quartiere von Paris, die unter ihrer alten Kruste geblieben sind.« (Le Corbusier 1946: 121)

Einfach phantastisch – auch die zweifellos autorisierte Übersetzung und die eigenwillige Orthographie.

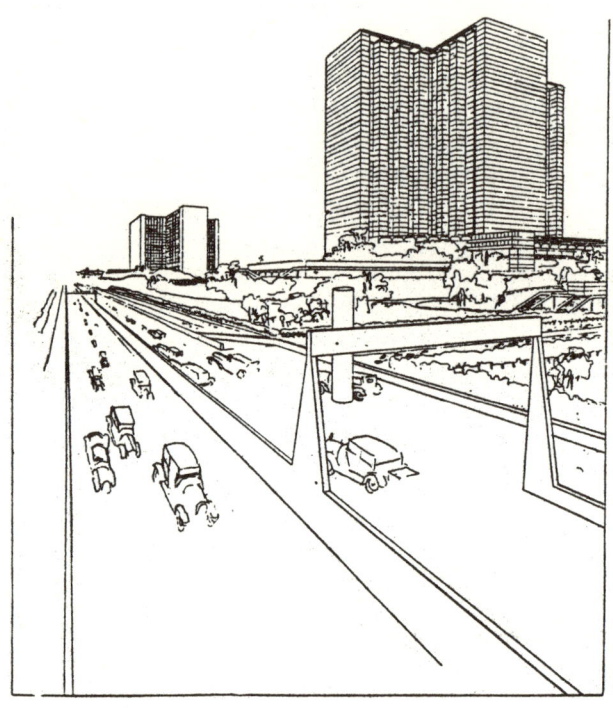

36 *Traum einer Stadt ohne Chaos: Le Corbusiers Plan Voisin für das Zentrum von Paris*

Architektur als Maschine

Die logische Konsequenz aus der bürgerlichen Revolution ist die rationale Stadt. Die gestalterische Realisierung dieses Ziels ist die Aufgabe der modernen Architektur. Sie nimmt sich vor, Gebäude wie Maschinen zur Lösung von Spezialaufgaben zu entwerfen, diese wie in einem Park aufzustellen und durch leistungsfähige Verkehrsadern miteinander kommunizieren zu lassen.

Das frühere Konzept der Straße als Mittel zur Integration aller städtischen Tätigkeitsbereiche hat endgültig ausgedient, es ist in den Augen der Planer nur noch eine grauenvolle Erinnerung an Zeiten, die überwunden sind. Es hemmt nicht nur die Entfaltung der individuellen Persönlichkeit, sondern auch der künstlerischen Potenz des planenden Architekten. Wiederum macht uns Le Corbusier die neue Sicht der Dinge deutlich:

»Ein Fahrweg: meistens breite oder schmale Bürgersteige, senkrecht darauf Häusermauern: die Silhouette gegen den Himmel ist eine alberne zerrissene Linie von Lukarnen, Mansarden, Dachkandeln. Die Straße liegt in der Tiefe dieser Abenteuer, sie liegt in ewigem Halbdunkel. Der Himmel als schöne Hoffnung sehr weit, sehr hoch droben. Die Straße ist eine Rinne, ein tiefer Spalt, ein enger Gang. Man kann nicht atmen; das Herz wird immer noch beklemmt davon, obwohl man schon tausend Jahre daran gewöhnt ist. Die Straße ist voller Menschen, man muß sehr auf seinen Weg achten. Seit einigen Jahren ist sie voll rascher Fahrzeuge; zwischen den beiden Abgrenzungen des Bürgersteigs droht der Tod. Aber wir sind dazu dressiert, dem Zerquetschtwerden die Stirne zu bieten.

Die Straße wird von tausenderlei verschiedenen Häusern gebildet; bereits haben wir uns an die Schönheit des Häßlichen gewöhnt – das heißt unser Unglück von der guten Seite betrachten. Die tausend Häuser sind schwarz und ihre gegenseitige Nachbarschaft ist wie ein Mißton. Es ist furchtbar..., aber wir gehen daran vorbei. Am Sonntag breiten diese leeren Straßen ihre ganze Trostlosigkeit aus. Werktags fassen sie mit Mühe den Menschenstrom. Die Läden glänzen. Das volle Drama des Lebens vibriert in allem. Und wenn wir Augen haben, amüsieren wir uns auf der Straße unheimlich. Es ist schöner als in einem Theater, schöner als in einem Roman: Gier und Gesichter.

Nichts von alledem ruft in uns die Freude wach, die die Wirkung der Architektur sein könnte. Weder der Stolz, der das Ergebnis der Ordnung ist, noch der Unternehmungsgeist, der in großen Räumen entsteht.

Aber Mitleid und Erbarmen werden wach, wenn wir plötzlich ins Antlitz unseres Nachbarn sehen... und des Tages Mühsal bedrückt uns. Die Straße kann ihre menschliche Tragödie tragen. Sie kann unter neuem Aufblitzen der Lichter erstrahlen, sie kann mit ihren bunt gewürfelten Reklametafeln lachen. Es ist die Straße des tausendjährigen Fußgängers: ein Überrest von Jahrhunderten, ein wirkungsloses, heruntergekommenes Organ.

Die Straße verbraucht uns.

Sie ekelt uns an.

Warum existiert sie denn eigentlich noch?«
(Le Corbusier 1946: 120)

In diesem Text erscheint die herkömmliche Stadtstraße als ein *Organ*, das sich geradezu deshalb überlebt hat, weil es immer noch (in fast anrührender Weise) Reste einer städtischen Öffentlichkeit lebendig erhält. Die Emotionen durch eine allein der Vernunft gehorchende Ordnung zu ersetzen, ist das Thema des *esprit nouveau*. Durch eine maschinengleiche, in nichts mehr an Häuser und Straßen erinnernde, leuchtende und begeisternde Architektur wird die einem neuen Lebensgefühl entsprechende Freude, eine Mischung aus Stolz und Unternehmungsgeist entstehen.

Vision und Mythos

37 *Abkehr von der Stadtstraße: Le Corbusiers Vergleich der strahlenden Stadt mit den Straßennetzen von Paris, New York und Buenos Aires*

Die Vision Le Corbusiers von den Menschen, die in von der Stadt abgehobenen Habitats, Bureaus und Tanzbars leben und mit ihren Wagen raketengleich und geräuschlos sich von einem Ort zum anderen bewegen, ist so zwar nicht Wirklichkeit geworden; sie bestimmt aber noch heute insgeheim, als fernes Ideal, das Planungsgeschehen.

Das reale Ergebnis sieht zwar wesentlich banaler aus, aber der Mythos der Absonderung, die Kunst, das Isolierte zum Bedeutenden zu machen, läßt überall dort, wo die städtebauliche Vision der Moderne

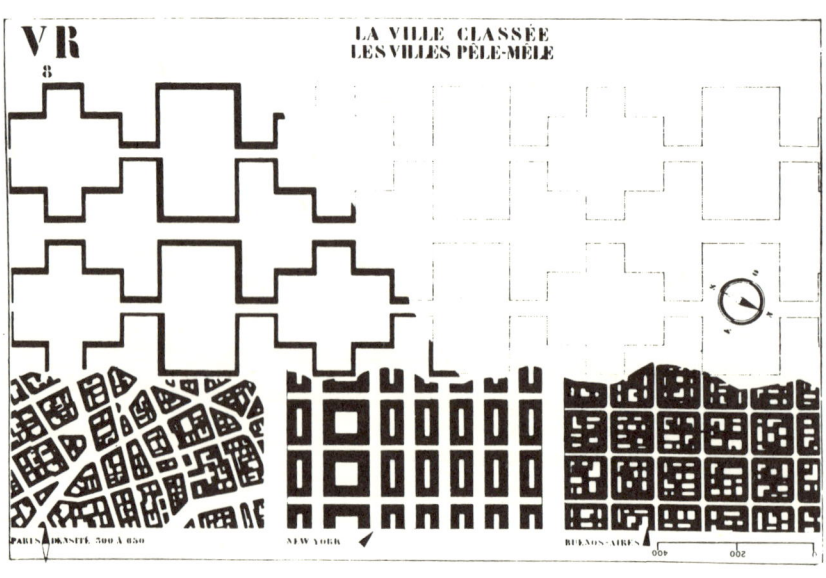

(oder der Postmoderne) mit den sozialen und wirtschaftlichen Realitäten nicht zur Deckung zu bringen ist, wenigstens den Schein des Aktuellen, des Progressiven entstehen. Selbst dort, wo in innerstädtischen Situationen an die immer noch fortbestehenden Straßen angebaut werden muß, geschieht dies so, daß auf keinen Fall der Eindruck entsteht, die neuen *buildings* (wie Baudrillard die Gebilde nennt, die weder als Haus noch als Gebäude bezeichnet werden können) hätten irgendetwas mit der Straße zu tun, hätten irgendetwas Gemeinsames mit dem traditionellen Stadthaus.

Die Gebäude sind zu diesem Zweck stets größer als die in ihnen untergebrachten Nutzungseinheiten; Parzellen, wie sie die herkömmliche Stadtstruktur prägten, dürfen nicht das Erscheinungsbild eines Stadtquartiers bestimmen; Fenster, die einen Bezug zur Straße herstellen könnten, die die unmittelbare Kommunikation erlauben würden, müssen peinlich aus dem Repertoire ausgespart bleiben.

15. Die Ablösung der herkömmlichen Konstruktionselemente

Verlust der Tradition

Le Corbusiers Ekel vor der Straßenschlucht der herkömmlichen Stadt, wie sie sich am Anfang unseres Jahrhunderts darbietet, ist weder die Marotte eines einzelnen Fanatikers noch auf die planende Zunft beschränkt. Der – teils gedankenlose oder fahrlässige, teils aber auch gezielt ausbeuterische – Umgang mit den herkömmlichen Stadtstrukturen hatte tatsächlich vielerorts dazu geführt, daß aus den alten Quartieren unsoziale Slums geworden waren. Die Häuser waren im Lauf der Jahrhunderte immer wieder aufgestockt worden, ohne daß dabei die Straße breiter geworden wäre, in den Hinterhöfen waren die früher bestehenden Freiflächen und Gärten mit Werkstätten ohne Rücksicht auf Licht, Luft und Sonne überbaut worden. Abseits der repräsentativen Boulevards hatte man die alten Quartiere planerisch mehr oder weniger vergessen – es gab ja vielleicht später noch die Möglichkeit, radikale Eingriffe einer Sanierung nach zeitgemäßen Gesichtspunkten vorzunehmen.

Aber war es richtig, aus solchen Mißständen abzuleiten, daß die gesamte Tradition über Bord geworfen werden mußte? Ich meine gezeigt zu haben, daß das gar nicht das Problem war: Die Tradition war durch die geschichtliche Entwicklung, durch die zunehmende Betonung des Privaten soweit unterminiert, daß es jetzt allein noch darum ging, die Reste vollends zu beseitigen, um etwas Neues aufbauen zu können.

Um deutlich zu machen, wie radikal neu das Neue wirklich war, muß hier kurz aufgezeigt werden, was die Architekten der rationalen Stadt aus den Konstruktionselementen des Städtischen im einzelnen gemacht haben.

Entmischung in den Stadtvierteln

War das Unterbringen von Tätigkeitsbereichen der unterschiedlichsten Art an einem städtischen Platz (der immer eine Variation des Typs Straße war) eine wichtige Voraussetzung für das Entstehen eines städtischen Publikums, so ist das Ideal eines modernen Viertels genau umgekehrt seine Reinhaltung von Mischungen.

Man könnte eine beliebig lange Liste klassischer städtebaulicher Anlagen unseres Jahrhunderts vorlegen, bei denen die Beschränkung auf eine einzige Funktion *das* bestimmende Thema ist, bei denen andere Funktionen also nicht vorkommen oder allenfalls irgendwie am Rande untergebracht sind, damit ja keine störenden Effekte auftreten. Das gilt für die englischen Gartenstädte der Jahrhundertwende, für die Siedlungen der neuen Sachlichkeit aus den 30er Jahren in Deutschland, Holland und der Schweiz, für die Unites Le Corbusiers, die nach dem Zweiten Weltkrieg entstandenen New Towns in England, die Großwohnanlagen der 60er und 70er Jahre in der Bundesrepublik ebenso wie in der DDR, in Frankreich oder in Italien und ganz genauso für publizistisch gefeierte Einzelleistungen wie Halen bei Bern des Atelier 5, Byker Wall in Newcastle von Ralph Erskine und die Wohnkomplexe von Giancarlo di Carlo in Urbino, Gino Valle auf der Giudecca, Gregotti Associati in Venedig.

Wo es vereinzelt gemischtgenutzte Projekte gibt, da gehören diese fast ausnahmslos zum Typ der autonomen Megastrukturen, die – wie oben bereits erläutert – mit dem öffentlichen Straßenraum genausowenig im Sinn haben.

Einheitlichkeit der Nutzungen – oder besser gesagt: Monotonie der Nutzungen – wird in der modernen Stadtplanung maßgeblich schon dadurch hervorgebracht, daß große Einheiten – ganze Quartiere, ausgedehnte Blöcke – einheitlich konzipiert, finanziert, betreut und architektonisch gestaltet werden. Ganz im Unterschied zu den Vierteln der alten Stadt, die sich immer aus vielen kleinen Einheiten zusammensetzen. Aus Einheiten, die nicht nur durch die Eigentumsverhältnisse voneinander geschieden sind, sondern sich auch ständig unabhängig voneinander wandeln und weiterentwickeln können, umbauen, aufteilen oder zusammenfügen lassen.

Genau dieses Kleinparzellierte bringt Vielfalt hervor und ist ein Garant für Urbanität, für jenes Aufblitzen, das aus dem Zusammenprall von privater Vielfalt und ungeplanter Öffentlichkeit entsteht. Und genau dies ist dem modernen Städtebau zuwider: Das Produkt als Kunstwerk soll sich gerade nicht verändern können (es will ja auf einen begrenzten Zweck perfekt zugeschnitten und gestalterisch ein abgeschlossenes Ganzes sein); wenn neue Bedingungen etwas anderes erfordern, soll – in Gottes Namen – an anderer Stelle etwas Neues gemacht oder schlimmstenfalls – zum Schrecken der Enthusiasten – ein Abbruch durchgesetzt werden. Die Beispiele sind bekannt.

Zum besten Wirt

Daß für den modernen Städtebau Augen auf die Straße nicht nur unnötig, sondern sogar ein Zeichen mangelnder städtebaulicher Qualitäten sind, beweisen schon die zitierten Passagen Le Corbusiers; aber auch die Praxis der Zeit seit dem Ersten Weltkrieg bestätigt diese umgekehrte Perspektive. Die Gebäude unserer Zeit stehen nicht nur an keiner Straße, sie wenden sich überhaupt ganz dezidiert ab von ihrer Umgebung; und ihre Zugänge sind keine Orte des Kontakts, sondern Stellen der Absonderung. Sie sind entweder ganz introvertiert und schauen in ein privates, ästhetisch arrangiertes Reservat oder über die Stadt hinweg, auf eine offene Landschaft – eben auf jene ideale Wüste, die weder durch andere Individuen noch gar durch etwas Gesellschaftliches in ihrer Abstraktheit getrübt ist.

Sogar dann, wenn in historischen Situationen, an noch bestehenden, herkömmlich konzipierten Straßen neu gebaut wird, bemühen sich die Architekten, die privaten Nutzungen so anzuordnen, daß sie möglichst wenig mit der Straße zu tun haben, sich ausschließlich den Innenhöfen zuwenden oder als Penthäuser dem Betrieb auf der Straße entzogen sind. In der Regel verschwinden Wohnungen allerdings ganz aus solchen Vierteln, weil die meisten Eigentümer der Liegenschaften darauf aus sind, sie dem besten Wirt zu verpachten, nachdem sie mit entsprechendem Aufwand modernisiert wurden. Für diejenigen, denen an einem engen Kontakt zur Straße gelegen wäre, sind geeignete Gelegenheiten kaum noch zu finden oder durch den Modernisierungsprozeß überteuert und sozial verdorben.

In unserer Zeit hat sich eine Vorstellung vom Wirtschaften eingebürgert, nach der sich die richtigen Verhältnisse einfach – scheinbar von alleine – nach dem Gesetz von privatem Angebot und individueller Nachfrage, nach der Regel vom Leben und Lebenlassen einstellen. Das Ergebnis sind Straßen, für die sich keiner mehr verantwortlich fühlt, und neue Baugebiete, in denen es schon gar keine Straßen mehr gibt, für die sich noch jemand verantwortlich fühlen könnte.

Licht, Luft und Sonne

In der modernen Stadt besteht schon von der Grundidee her kein umschlossener Straßenraum. Ja, es besteht eigentlich gar kein Straßenraum. Die Verachtung der herkömmlichen Straßenschluchten resultiert einerseits aus der Vorstellung, daß eine gesunde Wohnumgebung etwas Sportliches hat und darum mit den Begriffen Licht, Luft und Sonne, mit der Einbettung der Aufenthaltsräume in die Natur oder in einen Natur simulierenden Freiraum deckungsgleich ist.

Andererseits spielt ein neues ästhetisches Ideal eine wichtige Rolle: der freistehende Baukörper, der für sich – und möglichst unabhängig von seiner Umgebung – als Artefakt wirken und eine eigene Ausstrahlung haben soll. Raumbildungen sind dabei durchaus mit eingerechnet: als Spiel autonomer Baukörper in einem weiten Raum, etwa in einem großen Park, in der freien Landschaft – nicht jedoch als Gestaltung eines sozialen Raums wie in der alten Stadt.

Für die spürbare Umschließung eines innerstädtischen Raums ist es – wie wir feststellen konnten – wichtig, daß diese Umschließung aus einer Vielzahl von Einzelgebäuden, auch mit einem gewissen Maß an Chaos, entsteht; auch diese Art des scheinbar Zufälligen ist mit dem Konzept der modernen Architektur nur schlecht vereinbar. Wo heute noch kompakte Straßenwände oder geschlossene Stadträume entworfen werden, geht es immer um Konzepte aus möglichst einem Guß, die gestalterisch so gut wie keine Freiräume übriglassen.

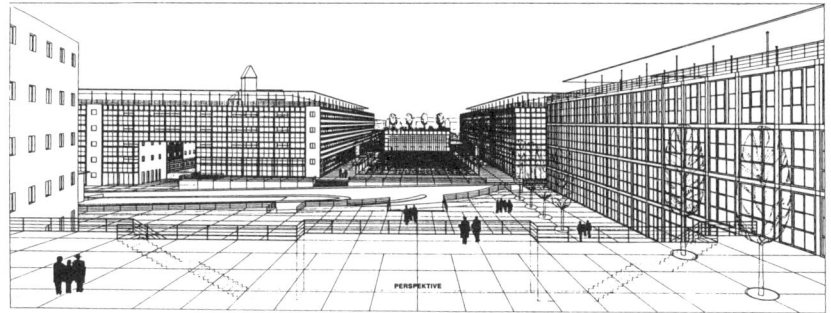

38 Auf der Suche nach dem verlorengegangenen öffentlichen Raum: Geometrie anstelle traditioneller Vielfalt – Projekt Ortsmittelpunkt Wittenbach bei St. Gallen (Karl Dudler)

Die fensterlose Stadt

Überhaupt hat das 20. Jahrhundert nicht nur die Straßenfront konsequent abgeschafft, sondern mit ihr auch Fenster und Tür. Die Architektur ist auf einfache geometrische Grundelemente zurückgeführt. Glasfassaden, Ganzverglasungen, Lichtbänder gewähren dem Licht und der Sonne Einlaß und bieten einen Ausblick auf einen menschenleeren Park, ein weites Panorama. Menschen, die sich in einem Werk der modernen Architektur aus dem Fenster lehnen – eine fast absurde Vorstellung.

Moderne Glasflächen sollen spiegeln; sie reflektieren das Panorama, in dem die Architektur steht, und isolieren diese erneut. Selbst unterteilte Glasflächen werden so angelegt, daß ihre Einteilung keinesfalls Assoziationen an Öffnen und Schließen erlaubt. In letzter Zeit sind Glasflächen modern, die an Sprossenfenster erinnern, diese Erinnerung aber durch die

121

39 *Auf der Suche nach dem verlorengegangenen öffentlichen Raum:*
Monumentalität anstelle traditioneller Maßstäblichkeit – Projekt Klavierfabrik
Kreuzberg/Berlin (Ganz/Rolfes)

Wahl quadratischer Einteilungen auch sogleich wieder desillusionieren. Gleiche, nebeneinander und übereinanderstehende Quadrate drücken Bewegungslosigkeit, Starrheit aus; die horizontale und die vertikale Dimension sind dabei austauschbar, die Schwerkraft, bei einem beweglichen Fenster ein wichtiges Element, scheint aufgehoben.

Ebenso wie das Fenster gehört die Tür einer vergangenen Zeit an: Die moderne Öffnung ist ein auf undefinierbare Weise beweglicher Teil der Wand oder ein durch Glas (oder gar einen Luftvorhang) überbrückter Zwischenraum zwischen Wänden, nie jedoch eine Trennung zur handgreiflichen und damit begreifbaren Bewegung zwischen Privatem und Öffentlichem.

Oft sind moderne Gebäude ganz ohne Öffnungen, ohne Einblick und Ausblick zwischen innen und außen. »Fensterlose Wände vermitteln eine Botschaft. Sie sind eine Mißtrauenserklärung an die Stadt und ihre Straßen und die Unerwünschten, die sich dort aufhalten könnten.« (White 1988: 222)

16. Gemeinschaftssinn als Ersatz für Öffentlichkeit

Nachbarn sind wir alle

Die rationale Stadt setzt an die Stelle der städtischen Öffentlichkeit, sofern sie sich nicht ganz zu der Idee bekennt, daß Menschen sich gar nicht gegenseitig brauchen, die Gemeinschaft der Nachbarn als gesellschaftliche Norm. Nachbarschaft ist eine Form des Zusammenlebens unter Bekannten und deren Freunden – ohne den Fremden. Diese Nachbarschaft ist das soziale Modell, das im Grunde allen Siedlungsprojekten der vergangenen Jahrzehnte zugrundeliegt.

Die Architekten, deren Werke im vorigen Kapitel apostrophiert wurden, können darauf hinweisen, daß sie nur die Treuhänder ihrer Auftraggeber sind, die nichts anderes bestellen als Stück einer segmentierten Stadt. Und die Stadtplaner werden erklären, daß auch sie nur das vollziehen, was die Stadtparlamente ihnen auftragen. All das muß man ehrlicherweise als Heuchelei bezeichnen: Architekten und Stadtplaner sind Fachleute, die ihre Besteller nicht nur auf die technischen, wirtschaftlichen und funktionalen Implikationen ihrer Wünsche hinzuweisen haben, sondern genauso auch auf die gesellschaftlichen. Da sieht es mit der Verantwortung und dem Widerstand der Fachleute gegenüber den Bestellern nicht gut aus. Richard Döcker hat einmal über Mies van der Rohe gesagt, als der ihm sein streng geometrisches Entwerfen mit dem Hinweis erklärt habe, daß nach ihm diese Entwurfspraxis ohne weiteres durch andere weitergeführt werden könne: »Nein, dem gefällt das!« Bezogen auf die Bedeutung der Nachbarschaft für das moderne Planen: Sie »gefällt« den Planern und Architekten einfach deswegen, weil sie leicht mit ihren Vorstellungen von der ästhetischen Absonderung zu verbinden ist.

Ein gutes Beispiel dafür ist ein renommiertes und seinerzeit viel publiziertes Projekt der 60er Jahre, das Le Corbusiers Konzept eines von der Stadt abgehobenen Lebens konsequent realisiert und auch deshalb unter Architekten einen hohen Grad an Anerkennung gefunden hat. Es handelt sich um den Wohnkomplex Halen der Berner Architektengruppe Atelier 5: eine verdichtete, gestaffelt dreigeschossige Anlage mit etwa 80 Wohneinheiten, zwei Läden und einem Restaurant, die in einem Waldstück isoliert von anderen Siedlungen gelegen ist. Gestalterisch gehört Halen eindeutig der

40 *Wohnsiedlung Halen/Bern (Atelier 5)*

Formensprache der klassischen Moderne an und ist auch deswegen geeignet, als Muster für den Umgang mit der Frage nach den gesellschaftlichen Bezügen herangezogen zu werden.

Lesen wir in einer Veröffentlichung über die Wohnanlage:

»Man behauptet, der Mensch von heute lebt isoliert. Man bezeichnet das als Übel. Schwer zu sagen, ob diese Behauptung zutrifft. In Halen konnte festgestellt werden, daß die Bewohner ihre Isolierung gerne durchbrechen. Sie sind kontaktlustig, wenn sich die Gelegenheit bietet.

Das Experiment mit der Flasche. Eine Inszenierung, beliebig wiederholbar, mit garantiertem Erfolg. Einer, der nach Gesellschaft verlangt, setzt sich an einem Sonntag oder Feierabend mit einer Flasche Wein und vier Gläsern allein auf den Dorfplatz. Mehrere Leute gehen über den Platz. Wenige erreichen ihr Haus. Die Gruppe wird größer. Manchmal wird es spät. Besucher sagen: es treibt die Leute ins Freie, in diesen Häusern muß es ungemütlich sein...

Aus dem Entwurf einer Halenoper:

Eine der grauen Außentüren in der Nähe des Dorfplatzes öffnet sich: Auftritt des Nachbarn.

Der Nachbar: Ich bin der Nachbar.

Aus der Tür nebenan tritt die Nachbarin auf.

Die Nachbarin: Ich bin die Nachbarin.

Nacheinander öffnen sich weitere Türen. Nachbarn und Nachbarinnen hüpfen auf den Dorfplatz.

Die Nachbarn und Nachbarinnen (als Fuge): Ich auch, ich auch, ich auch.

Schlußchor: Nachbarn sind wir alle.«

(Hilty 1964)

So unbedarft dieser Text auch aussehen mag, so eindeutig ist seine Botschaft: Mit Fremden wird hier nicht gerechnet, Städtisches ist nicht gemeint. Und die an anderer Stelle beiläufig vorgetragene Bemerkung, es handle sich hier »nicht« um »ein Musterbeispiel städtischen Bauens«, darf kritisch gewiß so interpretiert werden, daß hier durchaus bewußt die Flucht ins Nicht-Städtische der modernen Gesellschaft vollzogen wird. Stadtmenschen sind wir schon, aber in einer städtischen Umgebung wohnen? Da ziehen wir doch einen Dorfplatz vor.

Postmoderne Variante

Daß die postmoderne Ära dreißig Jahre später zwar eine neue Dekoration erhält, inhaltlich aber noch ganz ähnlichen Vorstellungen nachgeht – vielleicht mit etwas ernüchterter Perspektive –, zeigen die heute gängigen Beispiele. In verschiedenen Vorhaben namhafter Architektenateliers – Krischanitz, Herzog & de Meuron, Steidle & Partner und Mecanoo – in Wien und Rotterdam, die kürzlich in *Domus* und in der *Bauwelt* veröffentlicht wurden und die sich in der städtebaulichen Anlage frappierend ähneln, erscheint das alte Modell der reinen Wohnsiedlung, nun durch Anordnung gebogener und wellenförmiger Zeilen mit einer angedeuteten Räumlichkeit ausgestattet, aber dezidiert ohne die in Halen noch vorhandene, als Dorfplatz firmierende Ortsmitte und mit dem ausdrücklichen Bekenntnis, daß es eines öffentlichen Raumes hier nicht bedürfe.

»Die raumlose Stadt – ... Aus der Absenz der Öffentlichkeit wurde auf die Verzichtbarkeit des tradierten Stadtraums geschlossen. Der öffentliche Raum in einer Siedlung ist heute insofern sinnarm geworden, als die Menschen primär im *veröffentlichten* Raum leben, in der Welt der Medien und Informatik. Den alten Raumsehnsüchten neuerlich Gestalt und Symbol zu geben, schien den vier Entwerfern obsolet. Zudem erfüllt ... der benachbarte Siedlungskern eben diese zentralen Erwartungen nach den Zeichen profaner und religiöser Ordnung...
Urbanität ist hier insofern präsent, als sie sich ostentativ auf Distanz hält. Man kann ein Zentrum erahnen, wenn man die Krümmung der *vorgespannten* Zeilen erkennt und sie mit dem Kreismittelpunkt in Zusammenhang bringt. Der Rand wird zum Teil des Stadtganzen, indem man ihn als solchen erkennbar macht und auf die Existenz einer Mitte überhaupt hinweist... Städtebau konkretisiert sich an der voraussetzungslosen Peripherie in einer reflexiven geometrischen Ordnung von hohem Abstraktionsgrad, um gerade dem Konkreten im Alltag jenen diskreten Hintergrund zu geben, der heute jederzeit individuell abfragbar sein muß, ohne die Allgemeingültigkeit der Gesamtstruktur zu gefährden. Wohnbau wird hier gleichermaßen zum verallgemeinernden Ordnungs- und individualisierenden Behausungs-

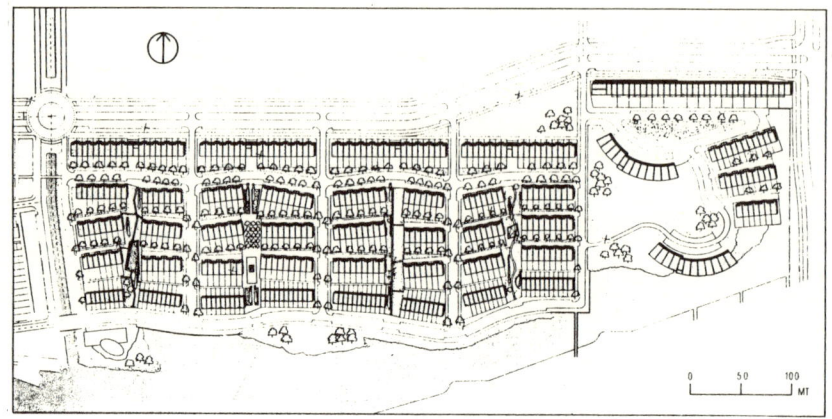

41 Design der 90er Jahre für eine illusionslos unstädtische Peripherie:
Wohnsiedlung Prinsenland/Rotterdam (Mecanoo)

versuch: das Werkzeug dieser Bemühungen sind auf verschiedenartige Bedürfnisse
zugeschnittene Hauskonzepte aus drei bekannten Architekturateliers.« (Chramosta 1992: 1622 f.)

Der Gemeinschaftssinn der Nachbarschaft wird ganz konsequent auf individuelle nachbarschaftliche Kontakte im privaten Bereich reduziert. Städtebau wird zu einer »reflexiven geometrischen Ordnung von hohem Abstraktionsgrad« – das heißt auch: zu etwas, was den Anspruch der sinnlichen
Erfahrung nicht mehr einzulösen braucht.

Im Vergleich mit den sachlichen Siedlungen der 20er und 30er Jahre handelt es sich nun – offenbar gewollt – um dekorierte Siedlungen, die trotz
dieser Dekoration ihre Verwandtschaft zu Barackenlagern nicht mehr ver-
leugnen. Die Container-Siedlungen, die am Rande unserer Städte für die
Asylbewerber aufgestellt werden, entbehren im Vergleich zu diesen Orten
der raumlosen Stadt bloß der großzügigen Zuteilung der Wohnfläche und
des »Künstlertums«, das hier in den »Dienst des Alltags genommen« ist.
Wie tröstlich für die Bewohner dieser Lager des Wohlstands, daß die
»Absenz von Öffentlichkeit« – für die Architekten offenbar eine Vorgabe,
nicht ein Ergebnis ihrer Architektur – anderswo ausgeglichen wird. Die
»alten Raumsehnsüchte« finden Erfüllung im benachbarten Ortskern mit
seinen »Zeichen profaner und religiöser Ordnung«. Urbanität, Öffentlichkeit, gesellschaftliche Zusammenhänge sind in der aktuellen Planungsprosa
reduziert auf bloße ästhetische Abstraktionen.

Mit dem Feuer spielen

Ob es möglich ist, sich auf solche Weise aus der »unzivilisierten Gemeinschaft« herauszumanövrieren, die Richard Sennett geradezu leidenschaftlich kritisiert hat, ist zu bezweifeln. Wie leben die Menschen, die sich in diesen ästhetisierten Alltag verbannen lassen?

»Die Grundübel des Kapitalismus zu beseitigen scheint also zu bedeuten, das Unbekannte, die Fremdheit, die Distanzen zwischen den Menschen zu beseitigen. Dazu sucht man nach intimen, lokalen Maßstäben für menschliches Erleben, das lokale Territorium wird zum moralischen Heiligtum erhoben, das Ghetto wird sakrosankt. Was dabei verlorengeht, ist die Vorstellung, daß der Mensch erst in der Auseinandersetzung mit dem Unbekannten wirklich erwachsen wird...

Wenn eine lokale Gemeinschaft... gegen die zentrale Stadtverwaltung kämpft, dann geht es ihr darum, in Ruhe gelassen, aus dem politischen Prozeß ausgenommen und vor ihm abgeschirmt zu werden, und nicht darum, diesen politischen Prozeß selbst zu verändern. Und deshalb mündet die emotionale Dynamik der Gemeinschaft, die als Widerstand gegen die Übel des modernen Kapitalismus begann, schließlich in einen merkwürdig anmutenden, entpolitisierten Rückzug; das System bleibt unangetastet, doch vielleicht können *wir* unser Stückchen Rasen retten...

Die moderne Gemeinschaft scheint inmitten einer abgestorbenen, feindlichen Welt von Brüderlichkeit erfüllt; in Wirklichkeit jedoch führt sie allzuoft zum Brudermord. Außerdem verlieren die Menschen innerhalb der Gemeinschaft häufig den Wunsch, sich jenen Anstößen auszusetzen, die ihnen in unvertrautem Terrain begegnen. Solche Anstöße sind aber unerläßlich, wenn der einzelne eine Vorstellung von der Vorläufigkeit seiner Anschauungen, die eine Grundvoraussetzung aller Zivilisiertheit ist, entwickeln soll. Die Überwindung der aus lauter Ghettos bestehenden Stadt ist ein psychologisches und politisches Gebot...

Die Stadtplaner, die auf lokaler Ebene innerhalb der Stadt den Gemeinschaftssinn fördern wollen, statt einen bedeutungsvollen öffentlichen Raum und ein sinnhaltiges öffentliches Leben in der Stadt als ganzer wiederzubeleben, scheinen nicht zu ahnen, daß sie mit dem Feuer spielen... Den Warnungen aus den sozialpsychologischen Laboratorien zum Trotz verfügen die Menschen über eine ausgesprochene Begabung zum Gruppenleben unter Bedingungen großer Bevölkerungsdichte. Die Kunst, Städte zu bauen, ist keine Geheimwissenschaft. Jahrhundertelang wurde sie mit großem Erfolg geübt, zumeist von Architekten, die über keine formale Ausbildung verfügten. Historisch betrachtet sind das Absterben des öffentlichen Raums und die Pervertierung des Gemeinschaftslebens, an denen die bürgerliche Gesellschaft des Westens krankt, Anomalien.« (Sennett 1983: 372f., 390, 393)

Nachbarschaft ist ein wichtiger Bestandteil unserer Kultur, auch gerade der städtischen. Allerdings kann die Beschränkung auf städtebauliche Nachbarschaften verhängnisvolle Folgen haben. Die Brüderlichkeit der Urbanität ist nicht die Brüderlichkeit unter Nachbarn, unter Arbeitskollegen, in der Familie – eine Brüderlichkeit, die nach Sennett oft genug zum »Brudermord« führt. Und weder der Verweis auf den Gemeinschaftssinn noch die Deklaration der totalen sozialen Enthaltsamkeit in einer Wohnsiedlung kann den Menschen einen Weg zu zivilem Verhalten eröffnen. Der Mythos der Absonderung, die geheimen Sehnsüchte von Architekten und Planern bringen eine Welt für Menschen hervor, die nicht erwachsen werden können. Zivile Nachbarschaften können nur in einem städtischen Kontext entstehen – diese Erkenntnis geht unter in einer Welt des Komforts, der scheinbaren Annehmlichkeiten.

Viele Städte erkennen heute, daß eine weitere Ausdehnung des Siedlungskörpers an der Peripherie nicht mehr zu vertreten ist. Sie diskutieren deshalb Möglichkeiten der *Innenentwicklung.* Sie versuchen, untergenutzte Flächen für die Entwicklung der Stadt zu mobilisieren. Dabei stehen fast immer Veränderungen in den Territorien vermeintlicher Nachbarschaften zur Diskussion, die von den dort Wohnenden grundsätzlich als Zumutung, als eine Einmischung in intakte Verhältnisse empfunden werden. Der Gedanke, daß mit solchen Veränderungen auch eine Bereicherung der sozialen, kulturellen und wirtschaftlichen Struktur einhergehen könnte, wird als völlig abwegig zurückgewiesen.

Zur Abwehr von Veränderungen wird von den Ansässigen stets auf die ausgewogene Nachbarschaft verwiesen. Präzise mit dem Hinweis auf die guten nachbarlichen Kontakte, auf die gegenseitigen Hilfen wird dargelegt, daß das Spekulieren auf mehr Urbanität nichts anderes ist als ein Trick zur Durchsetzung städtischer Interessen. Aus dieser Art der Argumentation ergibt sich, daß sich die Nachbarschaft als eine Gemeinschaft außerhalb der Stadt versteht.

Die Qualitäten der Nachbarschaft, die argumentativ ins Feld geführt werden, sind die Gesundheit und Sicherheit der Kinder, der unverzichtbare Bestand des Siedlungsgrüns und der ohnehin zu knappe Raum für die Autos. Man sei – so wird gesagt – in das Wohngebiet gezogen, weil es genauso sei, wie es jetzt besteht –, wenn die Kommune etwas verbessern wolle, so müsse allerdings die Infrastruktur für die vorhandene Bevölkerung ausgebaut werden. Jede Zumutung einer Auseinandersetzung mit dem anderen (mit der Ansiedlung etwa von Gewerbe, von Gruppen anderer Ethnien, mit dichten Strukturen des Zusammenlebens) wird als ein

Überstülpen fremder Ideologien über intakte Verhältnisse heftig bekämpft. »Urbanität ist hier insofern präsent, als sie sich ostentativ auf Distanz hält.« (Chramosta 1992: 1622f.)

17. Abschied von der Kunst im öffentlichen Raum

Drei Ebenen: Kunst, Stadtraum und Öffentlichkeit

Mit dem Verschwinden des Öffentlichen aus der Stadt haben sich natürlich auch die Möglichkeiten gewandelt, Kunst als Teil des Stadtraums zu schaffen.

Um diesen Wandel anschaulich zu machen, soll zunächst noch einmal die historische Ausgangsposition beschrieben werden. Ich wähle als Exempel eine Skulptur, über deren Entstehung wir einiges aus der Lebensbeschreibung seines Schöpfers erfahren können: den *Perseus* von Benvenuto Cellini in der Loggia dei Lanzi vor dem Palazzo Vecchio in Florenz von 1554. Cellini schreibt:

»(Ich) antwortete dem Herzog, daß ich ihm gern von Erz oder Marmor eine große Statue auf seinen schönen Platz machen wolle. Darauf versetzte er, daß er von mir, als erste Arbeit, einen Perseus begehre; ein solches Bildnis habe er sich schon lange gewünscht. ...

Nachdem er das Modell genug betrachtet hatte, gefiel es ihm immer mehr; zuletzt sagte er: Wenn du, mein Benvenuto, dieses kleine Werk in einem großen Werk ausführtest, so würde es die schönste Arbeit sein, die auf dem Platze stünde. Darauf sagte ich: Gnädigster Herr! auf dem Platze stehen die Werke des großen Donatello und des wundersamen Michelagnolo, welches beide die größten Männer von den Alten her bis jetzt gewesen sind ...« (Cellini 1957: 234)

Es geht also um eine große Statue, welche dem wichtigsten Stadtplatz in Florenz gerecht werden soll und die sich hinter einem Donatello und einem Michelangelo nicht zu verstecken braucht, eine Statue, die beweist, daß man imstande ist, sich mit einem zeitgemäßen Werk den Alten als ebenbürtig zu erweisen. Nach einem langwierigen Arbeitsprozeß, der Cellini mehrere Jahre beschäftigt, wird die Skulptur in einem provisorischen Verschlag – offenbar eine Art Arbeitsbude – in der Loggia zusammengefügt, und während Cellini an der Vollendung arbeitet, verlangt der Herzog von ihm, die

129

vordere Tür des Verschlags zu öffnen, um zu sehen, »was das Volk dazu sagt: denn es ist keine Frage, daß es ein Unterschied sein muß, es frei oder in einer solchen Enge zu sehen...« Cellini ärgert sich über diese Bitte, weil »noch ein wenig Gold fehlte und ein gewisser Firnis und andere Kleinigkeiten, die zur Vollendung eines Werkes gehören«. Er deckt aber gemäß der Anordnung die Statue auf.

»Nun gefiel es Gott, daß, sobald als sie gesehen wurde, sich ein unmäßiges Geschrei zum Lobe des Werks erhub, wobei ich mich ein wenig getröstet fühlte. Die Leute hörten nicht auf, immerfort Sonette an die Türgewände anzuheften, wodurch gleichsam ein festliches Ansehen entstand. Indessen suchte ich das Werk zu vollenden, und arbeitete an demselben Tag daran, an welchem es mehrere Stunden aufgedeckt blieb und mehr als zwanzig Sonette zum unmäßigen Lobe meiner Arbeit angeheftet wurden.« (Cellini 1957: 276)

Ich finde diesen Bericht deshalb so interessant, weil er nicht nur über die Motive bei der Aufstellung einer Skulptur im Straßenraum, sondern auch über die Beteiligung der Öffentlichkeit anläßlich ihrer Fertigstellung informiert.

Ein organisiertes Andenken

Noch im 16. Jahrhundert hebt also eine Skulptur den öffentlichen Charakter des Aufstellungsortes hervor – ganz im Rahmen einer alten Tradition, die sich bis auf die griechische Antike zurückführen läßt. Hannah Arendt hat unter Verweis auf die Grabrede des Perikles darauf hingewiesen, daß

»die Polis denen, die Land und Meer zum Schauplatz ihrer Kühnheit gemacht haben, garantiert, daß sie nicht vergeblich gelebt und gehandelt haben, daß sie weder eines Homers noch anderer seiner Kunst bedürften, sondern ohne alle Hilfe ›unvergängliche Denkmäler‹ hinterlassen werden von dem, was sie im Guten und Bösen an Erinnerungswürdigem vollbrachten; die Polis wird dafür sorgen, daß das Erstaunen der Mitwelt in der Nachwelt nicht erstirbt, daß also die Nachwelt, zwar nicht für die sterblichen Menschen selbst, aber für das, was an ihnen wert war, unsterblich zu werden, eine Mitwelt bleibt.« (Arendt 1967: 190f.)

Die Polis ist – so Arendt – ihrem Wesen nach »ein organisiertes Andenken«. Der florentinische Humanismus des 15. Jahrhunderts hatte die Stadt der aufblühenden Renaissance in die Tradition der antiken Stadt gestellt. Die Aufstellung klassischer Heldenfiguren auf der Piazza Signoria (einen Herkules zunächst und nun den Perseus) neben solchen aus christlicher Tradition (Judith und David) unterstreicht unter diesem Aspekt des »organisierten Andenkens« gerade die städtische Bedeutung des öffentlichen Raums; es wäre sicher zu einfach, wollte man in der Aufstellung des Perseus allein eine Machtdemonstration des Herzogs Cosimo I. sehen.

Die Kunst wird hier zur Festigung des städtischen Charakters und zu seiner Poetisierung eingesetzt. Dabei war die Inkorporation fremder Helden durch den Kunstgriff Ovids legitimiert, der in seinen Metamorphosen die Bedeutung Roms auch mit der Gründung der Stadt durch die Helden Trojas erklärt hatte.

Den Gedanken, daß in den Kunstwerken einer Stadt urbane Geschichte fortbesteht, gibt es auch in der Zeit der Aufklärung noch, etwa wenn der Architekt Friedrich Wilhelm von Erdmannsdorff Eindrücke von einem Romaufenthalt in seinem Tagebuch am 6. November 1789 festhält:

«So viele Werke der schönen bildenden Künste der Alten, von ihren ersten Zeiten bis zu ihrem Verfalle und in Vergleichung mit ihnen, wiederum so viele Werke der wiederaufgelebten Kunst in den neueren Zeiten! Der reizende Gedanke, daß wir jetzt wirklich auf dem Grund und Boden einhergehen, auf welchem jene edlen Menschen gingen und handelten, deren Namen wir, von unseren frühesten Jahren an, gewöhnt worden sind, mit Verehrung zu nennen; wo jene Weisen wohnten und arbeiteten, deren Schriften uns noch immer von so großem Werth und Unterricht sind, deren Stil noch immer das Muster der Wohlredenheit bleibt; wo jene feinen Köpfe, voll vom Geiste des griechischen Gefühls, des griechischen Witzes, der griechischen Urbanität, verbunden mit kühnem männlichen Römersinn, in Vorempfindung ihrer Unsterblichkeit, dichteten und philosophierten, deren unschätzbare Fragmente so glücklich für uns aus den tiefen Verwüstungen der finsteren Barbarei gerettet, wir lesen und mit Begierde weiterlesen, studiren und auswendig lernen, die uns so oft neue Energie geben, so oft neue Freuden einhauchen!« (Erdmannsdorff 1986: 174)

Transportierbarkeit der Kunst

Die moderne Kunst kann im Stadtraum eine ähnliche Position wie zur Zeit Cellinis nicht einnehmen. Das ist schlicht das Resultat der radikalen Wandlung in der Bedeutung des Stadtraums. Kunst hat in dem neuen Kontext allenfalls die Chance, als Installation einen Ort zu definieren und zu charakterisieren oder sich als Dekoration, anekdotische Randfigur oder zeitkritische Kommentierung zurückzuhalten.

Ein Ausweg, diese grundlegend veränderte Situation zu unterlaufen, liegt für den Künstler darin, seine Arbeit auf traditionell geprägten Stadtplätzen aufzustellen, also Standorte in älteren Stadtvierteln zu wählen, die sich die Moderne noch nicht – wenigstens nicht physisch – vollkommen angeeignet hat. Sie transportieren selbst dann noch eine Erinnerung an urbane Öffentlichkeit, wenn sie überwiegend durch kommerzielle, touristische oder verkehrliche Belange geprägt sind. Vielfach dient allerdings Kunst in solchen Bereichen – wo in den letzten Jahren mit Vorliebe umfangreiche Skulpturenprojekte durchgeführt wurden – gerade dazu, den Verlust des Urbanen zu ignorieren und nicht ins Bewußtsein dringen zu lassen.

Das Dilemma beim ortsfesten Einbau aktueller monumentaler Kunst in das Stadtgefüge ist von Edward Kienholz mit *The Portable War Memorial* von 1968 programmatisch aufgezeigt worden. Ein Gegenstand, welcher bis dahin eigentlich nur im öffentlichen Raum denkbar war, wird als transportables, ausdrücklich ortsungebundenes Werk und damit – in einer vom Markt beherrschten Zeit – letztlich als Museumsgegenstand konzipiert. Damit wird demonstriert: Den öffentlichen Raum gibt es nicht mehr.

Das Ende öffentlicher Kunst

Mit dem Ende des Ancien Régime ersetzt das Zurschaustellen von privatem Luxus mehr und mehr die Poesie der Öffentlichkeit. In dem Maße, wie die Öffentlichkeit aus dem Straßenraum verschwindet, werden öffentliche Monumente lächerlich. An ihre Stelle tritt das Anekdotische, das Idyllische und schließlich das gezielt unmonumental Abstrakte.

Monumentale Kunstwerke können im Stadtraum schließlich nur noch auf die Verbannung des Öffentlichen aus der Stadt verweisen. Der amerikanische Bildhauer Richard Serra zum Beispiel versteht seine Stahlplastiken als ein Herausarbeiten des Nicht-Urbanen in der modernen Umgebung. Sie sind kein Bestandteil der städtischen Öffentlichkeit mehr, sondern machen aus einem nicht mehr öffentlichen Raum einen Ort der Kunst.

Serra besteht ausdrücklich darauf, daß seine Stahlplastiken – anders als die moderne Kunst sonst – als ortsgebundene und standortfeste Stücke konzipiert und akzeptiert werden. Austauschbarkeit macht für ihn Kunst zur Ware.

Die Zerstörung seiner Skulptur *Tilted Arc* vor dem Federal Building in Manhattan/New York durch die amerikanische Bundesregierung ist für

42   *Richard Serra – Tilted Arc, New York vor der Demontage*

Serra Zensur schlimmster Art. Die zersägte, 36 Meter lange Stahlplatte an einem anderen Standort wieder aufzustellen, wäre für ihn absurd, weil das Konzept der Plastik ihre Umgebung mitbeinhaltet, die Skulptur also nur ein Teil des eigentlichen Werks ist. Serra vertritt die These, daß nach wie vor der Stadtraum – auch wenn er die Eigenschaft des Öffentlichen eingebüßt hat – eine der ganz wenigen Möglichkeiten bietet, Kunst zu zeigen, die nicht Ware ist. Wenn die Verfügungsgewalt über Skulpturen, die über einen öffentlichen Auftrag im Stadtraum Platz gefunden haben, den Behörden anheimgegeben wird, geht auch diese Möglichkeit verloren.

»Die Welt wird sicher nicht besser oder schlechter werden, nachdem ein Kunstwerk zerstört wurde. Aber ich glaube, es ist ein Signal für Künstler, Artikel für den Markt zu produzieren und die Finger von ortsspezifischen Arbeiten zu lassen. Es gibt wenige Möglichkeiten für Kunst, etwas anderes als Ware zu sein, und dies ist ein weiterer Versuch, eine mögliche Andersartigkeit auszulöschen. Ich glaube, daß dieser Präzedenzfall viele jüngere Künstler davon abhalten wird, sich in unbekannte Territorien vorzuwagen. Nur offiziell gebilligte Ideen werden toleriert.« (Serra 1990: 241)

Daß dies keine ausschließlich subjektive Argumentation Serras ist, ergibt sich daraus, daß in den USA neue Richtlinien für die Verträge des Staates mit Künstlern eingeführt wurden, denen zufolge die vom Staat in Auftrag gegebenen Kunstwerke jederzeit von ihren Aufstellungsorten entfernt werden dürfen. Akzeptiert man, daß Kunst im Stadtraum nicht beliebig auswechselbare Ware ist, sondern etwas mit der Konstituierung des Raumes zu tun hat, dann wird hier solche Kunst grundsätzlich in Frage gestellt – etwa, als ob Cellinis *Perseus* je nach Entscheidung eines politischen Gremiums oder gar einer Verwaltung an ein Museum verkauft werden dürfte.

Welches Verhältnis zum Öffentlichen liegt dem Werk Serras zugrunde? Aus seinen Äußerungen läßt sich ableiten, daß der Stadtraum, den er in seine Konzeption einbezieht, zunächst einmal ein Raum ist, der keiner privaten Verfügung unterliegt und durch die Auftragsvergabe an einen Künstler dessen künstlerischen Intentionen anvertraut wird. Bei *Tilted Arc* wird der Aufstellungsort als reine Verkehrsfläche betrachtet, die nach den Intentionen des Künstlers umgestaltet werden kann, solange die Verkehrsfunktion nicht geschmälert wird. Serra mischt sich in die Öffentlichkeit des Raums nicht ein: Er sucht sogar ganz gezielt Standorte aus, die unzweideutig öffentlicher Raum im eigentlichen Sinn nicht – oder nicht mehr – sind.

Lesbarkeit des Ortes

Nach dem Verschwinden des öffentlichen Raums aus der Stadt sind Straße und Platz auf reine Verkehrsfunktionen reduziert. Kunst im öffentlichen Raum ist danach kein akzeptables Thema mehr. Aber es bleibt in der Stadt freier Raum übrig, der als Ort zur Verwirklichung künstlerischer Ideen geeignet ist und an dem Kunstwerke errichtet werden können, die ortsfest sind und damit – in einer Zeit, die dazu tendiert, alles zur Ware zu machen – nicht zur Ware werden können. Das Thema solcher ortsfesten und deshalb monumentalen Kunst ist die Lesbarkeit des Ortes: Beim Betrachter – der zunächst einfach ein Verkehrsteilnehmer ist – eine neue Sicht des Raums herzustellen, in dem er sich bewegt.

Richard Serra prüft bei der Herstellung seiner Werke genau, wie Fußgänger und Autofahrer die Skulpturen an dem jeweiligen Ort lesen werden. Er benötigt einen Raum, der städtebaulich eindeutige Funktionen hat; diese werden in sein Wahrnehmungskonzept einbezogen. An die Stelle des Öffentlichen tritt bei Serra das Kunstwerk als Teil der funktionalen Stadt.

«Serra wandelt die Funktion der Federal Plaza von einem Ort des kontrollierten Publikumsverkehrs um in die eines Ortes für Skulptur... Er beharrt darauf, daß es eine Notwendigkeit ist für die Kunst, ihre eigenen Funktionen zu erfüllen und nicht die, die ihr von den herrschenden Institutionen und Diskursen zugewiesen werden. Aus diesem Grund gilt Tilted Arc als aggressives und egotistisches Werk, mit dem Serra seine eigenen ästhetischen Vorstellungen über die Bedürfnisse und Wünsche der Menschen stellt, die mit dieser Arbeit leben müssen. Doch insofern unsere Gesellschaft auf dem Prinzip des Egotismus aufgebaut ist, das als solches die Bedürfnisse des Individuums mit denen aller anderen in Konflikt setzt, führt Serras Arbeit uns letztendlich nur die Wahrheit unserer sozialen Kondition vor Augen.» (Douglas Crimp, in: Güse 1987: 39)

Das Konzept Serras ist in einer Zeit, die den öffentlichen Stadtraum verdrängt und die Kultur mehr und mehr zu einer Sache der Freizeitindustrie gemacht hat, eine letzte Möglichkeit, aufrichtig monumentale Kunst in der Stadt und für die Stadt zu entwerfen. Im Gegensatz zu Architektur und Städtebau sind Skulpturen legitimiert, die Isolierung und den zweckentfremdeten Stadtraum zu ihrem Gegenstand zu machen.

VI. Urbanität in der Ära der Massenmedien

18. Unerledigtes in der privatisierten Stadt

Stadt in der Sackgasse?

Mit ihrer Privatisierung hat die europäische Stadt eine durch viele Jahrhunderte erworbene und erprobte Ausprägung geopfert. *Privatisierung* bedeutet hier zunächst ganz unmittelbar die zweckentfremdete Verwendung bisher öffentlich gewidmeter Flächen (Straßen, Plätze, Grünflächen) für ausschließlich oder fast ausschließlich private Zwecke. Bedeutet ferner: die Ausrichtung städtischer Politik und städtebaulichen Handelns an überwiegend privaten Interessen. Und bedeutet schließlich die zunehmende Verlagerung der gesellschaftlichen Kommunikation auf private Medien und in die private Sphäre – umgekehrt: den Verlust der städtischen Öffentlichkeit. Mit Recht kann also die heutige Stadt der Moderne als eine privatisierte Stadt beschrieben und bezeichnet werden. Und wenn wir oben festgestellt haben, daß es der gesellschaftliche Zweck der Stadt ist, den öffentlichen und den privaten Bereich räumlich und baulich so in Beziehung zu setzen, daß daraus eine lebendige Stadtkultur entstehen kann, dann muß man die privatisierte Stadt füglich auch eine zweckentfremdete Stadt nennen.

Der Privatisierungsprozeß ist gewiß noch nicht abgeschlossen. Immer noch bestehen in älteren Stadtvierteln für die Stadtkultur eminent wichtige Nischen, in denen Reste des alten Dualismus Öffentlich-Privat fortwirken und studiert werden können. Wie wichtig diese Reste alter Stadttradition für die Stadtgesellschaft noch heute sind, wird man erst dann ermessen können, wenn der weiter ablaufende Modernisierungsprozeß sich auch diese Inseln angeeignet und vollends dem Markt und dem Tourismus als Erinnerungsstücke an die gute alte Zeit ausgeliefert haben wird.

Die moderne Stadtplanung hat ihre Grundsätze des perfekten Funktionierens in den rigide getrennten Lebensbereichen Wohnen, Arbeiten und Freizeit in Opposition zu den ungesunden Verhältnissen der klassischen Industriequartiere und der heruntergekommenen Viertel in den großen Städten aufgestellt. Zusammen mit den dort bestehenden Mißständen aus Lärm, Gestank, räumlicher Enge, Übervölkerung und Vernachlässigung der Gebäude hat sie zugleich die Themen Parzellierung, Nutzungsmischung und Umschlossenheit des Stadtraums aus ihrem Repertoire verbannt. Damit sind wichtige städtebauliche Faktoren, die die Anpassungsfähigkeit der Städte an sich verändernde Bedingungen (technischer und gesellschaftlicher Art) über lange Jahrhunderte hinweg garantiert hatten, kurzerhand über Bord geworfen worden, ohne daß die Folgen gründlich überlegt worden wären.

Das große Ziel war, eine Stadt für das physische Wohlbefinden der Menschen zu schaffen; und dies ist mit der privatisierten Stadt wohl weitgehend erreicht. Allerdings stellt sich nun die Frage, was aus dem Menschen als sozialem Wesen wird. Reicht es aus, die Bedürfnisse des Zusammenlebens nun eben auch privat zu organisieren?

Städtebauliche Ursachen gesellschaftlicher Defizite

Es ist natürlich nach wie vor sehr gewagt, gesellschaftliche Defizite in einem Stadtteil oder überhaupt in *der* modernen Stadt auf bestimmte räumlich-bauliche Faktoren zurückzuführen; denn es ist unmöglich, dafür eindeutige Belege anzuführen. In der Tat müßten dazu Experten etwa der Psychologie, der Sozialpädagogik, der Drogenmedizin, der Kriminologie überhaupt erst einmal Thesen über die ursächlichen Zusammenhänge zwischen Vereinzelung, Kontaktschwäche, Aussteigen aus der Gesellschaft, Verunsicherung, Fremden- und Ausländerhaß, Bandenbildung, Straßenkriminalität, Drogensucht, Neigung zu Gewalttätigkeiten einerseits und städtebaulichen »Fehlern« andererseits aufstellen und diese dann empirisch zu belegen versuchen.

Solche Thesen würden unweigerlich als gewagt hingestellt, und der Beweis ihrer Richtigkeit nach den Regeln der Empirie wäre wohl kaum zu haben – und dies ist vielleicht der Grund dafür, daß die Politiker in unserer so wissenschaftsgläubigen Zeit die Notwendigkeit zu einer Änderung ihres politischen Handelns auf diesem Gebiet nicht einsehen wollen. Die Experten müssen also zunächst einmal mit Indizien argumentieren, und das tun sie denn auch. So lesen wir in einer Veröffentlichung des Bundeskriminalamts Wiesbaden:

»Neben dem tatbezogenen Gesichtspunkt von Tatort und Delikt stellt sich Raum und damit bauliche Umwelt als Sozialisationsfaktor für Menschen – insbesondere für Kinder und Jugendliche – dar. Schon die Wohnsituation setzt den engsten Umweltrahmen, wie die Familienmitglieder ihre Beziehungen zueinander organisieren (können) und sich untereinander verhalten. Die Wohnsituation beeinflußt also den Ablauf des Familienlebens. Dem näheren Wohnumfeld kommt gerade bei beengten Wohnverhältnissen an sich eine kompensatorische Funktion zu. Die mono-funktionale Ausrichtung vieler Neubausiedlungen im Sinne bloßer Behausung ist aber wesentlicher Grund dafür, daß sich die Handlungsmöglichkeiten im Wohnquartier de facto auf wenige Tätigkeiten beschränken. Solche Tätigkeiten lassen sich vor allem beschreiben als: familiäres Zusammenleben, einkaufen, putzen, fernsehen, schlafen.

Auch wenn nicht zu verkennen ist, daß zuweilen Anonymität und ein hoher Grad an Privatheit (sowie damit verbunden die nur schwach ausgeprägte informelle soziale Kontrolle) gerade von mobilen Bewohnern des Quartiers geschätzt werden, so sollte Stadtplanung die Belange insbesondere auch der Kinder und Jugendlichen berücksichtigen. Die Gestaltung der näheren Wohnumwelt stellt für diese Gruppe eine wesentliche Rahmenbedingung im Sozialisationsprozeß dar. Generell kann bauliche Gestaltung – bei aller Bedeutung der soziokulturellen Faktoren – zwischenmenschliche Kontakte, aber auch schon den Aufenthalt im Wohnumfeld fördern. In der Kriminologie wird gerade bei der Erklärung der Kinder- und Jugenddelinquenz dem Aspekt der fehlgeschlagenen Sozialisation und der mangelhaften informellen sozialen Kontrolle besondere Bedeutung beigemessen.

Allerdings fehlen bisher detaillierte und abgesicherte kriminologische Erkenntnisse zu unterschiedlichen baulichen Strukturen und fehlgeschlagenen Sozialisationsprozessen bzw. zu baulichen Gestaltungsmerkmalen und Kriminalitätsvorkommen... Für Präventionsmaßnahmen, die sich auf die Gestaltung des Wohnumfelds beziehen, müssen daher weitgehend plausible Annahmen abgesichertes Wissen ersetzen.« (Kube 1992)

Wie modern ist die moderne, privatisierte Stadt?

Auch ich muß mich hier mit plausiblen Annahmen behelfen, wenn ich die Frage zu beantworten versuche, ob die aufgelockerte und gegliederte Stadt (mag sie vielen auch schon zu dicht erscheinen) ihren eigenen Anspruch, ihr Auftragspensum erfüllt hat.

Ist nicht die fortschreitende Entwicklung in der Bevölkerungs- und Haushaltsstruktur, im Wirtschafts- und Arbeitsleben längst über ihre grundlegenden Axiome hinweggegangen? Schon im Hinblick auf die Aufsplitterung der Bevölkerung in immer kleinere Teile (also die Zunahme von kleinen Haushalten, von unvollständigen Familien, von Singles), auf die Flexibilisierung im Bereich der Arbeitswelt (also den wachsenden Anteil an Teilzeitarbeitenden und Jobbern, an Frührentnern und Langzeitarbeitslosen) und auf die Veränderungen in der sozialen Struktur (beispielsweise die Zugehörigkeit von immer mehr Zuwanderern, Angehörigen fremder Ethnien und Menschen an der Armutsschwelle zu unserer Gesellschaft) ist die Ausweisung von Gebieten, in denen nur gewohnt oder nur gearbeitet wird, bestenfalls ein glatter Anachronismus. Ähnliches kann man vom gewerblichen Bereich sagen: Schmutzige Fabriken werden immer seltener, nach wie vor gibt es einen hohen Anteil kleiner und kleinster Betriebe, und die weichen Standortfaktoren – Verfügbarkeit von Arbeitskraft, Kontakte zu anderen Firmen auf kurzem Weg, attraktive Infrastruktur – nehmen an Bedeutung zu.

Es gibt heute Zeitpioniere, die es darauf anlegen, ihre tägliche Lebenszeit jeweils improvisierend unter Erwerbsarbeit und anderen Aktivitäten (Freizeit wäre nicht der passende Begriff) aufzuteilen, und die deshalb Standorte suchen, an dem beides nebeneinander möglich ist. Junge Erwerbstätige, mit oder ohne Familie, ziehen heute wieder mehr als noch vor wenigen Jahren in gemischtgenutzte, also scheinbar altmodische innerstädtische Gebiete, weil sie dort mehr Anregungen, mehr Dienstleistungsangebote, mehr Abwechslung für ihr tägliches Leben erwarten; ähnliches gilt für viele der sogenannten jungen Alten und für ältere Menschen, die es in den monotonen Außengebieten nicht mehr aushalten.

All dies kann sich in einer Stadtstruktur, die auf die Wohn- und Arbeitsverhältnisse von vorgestern ausgerichtet ist, nicht oder nur unvollständig entfalten. Und es führt zu bedenklichen Nebeneffekten: Weil für die Avantgarde-Nachfrager kein adäquates Angebot (etwa in neuen und neuartigen gemischtgenutzten Gebieten mit städtischem Charakter) vorhanden ist, entsteht der unerwünschte Effekt, daß Angehörige der sogenannten A-Gruppen (Arme, Alte, Alleinerziehende, Ausländer, Arbeitslose) und Familien mit geringeren Einkommen, die auf den oft noch preisgünstigen

Wohnraum in den älteren Gebieten zwingend angewiesen sind, verdrängt werden, ohne anderswo noch etwas Passendes finden zu können. Gleichzeitig drängen natürlich die kleinen Betriebe, die die Standortvorteile der Innenstadtlagen schätzen, ebenfalls in den Altwohnungsbestand (soweit Zweckentfremdungsverbote dies nicht verbieten). Es besteht de facto bereits heute eine zunehmende Nachfrage nach eher traditionell organisierten Standorten, die von der modernen Stadtplanung nicht befriedigt wird (und ohne Preisgabe der bisherigen Planungsgrundsätze auch nicht befriedigt werden kann).

Eine ganz verheerende Auswirkung dieser Verhältnisse ist, daß ein großer Teil der in den Städten getätigten Investitionen schlicht falsch plaziert wird. Diese Investitionen legen ja eine Struktur für lange Zeit, sagen wir einmal: zunächst für wenigstens fünfzig Jahre fest. Wie ich bereits dargestellt habe, sind die modernen Monostrukturen äußerst inflexibel, so daß sie sich auch nur schwer an neue Entwicklungen anpassen lassen. Jeder Planer weiß heute, wie schwer es ist, ein bebautes und genutztes Gebiet auch nur durch andere Nutzungen zu ergänzen. Er hat sofort den geballten Protest fast aller Betroffenen gegen sich. Und doch fahren Städte fort, solche inflexiblen Strukturen immer weiter zu planen.

Was vielen dabei auch nicht bewußt ist: Wohl zum erstenmal in der Geschichte der Städte wird durch den (steuerlich geförderten) Modernisierungsprozeß der früher in jeder Stadt vorhandene Bodensatz an einfachstem, abgewirtschaftetem Nutzraum (Wohnraum ebenso wie gewerblich genutztem Raum) als Folge eines allgemeinen Wohlstands wegmodernisiert (oder abgebrochen und durch teuren neuen Nutzraum ersetzt). Der Klientel, die auch heutzutage noch existentiell auf diese einfache, aber billige Raumressource angewiesen ist, werden so die letzten Überlebensnischen entzogen. Die zunehmende Obdachlosigkeit auf unseren Straßen – jetzt vermehrt auch unter Frauen – ist auch ein Resultat dieses Vorgangs.

Ein erstes Fazit: Die moderne Stadt hat große Schwierigkeiten, sich den verändernden Zeitläuften anzupassen. Schon deshalb ist es gerechtfertigt, sie (hoffnungsvoll!) als ein Stück unvollendeter Moderne zu bezeichnen.

Mobilität und Verkehrsinfarkt

Ob sich dieses letztlich optimistische Fazit aufrechterhalten läßt? In Sachen Mobilität hat die moderne Stadt ihre Ankündigungen am wenigsten einlösen können. Es ist überhaupt nicht gelungen, entsprechend der Vision von den strahlenden *buildings* und dem geräuschlos dahingleitenden Verkehr für die nach Funktionen gegliederte Stadt ein adäquates, dem privaten Bequemlichkeits- und Wohlstandsbewußtsein entgegenkommendes attraktives Verkehrskonzept zu entwerfen.

Wer im Grünen wohnt, im Dienstleistungszentrum arbeitet, im Supermarkt – und gelegentlich auch in der Innenstadt – einkauft und in seiner Freizeit anderswo mit Freunden Tennis spielt, möchte die Autos, die wie Haushaltsgegenstände zur Einrichtung des Wohnplatzes gehören, auch tatsächlich nutzen. Öffentliche Verkehrsmittel, die irgendwie zum Fossil der Innenstädte gehören, werden nur von denen angenommen, die entweder die privatisierte Stadt nicht als einen Teil ihres Wohlstands betrachten können oder die es trotz Wohlstands satt haben, im Stau zu stecken und endlos freie Parkplätze zu suchen. Jeder Quadratmeter Straßenraum, der durch Leute freigemacht wird, die auf die Schiene, den Bus oder einfach aufs Fahrrad umsteigen, wird schon am nächsten Tag von einem neu zugelassenen Auto aufgebraucht. Die Verkehrsplaner geben sich der Illusion hin, die Misere eines Tages durch technische Wunder, durch Behinderungen des Autofahrens und durch staatliche und kommunale Anreize beenden zu können. Woran sie nicht denken: Mobilität wird so immer teurer, die Modernisierungsschraube dreht sich immer enger zu – und die Stadtstruktur bleibt gleich verkehrt.

An die Stelle der Belästigungen des Industriezeitalters sind in der privatisierten Stadt heute diejenigen der Automobilisierung getreten. Die Städte schauen zu, wie sie untergehen in der Welle des ruhenden, im Stau stehenden und schließlich auch fahrenden Autoverkehrs. Was die vierte Funktion der Charta von Athen – den Verkehr – anbelangt, ist die funktional gegliederte Stadt im Alltag ein kompletter und – was noch viel schlimmer ist – ein aussichtsloser Versager.

19. Kommunikationsmedium Stadt

Bürgersteig-Ballett

In der Stadt des Medienzeitalters wird unentwegt kommuniziert: per Telefon und Telefax, per Rundfunk und Fernsehen, per Mail Box und Modem, per Video und Tonträger in Wohnungen und Unternehmen. Die privatisierte Stadt ist der Ort myriadenfacher medial vermittelter Privatkommunikation – einer Kommunikation, die genausogut auf einem andern Stern stattfinden könnte und mit der Stadt nichts mehr zu tun hat.

Dabei gehört doch traditionellerweise zu einer Stadt die Fähigkeit, selber als Medium für eine informelle, aber unmittelbare Kommunikation unter den in ihr lebenden Menschen zu wirken. Hat sich diese Fähigkeit der Stadt erledigt? Kann die Mediengesellschaft auf sie verzichten? Da diese Fragen so leicht weder mit ja noch mit nein zu beantworten sind, sollten wir zunächst noch einmal nachschauen, wie diese Fähigkeit in der Praxis aussieht – vielleicht richtiger: wie sie ausgesehen hat.

In ihrem von uns bereits ausführlich herangezogenen Buch *Tod und Leben großer amerikanischer Städte* liefert Jane Jacobs unzählige Beispiele, aus denen man lernen kann, daß die Benutzung der Straße für die Kommunikation im städtischen Alltag eine existentielle Sache ist. Wir Europäer sollten uns übrigens von dem Titel des Buches nicht zu dem Fehlschluß verleiten lassen, sein Inhalt betreffe uns höchstens am Rande: Die Schärfe der Beobachtung, die Lebendigkeit der Alltagsschilderungen, die Treffsicherheit der Polemik gegen alle, die beruflich mit Stadtplanung zu tun haben, hätten eigentlich längst aus dem Titel einen Reißer auf dem Taschenbuchmarkt machen müssen. Jane Jacobs' Gegenbild zur privatisierten Stadt der Moderne ist das Bürgersteig-Ballett in der New Yorker Hudson Street, der Straße, in der sie vor 30 Jahren selbst wohnte. Es ist ein Ballett, das ganz eng zusammenhängt mit dem Mikrokosmos des Lebens in einem bunt gemischten Stadtquartier. Die Beschreibung müßte eigentlich jedem deutlich machen, daß es sich hierbei nicht um ein Produkt rückwärtsgewandter Gefühle (bei uns also etwa die Illusion, überall das Leben einer mittelalterlichen italienischen Stadt wiedererwecken zu können) handelt, sondern um den Stoff, aus dem städtisches Leben gemacht ist.

»Ich selbst trete kurz nach acht auf, wenn ich den Abfalleimer hinaustrage. Das ist zwar eine prosaische Beschäftigung, aber ich genieße meine Rolle, mein kleines Klappern, während die Züge der Schüler von der Junior High School durch die Bühnenmitte ziehen und ihre Bonbonpapiere fallen lassen. (Wie können sie nur so viel Bonbons schon so früh am Morgen essen?) Während ich die Papiere zusammenfege, beobachte ich das übrige Ritual des Morgens: Mr. Halpert schließt den Handwagen der Wäscherei von seinem Ankerplatz an der Kellertür los, Joe Cornacchias Schwiegersohn schichtet die leeren Kisten aus dem Delikatessengeschäft vor der Tür auf, der Frisör bringt seinen Klappstuhl hinaus, die Frau des Verwalters aus dem

Mietblock setzt ihren stämmigen dreijährigen Sprößling auf der Treppe vor dem Haus ab, wo er das Englisch lernt, das seine Mutter nicht sprechen kann. Die Volksschulkinder auf dem Wege nach St. Luke laufen vereinzelt in südlicher Richtung vorbei, die Schulkinder für St. Veronica in westlicher und die Kinder für die Prepschool 41 in östlicher Richtung. Angestellte auf dem Weg zur Arbeit und Hausfrauen bevölkern die Straße: der Tag hat begonnen.

Das Ballett an den Hauptzeiten des Tages sehe ich nur sehr selten, weil dann arbeitende Menschen wie ich gewöhnlich nicht da sind und die Rolle der Fremden auf anderen Bürgersteigen übernehmen. Aber von freien Tagen weiß ich, daß die Figuren verschlungener werden. Die Hafenarbeiter, die noch keine Schicht haben, versammeln sich im White Horse oder im Ideal oder im International bei Bier und Unterhaltung. Die Beamten und die Angestellten aus den industriellen Unternehmen im Westen drängen sich im Restaurant Dorgene und im Lion' Head Café, die Arbeiter vom Fleischmarkt und die Wissenschaftler vom Communications-Institut füllen den Speiseraum der Bäckerei. Dazwischen dann Einzeltypen, Kinderwagen, Haufen von kleinen Kindern mit Puppen und Teenager mit ihren Schularbeiten auf den Vortreppen der Häuser.

Wenn ich nach der Arbeit nach Hause komme, steigert sich das Ballett. Es ist die Zeit des Rollschuh- und Stelzenlaufens und des Dreiradsports, des Einkaufens im Zickzack von einer Straßenseite zur anderen, vom Lebensmittelladen zum Obststand und zurück zur Metzgerei; es ist die Stunde, in der sich die Teenager in schönster Aufmachung präsentieren und sich um heraussehende Unterröcke oder gutsitzende Kragen besorgt zeigen; es ist die Stunde, in der hübsche Mädchen aus den MGs steigen, in der die Feuerwehr durch die Straße braust; es ist die Stunde, in der jeder, den man in der Hudson Street kennt, vorbeikommen wird.

Wenn die Dunkelheit größer wird und Mr. Halpert seinen Wäschereiwagen wieder an der Kellertür verankert hat, wird das Ballett unter Lichtern fortgeführt, es bewegt sich vor und zurück, ballt sich aber bei den hellen Lichtflecken von Joes Pizza-Küche, vor den Bars, dem Delikatessengeschäft, dem Restaurant und dem Lebensmittelladen. Die Nachtarbeiter gehen ins Delikatessengeschäft, um Salami und Milch zu holen. Die Straße bereitet sich auf den Abend vor, aber das Ballett ist noch nicht zu Ende. Es folgt das mitternächtliche Ballett. Man hört die Geräusche des Bürgersteigs. Meistens klingt es wie Gesprächsfetzen von Partys, und gegen drei Uhr morgens hört man häufig Singen, gutes Singen sogar. Dann wieder scharfe oder ärgerliche oder traurige Stimmen. Weinen oder verzweifeltes Suchen nach einer geplatzten Kette.« (Jacobs 1963: 44f.)

Wenn uns diese Szenen aus dem städtischen Alltag des 20. Jahrhunderts schon wieder fremd anmuten, wenn sie uns zwar einesteils ganz vertraut, aber zugleich doch irgendwie veraltet verkommen – dann deshalb, weil der Tod der großen Städte mittlerweile weiter um sich gegriffen hat.

Die privatisierte Stadt legt auf städtische Kommunikation keinen Wert, sieht sie nicht vor, unterdrückt sie sogar. Sie ist in diesem Sinne kein

Medium. Sie ist es bloß in einem ganz anderen Sinne: als Medium, in dem sich die Gesellschaft von den Rändern und von der Mitte her immer mehr auflöst. Es ist ganz unerheblich, dabei nach Henne oder Ei zu fragen. Nach meiner Überzeugung hat beides – das Aufhören städtischer Kommunikation und die Auflösung der Gesellschaft – unmittelbar miteinander zu tun.

Vielleicht gibt es da doch noch einen heimlichen Konsens, mehr als nur eine Vorliebe, daß dieser Stoff des Städtischen keinesfalls aufgegeben werden darf. Ist es unter diesen Umständen zu rechtfertigen, wenn wir alle vor der vermeintlichen Stringenz des Modernisierungsprogramms kapitulieren und dem Verschwinden des Städtischen mit unterdrücktem Bedauern einfach zusehen?

Macht der Medien, Ohnmacht der Konsumenten

In einer Zeit der umfassenden Telekommunikation, der ideell fast unbegrenzten Mobilität, der Computer mit ihren eigenen Universen und der elektronischen Medien, die uns die Kultur frei Haus liefern – braucht die Gesellschaft da wirklich noch die altmodische Öffentlichkeit der Stadt, etwa die Information durch die Neuigkeitsverbreiter unter dem Krakauerbaum des Carlo Goldoni? Bieten uns die modernen Medien nicht eine viel umfassendere Verständigung, die endlich von äußerlichen Zwängen wie der örtlichen Anwesenheit der Beteiligten unabhängig ist?

Bekannte Autoren haben längst darauf aufmerksam gemacht, daß die Medien höchstens eine Ergänzung, keinesfalls aber ein Ersatz für den unmittelbaren Informationsaustausch, den leibhaftigen Sozialkontakt sein können. Ich denke vor allem an Neil Postman, der in seinen Büchern die Botschaft vermittelt: *Wir informieren uns zu Tode.* Die Medien können kein Ersatz sein – aber sie werden weitgehend so konsumiert und auch so verstanden. An die Stelle der realen Welt tritt über weite Strecken unseres Alltags eine teils fiktive, teils simulierte Welt mit der Folge, daß ein Großteil dessen, was wir sehen und hören, uns schlichtweg unbeteiligt läßt, so schrecklich und so brutal in seinen Konsequenzen, sogar für uns selbst, es auch sein mag.

In einer Reportage mit dem Titel »Wissenszwerge unter Druck« im *Spiegel* (14/1993) werden Wissenschaftler zitiert, die vom Verschwinden der Wirklichkeit sprechen: In der Mediengesellschaft schöben sich zunehmend Medien zwischen die Menschen und ihre Erfahrung.

»An die Stelle der aktiven Auseinandersetzung mit lebendigen Menschen trete die Mensch-Maschine-Kommunikation. Der Entzug von erlebbarer, fühlbarer Wirklichkeit führe zu einer einseitigen Beanspruchung der visuellen Wahrnehmungssinne und des Vorstellungsvermögens und damit zur Verwischung von Realität und Wiedergabe von Realität... Eine solche ferngesteuerte Gesellschaft werde Medien vornehmlich zur ständigen Selbstbestätigung des eigenen Weltbildes nutzen. Gegen das Entstehen kognitiver Dissonanzen, das Hereinbrechen der Wirklichkeit in die harmonische Scheinwelt der Medien, würden Vermeidungsstrategien entwickelt, die zu innerem Ausklinken, zur Gleichgültigkeit oder zum Zynismus gegenüber der Res publica führen könnten.«

Alexander Kluge wird mit der Mahnung zitiert, die kollektive politische Unaufmerksamkeit sei äußerst riskant. Sie erlaube es »jeder Räuberhorde, früher oder später die Leitung der Gesellschaft zu übernehmen.«

Derartige medientheoretische Artikel werfen zwar immer wieder die Frage auf, was für Folgen die Macht der Medien haben wird und wie man mit diesen Medien umgehen kann und soll – etwa wie Kinder mit dem fertigwerden, was sie im Fernsehen erleben und wie sich Erwachsene dazu verhalten sollen usw. In solchen Artikeln wird aber grundsätzlich die Frage nach den herkömmlichen Medien und ihrer zukünftigen Bedeutung säuberlich ausgeklammert. Fast niemand interessiert, was etwa aus dem Medium *Stadt* geworden ist – und ob nicht vielleicht die Ohnmacht der Konsumenten gegenüber den modernen Medien auch daher rührt, daß die traditionelle Kommunikation politisch und städtebaulich schlicht und einfach unterdrückt worden ist und immer weiter unterdrückt wird.

Wir alle zusammen haben die Städte, in denen wir leben, der Herrschaft der Massenmedien ausgeliefert.

Zusammenleben von Minderheiten

Nun gut, sind wir denn nicht eine Gesellschaft von freien und mündigen Bürgern, die selbst wissen, was für sie gut ist? Soll nicht jeder nach seiner Façon in der Medienöffentlichkeit glücklich werden? Wie und wo der Austausch der Meinungen stattfinden soll – das läßt sich nicht vorschreiben.

Das Problem ist nur, daß die Stadtgesellschaft nicht einfach aus Individuen zusammengesetzt ist, die alle souverän für sich selbst (das heißt: allein nach dem eigenen Interesse) entscheiden können. Wer in der Stadt wohnt – ganz gleich, wie ihre räumliche Organisation aussieht –, ist immer auch von den Entscheidungen anderer existentiell mitbetroffen und entscheidet automatisch auch für andere. Und zur Stadt gehören auch Kinder, für die fast immer andere entscheiden. Zu ihr gehören Fremde, die durch die Medien mehr Kontakt haben mit ihrer Heimat als mit der Kultur, in der sie gerade leben. Zu ihr gehören die heterogensten Gruppen, die dem Ideal des entscheidungsautonomen Individualisten weder entsprechen wollen noch vielleicht können.

Auch und gerade in der modernen Gesellschaft müssen alle diese Teile miteinander auskommen, aufeinander Rücksicht nehmen, in gewissem Maße Verständnis für ihr Anderssein aufbringen. Und das gelingt eben über die Telemedien in einer stark segregierten Gesellschaft nur sehr unvollkommen. Fremde sind für uns unberechenbar, solange wir nicht selbst ein Wort mit ihnen gewechselt haben, solange wir nicht selbst beobachtet haben, wie sie mit ihren Kindern umgehen, solange wir nicht selbst etwas von ihren alltäglichen Lebensgewohnheiten gesehen haben.

Die Stadt ist der Ort der Differenz, und sie war bisher zugleich der Ort, an dem die sozialen und kulturellen Unterschiede sichtbar werden und im Alltag nebeneinander praktiziert werden konnten. Wenn nun heute einerseits die Gesellschaft immer mehr in isolierte Partikel zerfällt, in ihr immer mehr Menschen mit ganz verschiedenem ethnischen und kulturellen Hintergrund als Minderheiten zusammenleben und Verständnis füreinander aufbringen müssen, und wenn andererseits diese immer krasseren Differenzen aus dem Alltag ausgeblendet werden, weil die heutigen Kommunikationsmedien eine ganz eigene Welt neben die reale Welt setzen (und diese teilweise ersetzen) – dann ist das wahrscheinlich der Beginn einer Katastrophe.

Die Stadt fällt dabei in den Zustand vor der Entstehung des Urbanen zurück. Urbanität heißt, daß der einzelne in der Stadt die Chance hat, ernst genommen zu werden, die Chance hat, als Person (nicht nur am Telefon, nicht nur als Medienkonsument, nicht nur als Ja/Nein-Wähler) in Erscheinung zu treten, Anerkennung zu finden. Stadtleben ist im Grunde ein Zusammenleben von einzelnen, die ihrerseits zahllosen Minderheiten angehören.

Die europäische Stadt ist geschichtlich durch die Emanzipation des Marktes von der Burg geprägt, und so, wie der Warenverkehr tendenziell alle räumlichen Grenzen überspringt, sind auch die innerstädtischen Sozialgrenzen immer durchlässiger geworden:

»Grenzen stehen im Widerspruch zu dem freien Spiel der Kräfte, das sich immer mehr als Leitbild in dieser Gesellschaft durchsetzt. Anders formuliert: Während das gesellschaftliche Ideal der Herrschaftsstadt die segregierte Gesellschaft ist, ist das Leitbild der Handelsstadt die integrierte Gesellschaft. Die allmähliche Emanzipation der Gesellschaft vom Staat war ebenfalls Voraussetzung für die Entfaltung der Idee der Öffentlichkeit: Diese ist das politische Pendant zum freien Markt.« (Schiffauer 1992: 41)

Der öffentliche Raum und die urbane Kultur sind Medien, in denen sich die Idee vom freien Austausch der Gedanken und Anschauungen verwirklicht, aus denen sich wiederum der Konsens über das Gemeinwohl herausbildet. Die Herausforderung der europäischen Stadt liegt darin, daß sie – wie Schiffauer zeigt – von ihren Minderheiten verlangt, den fortwährenden politischen Kompromiß zu akzeptieren. Der jeweilige Wertekosmos der vielen einzelnen Gruppen bleibt dabei in ständigem Konflikt mit dem Ergebnis des demokratischen Willensbildungsprozesses. Genau hierin ist auch die Labilität der ihrem Wesen nach interkulturellen Stadt begründet.

Die Geschichte der europäischen Städte zeigt, daß gerade ihr interkultureller Charakter immer wieder – und immer wieder auf neue Weise – zu schwierigen Konflikten geführt und die Gesellschaft aufgewühlt hat. Und diese Wellen von Haß und Gewalt waren regelmäßig Resultate so gründlich antiurbaner Praktiken wie der Aussonderung, der Verketzerung und der Ghettoisierung von Minderheiten.

Die Ereignisse der letzten Monate und Jahre in unserem politisch wieder zusammengefügten Land haben diese Labilität abermals deutlich gemacht: Mit Sicherheit sind Städte unter der Herrschaft der Medien eine schlechte Garantie dafür, daß Haß und Gewalt gegen Immigranten aufhören. Wir müssen überlegen, ob nicht die Brandanschläge und Hetzparolen gegen Ausländer darauf hindeuten, daß gerade auch die zunehmende Ausblendung persönlicher sinnfälliger Erfahrung im Alltag der Städte friedliches Zusammenleben in Frage stellt. Und ob nicht das traditionelle Medium Stadt im Medienzeitalter erst recht ganz dringend gebraucht wird.

Kinder und ihre Erlebniswelt

Die rationale Stadt ist der Idee nach im Grunde ein Siedlungsgefüge für eine homogene Gruppe von ausschließlich erwerbstätigen Erwachsenen. Kinder passen in das Funktionenschema Wohnen-Arbeiten-Freizeit-Verkehr nicht hinein. Sie sind lediglich ein Anhängsel der Wohnfunktion. Kinder, die

43   Fernsehen als Teil des Straßenalltags

in Nur-Wohngebieten aufwachsen, erleben eine unwirkliche, eindimensionale Umwelt. Sie haben vielleicht ausreichend Auslauf im Freien und sind gut behütet – zunächst durch ihre Mütter, die auf diese Weise an ihren eintönigen Wohnstandort gefesselt werden, und daneben durch öffentliches Erziehungspersonal in den dafür vorgesehenen Einrichtungen. Aber sie sind in ihren spontanen Erlebnissen in fast unvorstellbarer Weise behindert. Sie haben keinerlei Chance, durch ein als Abenteuer erlebtes Stadtgebiet mit Schaufenstern, Werkstätten, Eisenbahnüberführungen, Schrottplätzen und verlassenen Hütten zum Einkaufen bei einem Fischhändler geschickt zu werden – so wie das etwa in Berichten aus früheren Kindheiten zu lesen ist. Und zwar nicht nur, weil es dafür in der Wohnumgebung gar keine Gelegenheit mehr gibt, sondern auch weil heute die Aufsichtspersonen dies für viel zu gefährlich halten würden. Dazu noch einmal Jane Jacobs:

»Die Stadtplaner scheinen nicht zu wissen, welche Anzahl von Erwachsenen notwendig ist, um Kinder in ihrem zufälligen Treiben zu beaufsichtigen ... Es ist Wahn-

sinn, die Städte so anzulegen, daß diese normale, unorganisierte Hilfs-
truppe zur Erziehung der Kinder ungenutzt bleibt, daß also entweder diese
wesentliche Aufgabe – meist mit schrecklichen Folgen – ignoriert oder die
Notwendigkeit angestellter Ersatzkräfte geschaffen wird. Der Mythos, daß
Spielplätze, Rasenflächen und angestellte Aufsichtspersonen grundsätzlich
für Kinder gut sind und daß Stadtstraßen, die mit gewöhnlichen Sterblichen gefüllt sind, grundsätzlich für die Kinder von Übel sind, läuft im
Grunde auf eine tiefe Verachtung der gewöhnlichen Menschheit hinaus. In
Wirklichkeit lernen Kinder, wenn überhaupt, nur von den Erwachsenen
auf den Straßen die ersten fundamentalen Zusammenhänge funktionsfähi-
gen Großstadtlebens. Von ihnen lernen sie, daß die Menschen, auch wenn
sie keine Bindungen zueinander haben, ein bißchen öffentliche Verantwortung füreinander haben müssen. Diese Lektion lernt man nicht dadurch,
daß sie einem gepredigt wird. Man lernt sie nur aus der Erfahrung, daß
andere Menschen, die keine verwandtschaftlichen oder freundschaftlichen
Bindungen zu einem und keine berufsmäßige Verantwortung für einen
haben, jenes bißchen öffentliche Verantwortung zeigen ...
    Dies ist die Schule für das Stadtleben. Angestelltes Personal kann sie den
Kindern nicht ersetzen, weil das Wesen dieser Verantwortlichkeit darin
liegt, daß man sie ausübt, ohne angestellt zu sein. Es sind Lehren, die auch
die Eltern allein nicht weitergeben können. Solche Lehren müssen von der
Gesellschaft selbst kommen, und in Großstädten werden sie fast samt und
sonders während der Zeit erteilt, die die Kinder mit ihrem zufälligen Spiel
auf den Bürgersteigen verbringen. Das Spiel auf lebendigen, vielseitigen
Bürgersteigen unterscheidet sich praktisch von jedem anderen Spiel, das
sich heute amerikanischen Kindern bietet: es ist ein Spiel, das nicht in einem
Matriarchat vor sich geht.« (Jacobs 1963: 61 ff.)

Als ich vor zwanzig Jahren meine Tätigkeit im Bereich der Stadtsanierung
begann und mich um ein Konzept für die Erneuerung der Tübinger Altstadt
bemühte, erklärte mir der für die städtischen Kindereinrichtungen zustän-
dige Leiter des Sozialamts, alle Bemühungen, aus der Altstadt einen Ort für
Kinder zu machen, müßten fehlgehen: Kinder gehörten in die Neubauge-
biete mit ihrer gesunden Umgebung. Damals ist mir bewußt geworden, daß
Kinder der beste Maßstab für eine brauchbare Stadt sind.
    Wenn die Stadt für Kinder keine Erlebniswelt bietet, keine Abenteuer,
keine informelle Beaufsichtigung durch normale Erwachsene, die am

Rande des Straßenraums wohnen und arbeiten und als kulturelle Vermittler auftreten, dann braucht sich niemand zu wundern, wenn solche Kinder unter die Herrschaft der Medien geraten und miteinander kaum noch etwas anfangen können. Was ist aus den vielen Spielen geworden, die früher die Kinder aus der Nachbarschaft auf ihrer Straße spielten? Nicht der falsche Umgang mit den Medien ist das Problem, sondern der falsche Umgang mit der Stadt.

Politik für eine vielseitige Kommunikationsstruktur

An dieser Stelle will ich noch einmal auf das Bürgersteig-Ballett von Jane Jacobs zurückkommen. Die Personen, die in diesem Ballett auftreten, sind nicht einfach Figuren wie auf dem Theater, sondern Personen, die für den Beobachter etwas bedeuten, über die er sich Gedanken macht, mit denen er vielleicht ein kurzes Wort wechselt, die ihm einen kleinen Hilfsdienst erweisen oder ihm einen guten Rat geben, die er vielleicht auch nicht leiden kann, denen er aus dem Wege geht. Jedenfalls sind es Personen, die wissen, daß sie sich gegenseitig als Personen ernst nehmen und ernst nehmen müssen, die wissen, daß sie als Mitspieler dieses Balletts einen Part spielen, für den sie selbst verantwortlich sind und für den sie auch Anerkennung finden.

Wenn wir glauben, daß das Ballett nun deshalb von der Bühne abtritt, weil die Gesellschaft einer unumkehrbaren Entwicklung zufolge in ihre Partikel zerfällt, dann verkennen wir die Gestaltungsmacht des Politischen: Eine politische Gesellschaft *kann* gegensteuern. Die Gesellschaft entwikkelt zwar in der Tat ihre Lebensgewohnheiten, ihr Marktverhalten, ihre Anschauungen ganz ungeplant und frei von äußeren Vorgaben; und so können in ihr durchaus auch Prozesse der Individualisierung und Fragmentierung freigesetzt werden, die sie am Ende selber in ihrem Bestand bedrohen. Aber die Ausformung des räumlich-physischen Gefüges einer Stadt unterliegt doch der planerischen Phantasie und Kontrolle politischer Gremien, die dafür zu sorgen haben, daß die »öffentlichen und privaten Belange gegeneinander und untereinander gerecht« abgewogen werden (Baugesetzbuch §1). Nach diesem Prinzip sind alle politischen Programme verfehlt, die sich in erster Linie der Förderung des privaten Wohls verschreiben. Mindestens gleichwertig muß daneben das Bemühen stehen, das Beste der Stadt zu suchen. Zum Besten der Stadt gehört in Zukunft nicht die Macht der

Massenmedien, sondern ihre kulturelle Verknüpfung mit der unmittelbaren, sinnlichen Kommunikation. Dazu gibt es vorläufig kein besser geeignetes Mittel, als den öffentlichen Raum wiederzubeleben.

20. Wirtschaftsprojekt Stadtkultur

Produktive Wirtschaft

Öffentlichkeit und produktive Wirtschaft sind die beiden Antriebsquellen, aus denen das Städtische sich entwickelt. Produktive Wirtschaft bedeutet nicht in jedem Fall produzierendes Gewerbe, also Handwerk, Anwendung von Technik, Industrie. Dazu gehören genauso Tätigkeiten aus dem Dienstleistungsbereich. Und dazu gehört alles, was auf gewerblicher Basis Kultur und Kunst produziert oder verbreitet. Entscheidend ist, ob neue Erkenntnisse, neue Anwendungen, neue Erzeugnisse, auch neue Märkte und nicht zuletzt neue sinnliche Erfahrungen erschlossen, gewonnen, vermittelt werden.

Wirtschaften heißt, die Ressourcen eines Standorts ausnutzen: seine Flächen, seine Bodenschätze, sein Wasser, seine verkehrliche Lage, das Knowhow, die Geschicklichkeit und den Erfindungsreichtum seiner Bewohner und – nicht zuletzt – die Aufgeschlossenheit, das Fortschreiten, die Streithaftigkeit seiner Kultur.

Wirtschaft und Kultur werden heutzutage oft als zwei fast entgegengesetzte Pole betrachtet. Das zeigt, wie wenig von der Stadtkultur, die einmal beide eng verbunden hat, übriggeblieben ist. Wirtschaft ist für uns ein Bereich der strengen Sachzwänge, der knallharten Kalkulation, der treffsicheren Werbung und eines stets schwierigen Arbeitsmarktes. Kultur dagegen ist etwas Freischwebendes, Subventionsbedürftiges, Beliebiges, eine Freizeitbeschäftigung. In letzter Zeit können wir allerdings beobachten, wie die beiden Kräfte, die lange zentrifugal auseinanderstrebten, wieder eine zunehmende Anziehung aufeinander ausüben. Die verschiedensten Unternehmensbereiche entdecken die Kunst als Marktfaktor, Kunst und Kultur eignen sich das Wesen gewerblicher Mächte an. Beispielsweise entsteht in der Textilbranche mit einer umfassenden Ästhetisierung der Mode eine ganz innige Affinität zu den Bildenden Künsten. Ähnliches gilt für den

Medienmarkt im Unterhaltungs- und Musiksektor. Umgekehrt erobert sich das Design ganze Wirtschaftszweige.

Was dabei aber nach wie vor fehlt, ist die Verankerung der neuen Symbiose von Wirtschaft und Kultur in der Stadt. Beide haben eigentlich mit dem Städtischen nichts im Sinn. Die Stadt ist lediglich ein schöner Hintergrund bei der Präsentation der ästhetisierten Produkte im Konsumentenparadies. Man spricht von der Ästhetisierung des Alltags und meint damit genau das Gegenteil von Stadtkultur. Der Alltag verschwindet vollständig im Design.

Standortqualitäten

In den Bereichen Wirtschaft, Wissenschaft, Kunst und Kultur schlummern zweifellos ungeahnte Reserven, die durch eine breite kreative Kooperation mobilisiert werden könnten.

Im Zusammenhang mit dem Aufbau eines funktional konzipierten Flächennutzungsschemas für die städtischen Agglomerationen entstand die Übung, für Industrie und Gewerbeunternehmen ebenso wie für die größeren Bildungs- und Forschungseinrichtungen (man könnte sagen: für die Denkfabriken in der Stadt) eigene, normalerweise außerhalb der innerstädtischen Bereiche liegenden Flächen vorzusehen. Als Folge dieser Praxis hat sich in unseren Köpfen die Vorstellung festgesetzt, Wirtschaftsbetriebe gehörten eigentlich nicht so richtig zur Stadt, ihr Standort sei beliebig, am besten eben dort, wo sie am wenigsten stören.

Das muß aber überhaupt nicht so sein. Früher waren je sehr enge Kontakte zwischen dem produktiven Gewerbe und der übrigen Stadt selbstverständlich, beide waren sozusagen ineinander verwoben. Ein nur zu bekanntes Beispiel hierfür ist die Beteiligung der Handwerkszünfte an der Planung und Unterhaltung der Kirchen in den mittelalterlichen Kommunen. Das heute selbstverständliche Herauslösen der Wirtschaft aus der übrigen Stadt – also die Aufteilung des Stadtkörpers in Wohngebiete, Gewerbegebiete, ein Geschäftszentrum und ein Universitätszentrum (wo Bewohner allenfalls geduldet sind) – verschleudert sozusagen die produktiven Ressourcen einer Stadt.

Das gewerbliche Gefüge einer Stadt besteht aus größeren und kleineren Unternehmen und Institutionen. Man muß sich die Verteilung dieses Potentials klarmachen: Der Großteil der Beschäftigten (vielleicht 80%) arbeitet in größeren Betrieben, die allerdings nur einen kleinen Teil der Gesamtheit aller Betriebe repräsentieren, während der Großteil aller Betriebe (vielleicht auch 80%) einen relativ kleinen Anteil der Erwerbspersonen beschäftigt. Der Witz einer urbanen Gewerbestruktur liegt in diesem Gemisch aus größeren und kleineren Betrieben und den Chancen, die ihrer Kooperation entspringen.

Aufgabe der Stadtplanung muß es also sein, den größeren wie den kleineren Firmen die für die produktive und kulturelle Entwicklung der Stadt richtigen Standorte anzubieten. Die Tatsache, daß die größeren Betriebe großflächig zusammenhängende Standorte und eine problemlose Verkehrsanbindung benötigen, ist noch lange kein Grund, die zahllosen kleinen und mittleren Betriebe – die ja mittlerweile kaum noch nennenswerte Belästigungen für die Nachbarn produzieren – auch in solchen Spezialgebieten unterzubringen oder (wenn sie dorthin nicht wollen) auf ungeplante Restflächen zu verweisen, wo sie dann wie in einem Versteck residieren.

Wenn sich die Städte dazu aufraffen würden, ihr produktives Gewerbe endlich wieder als Teil ihrer Stadtkultur zu begreifen, können daraus sehr entscheidende Impulse für neuartige innerstädtische Strukturen und auch für eine neue Kooperation im städtischen Wirtschaftsgefüge erwachsen.

Das Beispiel Prato

Ein Beispiel für eine konstruktive Kooperation von produktiver Wirtschaft und Stadtkultur liefert die toskanische Stadt Prato. In Italien hat sich ja in den letzten Jahrzehnten überhaupt ein faszinierendes Muster aus modernsten Manufakturen, Designateliers, Werbung und Kunstbetriebsamkeit entwickelt. Aber Prato präsentiert sich geradezu als ein Ort, in dem Wirtschaft zu Stadtkultur wird (Prato 1993). In dieser Stadt haben zahlreiche Initiativen aus dem Unternehmensbereich ein enges Zusammenspiel von Landwirtschaft, Textilindustrie, Marketing, Forschung, Weiterbildung und Kultur organisiert. Es gibt ein Textilmuseum und ein Forschungszentrum für Textiltechnologie der *Unione Industriale*, es gibt eine *Pratotrade* Kooperative, eine *Gruppo Giovanni Imprenditori* und eine Initiative *Pratofutura*, die sich nicht nur um die Interessen der Industrie kümmert, sondern auch um die Zusammenarbeit mit der Universität, um Forschung und

Fortbildung und nicht zuletzt um die Entwicklung der Stadt als ganzer. Prato ist nicht zufällig bekannt für seine Avantgarde-Kunstsammlungen, die aus Initiativen seiner Wirtschaftskreise entstanden sind.

Die Industrie Pratos basiert auf sage und schreibe etwa 10 000 unabhängigen Kleinunternehmen, die sich jeweils auf eine einzelne Phase der Produktion spezialisiert haben, sich gleichzeitig aber um engste Zusammenarbeit bemühen. Die städtebaulichen Planungen für die künftige Stadt Prato laufen – soweit man das als Außenstehender erkennen kann – zwar immer noch auf die segmentierte Stadt hinaus. Interessant ist aber das Mosaik der praktizierten Kooperation in der Stadt, das eine entscheidende Voraussetzung dafür ist, daß so etwas wie eine neue Stadtkultur sich überhaupt entfalten kann.

Vermittlungskultur in den Stadtquartieren

Der besondere Reiz einer innerstädtischen Struktur liegt in seinem reichen Angebot an Dienstleistungen mit einer vorzüglichen Erreichbarkeit. Während sich die Bewohner der modernen Wohngebiete wegen jeder Kleinigkeit in ihr Auto setzen müssen, ist hier alles vor der Haustür vorhanden. Nachdem sich aber die Leute an Supermärkte gewöhnt haben, in denen sie auch ihre Schuhe besohlen und Schlüssel nachmachen lassen, fällt ihnen gar nicht mehr auf, was sie an Lebensqualität aufgegeben haben. Läden in einem Stadtviertel sind zwar zunächst dazu da, Güter und Dienste des täglichen Verbrauchs anzubieten, sie haben aber auch eine unendlich große Bedeutung als Kontakt- und Vermittlungsstellen für örtliche Informationen und persönliche Hilfen. Wer kann für einen dies und jenes erledigen, wo kann man einen ausgefallenen Artikel besorgen, wer repariert schnell einen Defekt im Haushalt, wo findet man unkompliziert Rat in einer bestimmten Angelegenheit, wo kann man einen Wohnungsschlüssel hinterlegen? Solche Fragen des Alltags sind in einem Viertel, wo Läden, Bars, Kioske, kleine Büros sich an der Straßen aufreihen, kein Problem.

Die typische innerstädtische Form der Vermittlungskultur, die Ausstattung einer Straße mit Kleinbetrieben und das öffentliche Leben auf der Straße sind nur verschiedene Seiten ein und derselben Sache. Wo diese Strukturen heute noch vorhanden sind, ergeben sich zahllose Vorteile – und zwar für beide Teile: Die Betriebe profitieren vom Quartier, das Quartier von den Betrieben.

44 *Saul Steinberg*

Betriebe schätzen es durchaus, wenn wenigstens ein Teil ihrer Belegschaft in der Nähe wohnt. Wo Gastronomie um die Ecke vorhanden ist, bedarf es keiner Betriebskantine. Bestimmte Dienstleistungen kann man im Quartier erledigen lassen, vielleicht gibt es sogar Zulieferer in nächster Nähe. In einem bewohnten Viertel findet man leichter die erforderlichen Hilfskräfte – Hausmeister, Reinigungspersonal, Halbtags-Schreibkräfte. Wenn das Büropersonal mittags nebenan in eine Bar geht, entstehen formlos Kontakte zu anderen Betrieben (man kann sie ruhig zu den sogenannten Fühlungsvorteilen hinzurechnen), die für das Unternehmen nützlich sein können.

Und umgekehrt: Bewohner innerstädtischer Viertel können viel mehr zu Fuß erledigen als Bewohner von Nur-Wohngebieten. Sie finden alles um die Ecke. Das Quartier ist kurzweilig. Im Quartier leben viele Leute. Es ist leicht, flüchtige Kontakte zu knüpfen und Bekanntschaften zu pflegen – das gilt gerade auch für Kinder und Jugendliche wie für ältere Menschen. Hier entsteht ein Markt für Gelegenheitsarbeiten, für Jobs und Teilzeitbeschäftigung. Dieser Markt ist besonders für Leute, die Kinder zu versorgen haben und auf einen Arbeitsplatz angewiesen sind – immer noch meist Frauen –, von großer Bedeutung. Das Leben in einem Quartier, in dem viele Menschen unterwegs sind und in dem an der Straße Geschäfte angesiedelt sind, ist sicherer. Hier können Frauen auch spät abends noch ausgehen, ohne Belästigungen befürchten zu müssen. Kinder und Jugendliche haben einen direkten Draht zur Arbeitswelt, sie können beobachten, wie Arbeit aussieht, sie holen sich Abfälle aus den Betrieben, mit denen sie selbst etwas anfangen, sie lassen sich etwas zeigen. Schulen haben Werkstätten als Nachbarn, das erübrigt manche Lehrgegenstände und Lerngänge. Und so ließen sich weitere Details in Menge auflisten.

Ich frage mich, warum in älteren Stadtquartieren italienischer oder französischer Städte heute noch so viele kleine Geschäfte und Familienbetriebe anzutreffen sind, die in unseren Städten längst rapide zurückgegangen sind. Zunächst einige simple Erklärungsversuche: In Italien sind die Arbeitszeiten weniger reguliert. In warmen Ländern lebt man mehr im Freien. Italiener legen mehr Wert auf gutes Essen, sie kaufen deshalb immer noch bei ihrem Metzger, bei ihrem Pastaficio, bei ihrem Weinhändler, auf ihrem Wochenmarkt. Aber eine weitere Feststellung ist unvermeidlich: Der allgemeine Modernisierungsprozeß ist in den einzelnen Ländern Europas ganz verschieden weit fortgeschritten. Er findet in den Köpfen eine ganz unterschiedliche Bereitschaft, sich von Traditionen zu lösen. Es ist wohl auch eine Sache der Mentalität, wie der Wunsch nach komfortabler Zurückgezogenheit und das Bedürfnis nach Kommunikation im Alltag gegeneinander abgewogen wird.

Oder: Ist das Verschwinden der Vermittlungskultur städtischer Quartiere einfach eine Frage wirtschaftlicher Sachzwänge?

Wirtschaftliche Sachzwänge

Zweifellos ist für viele moderne Wirtschaftsbetriebe eine Rückkehr in die gemischtgenutzte Stadtstruktur vorerst (insbesondere bei den derzeit bestehenden Vorgaben des Verkehrs) nicht möglich. Für sie muß es auch künftig besondere Gebiete geben. So wurde in Prato – um auf dieses Beispiel zurückzukommen – in den 70er Jahren ein 150 ha großes Gebiet für den Textilkomplex erschlossen, um etwa 300 Betriebe mit 5 000 Beschäftigten in kompakter Form unterzubringen.

Umgekehrt haben von den kleineren Unternehmen, die es in den Städten in so großer Zahl gibt, nur wenige die Neigung und überhaupt die unternehmerische Chance, sich wesentlich auszudehnen. Diese Betriebe können genausogut in einer Mischlage wie in einem reinen Gewerbegebiet existieren. Im Gewerbegebiet haben sie zwar den Vorteil, daß sie bei ihrer Verkehrsabwicklung – jedenfalls vorläufig noch – wenig Rücksicht auf die Umgebung nehmen müssen. Im gemischtgenutzten Quartier haben sie diesen Vorteil nicht, dafür aber die oben genannten Fühlungsvorteile.

Diese Betriebe gehören den verschiedensten Wirtschaftszweigen an, es sind kleine Industrien, Forschungslabors, sogenannte Spin-off-Firmen (die ihren Ursprung in Universitätsinstituten haben und sich mit High-Tech-Produkten wirtschaftlich selbständig machen), Software-Betriebe, aber auch ganz »normale« Handwerker, Designerateliers, Ingenieurbüros, Arzt- und Pflegepraxen und schließlich all das, was der Mensch zur Deckung seines täglichen Bedarfs an Gütern und Dienstleistungen braucht.

Die moderne Stadt hat für solche Betriebe den adäquaten Standort bisher nicht gefunden. Wirtschaftliche Sachzwänge, so sagt man uns, führen dazu, daß diese Firmen entweder in gut erschlossene und deshalb bequeme Gewerbegebiete ziehen – zum Beispiel in die ausgedehnten, oft schick gestylten Gewerbebauten, die von Bauträgern an der Peripherie der zersiedelten Städte hochgezogen werden – oder, falls sie auf einen zentralen und deshalb gut erreichbaren Standort angewiesen sind, in die Zentren der Städte, wo sie unter ihresgleichen sind und deshalb auch viel Kundschaft anziehen. Weil diese Sachzwänge immer wieder gegen jede andere Art von Standortausweisung ins Feld geführt werden, entstehen auf dem Planungsmarkt praktisch keine Alternativen. Diese Betriebe haben also gar keine Möglichkeit, an etwas anderes zu denken. Wenn sie Glück haben, finden sie irgendwie eine ungeplante Nische, eine leergewordene Baracke, einen aufgelassenen Gewerbehof oder ähnliches. In Neubaugebieten gibt es kein Gewerbeklima und damit auch keine Gewerbebetriebe.

Viele Betriebe würden – allen Sachzwängen zum Trotz – gern in Viertel mit einem innerstädtischen Flair und seinen besonderen Standortqualitäten ziehen; aber in entsprechenden älteren Quartieren, etwa sanierten Vierteln der Zeit nach der Jahrhundertwende, sind Flächen nur ganz schwer zu bekommen und meist nur zu hohen Mieten. Und neue Gebiete dieser Art werden von den Kommunen – gerade wegen der ihnen ständig vorgehaltenen Sachzwänge – einfach nicht ausgewiesen und erschlossen.

Wenn die Städte ernsthaft wollen, daß in ihnen wieder städtische Strukturen wachsen, daß kreative Ressourcen und produktive Unternehmen sich in dem kulturellen Klima eines dichtbesiedelten Stadtquartiers gegenseitig befruchten, dann müssen sie von sich aus die dieser Vorstellung entsprechenden Quartierspläne aufstellen, passende Parzellen ausweisen und mit vernünftigen Grundstückspreisen für ihr Projekt werben. Für Bauträger sind solche Strukturen wenig interessant, weil bei ihnen die Sachzwänge dafür sprechen, große Anlagen mit homogener Struktur, Bauten quasi aus der Strangpresse, anzubieten.

Ohne Anstrengungen bei den Kommunen wird sich nichts entfalten. Der wirtschaftliche Sachzwang ist immer ein betriebswirtschaftlicher. Ob aber die Summe aller betriebswirtschaftlichen Sachzwänge zu einem gesamt- oder gemeinwirtschaftlichen Optimum führt, diese Frage bleibt für die Kommunen unbeantwortet. Zu den unerledigten Aufgaben bei der Planung von Gewerbeflächen in den Städten gehört die sozial- und umweltverträgliche Unterbringung kleinerer, heute meist emissionsarmer Einheiten. Und zu den unerledigten Aufgaben im Bereich des Bauens gehört das Bereitstellen von relativ kleinen, einzeln erwerbbaren, bezahlbaren Parzellen, auf denen man vier- oder fünfgeschossige wirtschaftliche Gebäude selber (mit Kollegen, mit Freunden, mit Verwandten, mit Gleichgesinnten, mit Zeitpionieren und Workaholics usw.) errichten kann. Diese beiden unerledigten Dinge im Zusammenhang zu bearbeiten, könnte das Thema Stadtkultur einen kräftigen Schritt voranbringen.

21. Ein zweiter Modernisierungsschub

Laboratorien der Moderne

Der Modernisierungsprozeß der vergangenen Jahrzehnte dient in erster Linie der Vermehrung privaten Wohlstands durch Rationalisierung, Technisierung, Sektoralisierung, Perfektionierung von separaten Abläufen; er läuft parallel mit einem gesellschaftlichen Dissoziierungsprozeß, der sich heute in einer ganzen Reihe von Problemen äußert. Abhilfe in diesen Problemen wird in erster Linie vom Staat erwartet, der möglichst auch die

Kosten der angehäuften Folgelasten – unserer sozialen und kulturellen Altlast – übernehmen soll.

Wenn die zu beobachtenden Desintegrations- und Auflösungsprozesse das Resultat einer im wesentlichen technischen Modernisierung sind, dann muß man darüber nachdenken, ob die Mängel nicht auch wieder durch einen besseren Einsatz technischer Mittel behoben werden können. Es stellt sich also die Frage nach einem zweiten Modernisierungsschub, an dessen Ende mehr Kreativität, produktiveres Handeln, mehr Kooperation und mehr Urbanität stünden.

»Neue urbane Ideen sind gefragt, um die großen Städte, ›Laboratorien der Moderne‹, die immer öfter den Geburtsort rechtsextremen Denkens und Handelns bilden, mit Leben zu füllen und die Städte der Zukunft zu schaffen. Gegen den ›Krieg in den Städten‹, die zahlreichen Gewalteruptionen ist eine zivilisierende, zivilgesellschaftliche Kraft vonnöten, andernfalls werden die gesellschaftlichen Desintegrationstendenzen zu einer zentrifugalen Kraft, die die Fundamente der westeuropäischen Zivilgesellschaften zu zerschleudern droht. Die Konstruktion Europas ist nur sinnvoll, wenn sie das Beste, das die Nation(alstaat)en hervorgebracht haben, aufhebt und den Zivilbürgern die Möglichkeit eröffnet, stolz auf Europa zu sein.« *(Kowalsky 1992: 14f.)*

In der gegenwärtigen Umbruchsituation steht die Auseinandersetzung über die Aussichten eines Modernisierungsschubs mit neuen Zielen an. In der Tat ist ja die Moderne ein unvollendetes Projekt, solange Urbanität als maßgebliches Ziel der Aufklärung nicht erreicht ist und die produktiven Energien in den Städten nicht auch zur Verbesserung der gesellschaftlichen Verhältnisse eingesetzt werden.

Solange unsere Siedlungsagglomerationen so konstruiert sind, daß die technische und künstlerische Erfindungskraft, das Erziehungs- und Bildungssystem nicht auf die Entfaltung einer zivilen Gesellschaft ausgerichtet sind, daß Grundbedürfnisse wie der Bedarf an Wohnraum nicht befriedigt werden können, daß Ressourcen verschwendet, daß Abfälle und vermeidbarer Autoverkehr nicht vermieden und daß insbesondere Sicherheit, Gesundheit und Leben verschenkt werden, solange ist der Modernisierungsprozeß unvollendet. Um es an einem Beispiel noch einmal drastisch zu verdeutlichen: Solange in unserem Siedlungsgefüge (dazu gehört alles: bebaute Bereiche, Verkehrsadern, Erholungslandschaften, Großindustrien usw.) im Zusammenhang mit der darin herrschenden Mobilität *regelmäßig* Menschen in großer Zahl ohne eigenes Verschulden umgebracht, schwer verletzt und lebenslang zu Behinderten gemacht werden, solange kann nicht die Rede davon sein, daß die Modernisierung insgesamt ein Erfolg ist.

Freizeit wofür?

Der Technisierungsprozeß hat dazu beigetragen, daß es immer mehr Menschen bei insgesamt weniger Arbeitsaufwand immer besser geht. Er führt dazu, daß die Lebensarbeitszeit des einzelnen kürzer wird, mehr freie Zeit bleibt, aber auch dazu, daß immer mehr Menschen, die arbeiten möchten, keine Arbeit mehr finden. Die bessere Verteilung der Arbeit und die sinnvolle Verwendung der freien Zeit sind Aufgaben, die – so meine ich – ganz direkt etwas mit dem Angebot der Städte für den Alltag der in ihnen Lebenden zu tun haben.

Die unzureichende Verteilung der Arbeit liegt nicht zuletzt auch darin begründet, daß die Wirtschaft und die Stadtkultur einander entfremdet, daß beide nicht mehr ineinander verwoben sind. Und genauso resultiert die immer ausschließlichere Hingabe der Menschen an die elektronischen Medien und an die Faszination der motorisierten Freizeitbewegung auch aus der zunehmenden Segmentierung der Zweckentfremdung der Städte – ein Trend, dem Planung und Politik Vorschub leisten.

Soll man die Menschen zu ihrem Glück zwingen? Natürlich nicht. Aber man soll sie auch nicht einfach ins Unglück laufen lassen oder ihnen die Chance zum Glück verbauen.

Stadtkultur als neu zu entdeckende Perspektive

Aus der Notwendigkeit eines zweiten Modernisierungsschubs ergibt sich fast unerwartet die Aussicht auf eine Neuentdeckung der Stadtkultur, auf eine Wiederbelebung des städtischen Alltags. Die Stadt ließe sich in allen ihren Teilen zu einem Umschlagplatz für Kreativität und Produktion, zu einem »Laboratorium der Moderne« entwickeln. Aber ich denke, daß das ohne einen viel engeren Kontakt zwischen der Sphäre der Produktion und den übrigen Lebensbereichen nicht erreichbar ist.

Viele Menschen haben heute freie Zeit übrig, anderen fehlt Zeit. Wir glauben, die dabei entstehenden Probleme durch institutionalisierte Projekte der Betreuung, Versorgung, Beratung und Erziehung und durch einen umfangreichen Apparat an Freizeitorganisation (Fernsehen, Video, Cassetten, Vergnügungsstätten, Sportarenen, Disneylands usw.) in den Griff bekommen zu können. Und wir wundern uns dann, daß die Menschen nichts mehr miteinander anfangen können. Die alte Idee der Stadt ist eigentlich nichts anderes als die Herstellung einer Kommunikation zwischen den Menschen, die zu viel, und denjenigen, die zu wenig Zeit haben. Leute, denen es zuhause langweilig ist, setzen sich an der Straße auf eine Bank und »beaufsichtigen« Kinder. So einfach geht das heute nicht: Kinder müssen erzogen werden, man kann sie nicht der Straße überlassen. Aber wetten, daß Kinder früher auf der Straße mehr gelernt haben (soziales Verhalten, Kreativität und Selbstsicherheit) als heute in den städtischen Kindergärten?

Ohne Menschen und ohne Betriebe, die bereit sind, einen Teil ihres Tagesablaufs, ihrer Tätigkeiten dem Leben auf der Straße zu widmen, wird Stadtkultur nicht wiederbelebt werden können. Nur wenn sich Technisierung und Muße »öffentlich« verschränken, kann Urbanität entstehen.

»Die Erwerbstätigen müssen in die Lage versetzt werden, selbst abzuwägen zwischen den Mühen zusätzlicher Arbeitsleistungen und dem Gewinn an Genuß und Bedürfnisbefriedigung, den sie davon haben. Sie müssen das Maß ihrer Arbeit wieder selbst bestimmen können. Das ist die Frage der Zeitsouveränität, wie sie vor gar nicht so langer Zeit in den Gewerkschaften schon einmal ansatzweise diskutiert wurde. Unter der Wucht der Veränderungen der letzten Jahre wurde diese Diskussion jedoch in den Hintergrund gedrängt. Wären die Herausforderungen der ökologischen Krise und die Massenarbeitslosigkeit in Ost und West nicht Gründe genug, dieses Thema mit größerem Nachdruck und einer umfassenderen Perspektive wieder auf die Tagesordnung zu setzen? Und: Wie können wir – im großen und im kleinen – Situationen schaffen, in denen wir wieder frei sind in der Bestimmung unserer Bedürfnisse? Wie können wir die Netze praktischer Solidarität wieder knüpfen, die einen Teil unseres Warenkonsums ganz überflüssig machen? Wie unsere subjektive Armut wieder mit der Erfahrung des Reichtums gelebter sozialer Beziehungen konfrontieren?« (Simon 1992)

Die Antwort auf diese Fragen lautet für mich: Auf jeden Fall auch durch anderes städtebauliches Handeln.

Ohne eine aktive Beteiligung der Wirtschaft läßt sich ein gesellschaftlich orientiertes Projekt der Modernisierung nicht in die Wege leiten. Aber man kann davon ausgehen, daß die aufgeschlossenen Teile der Wirtschaft in der heutigen Umbruchsituation an einer gesamtwirtschaftlich und kulturell ausgerichteten Verbesserung der urbanen Umwelt existentiell interessiert sind. Wir wissen heute, wie teuer es am Schluß wird, wenn die Folgen eindimensionaler Trends nicht rechtzeitig richtig abgeschätzt werden und bei Einzelentscheidungen außer Betracht bleiben. Die Hinterlassenschaften der DDR sind nicht nur Resultate einer menschenverachtenden Politik, sondern auch Folgen eines im Wettbewerb mit dem Westen eindimensional angelegten Wirtschaftssystems. Es ist gar nicht so weit hergeholt, daß auch unser westliches, an der weltweiten Konkurrenz ausgerichtetes Wirtschaftssystem zu zwar anderen, aber ähnlich destruktiven Ergebnissen führen könnte.

Daß Wirtschaft und Stadtkultur zusammengehören, ist eine Feststellung, die vielen naiv erscheinen mag. Ich denke aber, daß die Wirtschaft selbst am besten weiß, daß sie andere Impulse als nur die immer weiterer technischer Perfektion benötigt. Solche Impulse können gerade aus kulturellen Momenten, aus einer neuen Form des Städtebaus, einer Wiederentdeckung des Städtischen hervorgehen.

Ich fand es äußerst frappierend, zu sehen, wie große Wirtschaftsunternehmen mit Plakataktionen auf die Welle der Ausländerfeindlichkeit in den letzten Monaten reagierten. Plötzlich waren Wirtschaftswachstum und Wohlstand auch wieder ein Produkt kultureller guter Nachbarschaft mit Menschen aus fremden Ländern und mit fremden Traditionen, ein Produkt vielleicht auch von Urbanität.

22. Die Innenstadt als Modell zukünftiger Urbanität

Das Programm

Wenn wir unsere städtebaulichen Pläne »wieder in Ordnung bringen wollen« (Giurgola 1979: 95), müssen wir ein Konzept finden, mit dem die Stadt so umgestaltet werden kann, daß sie wieder ein Ort der Öffentlichkeit wird. Wie ich im Verlauf dieser Untersuchung gezeigt habe, genügt es dafür nicht, einfach Straßen und Plätze für Fußgänger anzulegen und zu warten, bis die Gesellschaft dieses Angebot annimmt.

Öffentlichkeit in einem öffentlichen Raum ist mehr als ein gestalterisches Ambiente: Sie ist die konkrete Verwirklichung eines gesellschaftlichen »Aggregatzustands« (Bahrdt 1961). Wie wir gesehen haben, bedarf es eines zweiten Modernisierungsschubs, um die Ungleichheiten, die in der privatisierten Stadt zuungunsten der öffentlichen Belange (und der Gesamtwirtschaft) entstanden sind, abzubauen. Wahrscheinlich sind heute bereits 90 Prozent und mehr der bebauten Flächen in den europäischen Städten nach dem Prinzip Entflechtung und Isolierung angelegt, und täglich greift dieses Prinzip auf den verbliebenen Rest über, um die rückständigen Quartiere der modernen Stadt einzuverleiben. Die Möglichkeiten einer wirksam gegensteuernden Stadtreparatur sind damit nicht sonderlich günstig. Aber Städte befinden sich ihrer Natur nach in ständiger Veränderung. Eine Chance für unser Programm bietet sich genau in diesem Vorgang des permanenten Umbaus. Genutzt werden kann diese Chance nur, indem genügend Menschen, vor allem solche, die davon unmittelbar profitieren können – ich denke hier besonders an Frauen und junge Unternehmer –, für ein solches Programm (im übertragenen Sinne) auf die Barrikaden gehen. Und wenn in einigen Städten die notwendigen Projekte in Gang gesetzt werden, die notwendig sind, um das Programm anschaulich zu demonstrieren.

Im Moment erscheint die Prognose, die Vorurteile gegen einen neuen Städtebau könnten überwunden werden, ziemlich gewagt. Aber es gibt eine Reihe von Faktoren – einige habe ich oben genannt –, aus denen sich auch eine realistische Aussicht auf ein urbanistisches Entwicklungsfenster ableiten läßt.

Große Architektur und Disneyland

Die Architekten der Postmoderne unterstellen, daß sich Urbanität wiederherstellen läßt, indem man an die Typologie der historischen Stadtarchitektur anknüpft. Sie tun dies jeweils auf eigene, ganz unterschiedliche Weise. Gemeinsam ist ihnen die Auffassung, daß Urbanität ein Ausfluß insbesondere von Monumentalität ist. Alles übrige ergebe sich dann wie von selbst. In diesem Denken ähneln sie den Schöpfern von Disneyland, die erkannt haben, daß die Sehnsucht der Menschen nach der verlorenen Zeit wenigstens oberflächlich durch Imitation des Alten gestillt werden kann – und es ist natürlich kein Ausrutscher, daß beim Bau von Eurodisney eine ganze

Reihe der postmodernen Prominenz beteiligt war. Hier wie in den Städten bleibt es aber bei reiner, allenfalls zeitgemäß verfremdeter Nostalgie.

In seinem Buch *Die Architektur der Stadt. Skizze zu einer grundlegenden Theorie des Urbanen* (1973) hat Aldo Rossi versucht, die prägende Bedeutung des Architekturmonuments für die Stadt herauszuarbeiten. Den Begriff des Monuments stellt er dabei dem Begriff des Milieus gegenüber. Milieu könne man nicht schaffen, es könne sich bestenfalls aus der Architektur, aus dem zeitlichen Nacheinander ihres Entstehens, das sie zu monumentalen Zeichen historischer Ereignisse mache, ergeben. Den Thesen Rossis zufolge ist die Stadt dort, wo große Architektur ist. Seine Bauten und die seiner Mitstreiter zielen deshalb vor allem darauf ab, diesen Anspruch zu erfüllen.

Wenn man die Bedeutung der Stadt in der Herstellung von Öffentlichkeit sieht (und nicht nur von Milieu), kommt man mit den Thesen Rossis nicht sehr weit. Bei der Herstellung von Öffentlichkeit kommt es zwar auch auf Architektur mit ihrer geschichtlichen Komponente an, aber eben nicht allein und nicht in erster Linie. Entscheidend ist das städtebauliche Gefüge, von der die Architektur nur ein Teil ist und die dieser Architektur ganz spezifische Rahmenbedingungen vorgibt.

Recht hat Rossi, wo er sich dagegen wehrt, daß *Architektur* aufgrund vorhergeahnter Bedürfnisse der Stadtbevölkerung ein geeignetes Milieu erzeugen könne. Ein Irrtum ist es in meinen Augen, anzunehmen, daß Architektur dasselbe ist wie *Städtebau*. Und daß die Regeln, die bei Rossi für die Architektur aufgestellt werden, auch automatisch für den Städtebau gelten. Ich schließe mich da gerne Wolf Jobst Siedler an, der in einem Artikel über die Straße »Unter den Linden« in Berlin die Gefahr einer »Abdankung der Stadt vor Investoren und Architekten« beschreibt:

»Die gegenwärtige Auseinandersetzung über den Stadtraum der *Linden* findet also auf einer falschen Ebene statt. Man streitet fast ausschließlich über die Wahl der Architekten. Waren die richtigen Leute eingeladen worden? Warum war diese oder jene internationale Koryphäe nicht dabei? Wie war die Jury zusammengesetzt gewesen...? Ist das Ergebnis passabel, befriedigend oder sogar vorzüglich? Hätte sich etwas Besseres denken lassen? Das sind die Themen, die leidenschaftlich diskutiert werden... Natürlich geht Stadtplanung, die nicht das Spektakuläre, sondern die Stadt im Auge hat, genau umgekehrt vor. Sie kommt zuerst mit sich selber ins reine, welche Funktionen im Stadtzusammenhang ein Areal haben soll und was daraus für die Straße folgt. Daraus geht dann alles Weitere hervor, auch und vor allem die Nutzung der Straße, also der Anteil und die Verteilung von Wohnungen, Geschäftsräumen und Büroflächen in den einzelnen Häusern... Erst wenn alle diese Fragen entschieden sind, sind die Baumeister am Zuge, um mit den Mitteln der Architektur zu klären, wie die verschiedenen Baukörper, also die Häuser und deren der Straße zugewandten Fassaden, aussehen sollen. Nur so könnte der moderne Boulevard einer Metropole entstehen: der lebendige Schauplatz urbanen Lebens.« (Siedler 1993)

Der Starkult der modernen Architektur ist in äußerstem Maße stadtfeindlich.

Aus der Tradition lernen

Mein Programm läuft nicht darauf hinaus, einfach die Stadt der Vergangenheit zu kopieren. Die Versuchung hierzu läge allzu nahe, weil doch viele Straßen und Plätze in historischen Altstädten heute noch einen Widerschein öffentlichen Lebens produzieren.

Daraus folgt nun aber noch lange nicht, daß wir bei der Wiederbelebung des öffentlichen Raums auf das Modell der herkömmlichen Stadt verzichten können. Es geht darum, die Art, wie dieses Modell arbeitet, verstehen zu lernen und daraus das zu übernehmen, was in unsere Zeit paßt: das Modell in zeitgemäße Bedingungen zu übersetzen. Der Rückgriff auf die Konstruktionselemente des öffentlichen Raums, wie wir sie kennengelernt haben, gehört zu diesem Verfahren solange, wie uns für die Wiederbelebung urbaner Verhältnisse nichts Besseres einfällt.

Ähnlich wie die Architekten der Renaissance die Ruinen der klassischen Antike studiert haben, um daraus ihre eigene Architektur zu entwickeln (die nirgends eine reine Kopie der klassischen war), müssen wir vorgehen, wenn wir die geeignete städtebauliche Form für den neuen Modernisierungsschub finden wollen. Die Albertis und Brunelleschis der Renaissance haben sich gerade auch mit den Details der Alten auseinandergesetzt und viele dieser Details übernommen und weiterentwickelt. Ähnlich müssen wir mit den Konstruktionsdetails (den kombiniert physisch und sozialen Details) des herkömmlichen Stadtraums umgehen: Im Interesse der Grundidee müssen wir wieder an diesen Details ansetzen, um sie entsprechend den Bedingungen modernen Zusammenlebens zu übertragen. Diese Übertragung kann immer nur als Leistung möglichst vieler sozialer Gruppen – gerade auch der Minderheiten mit ausgeprägt eigenem kulturellen *background* – gelingen.

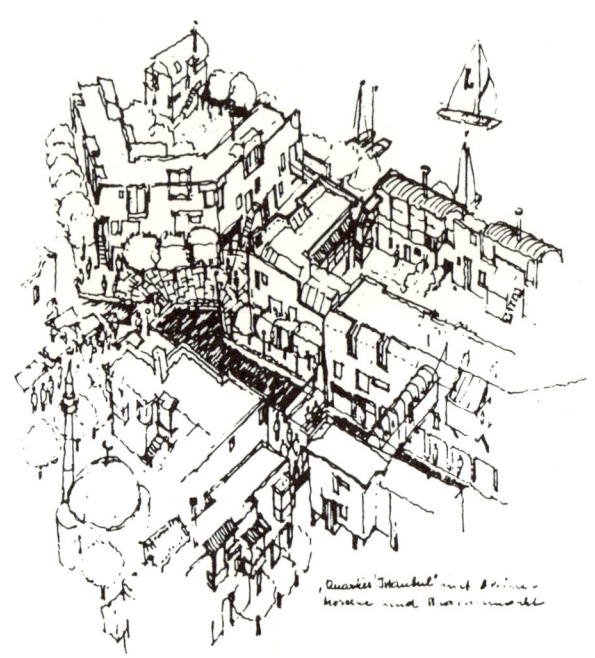

45   *Versuche zur Wiederherstellung der Stadt 1:*
Wohnquartier mit kleiner Moschee und Straßenmarkt in Berlin-Tegel (Erskine)

»Die äußere Erscheinung der Dinge und ihre Art zu funktionieren hängen untrennbar zusammen, und dies nirgendwo mehr als in Großstädten... Es ist sinnlos, die äußere Erscheinung einer Großstadt zu planen oder darüber Betrachtungen anzustellen, wie man ihr einen angenehmen Eindruck von Ordnung verleihen könnte, wenn man nicht weiß, welches die Gesetze sind, nach denen sie von innen her funktioniert. Wenn man in erster Linie nach dem äußeren Anschein strebt oder diesen als Hauptfaktor empfindet, riskiert man nur Verwirrung und Schwierigkeiten.« (Jacobs 1963: 17)

Diesem Votum werden alle Architekten sofort zustimmen; aber sie verwechseln dabei das innere Funktionieren der Architektur mit dem inneren Funktionieren der Stadt, dem die Architektur sich einzufügen hat. Diese Einstellung spricht aus fast allen Veröffentlichungen der Architekturzeitschriften: Die vorgestellten Werke werden grundsätzlich so präsentiert, daß sie konsequent aus ihrer Umgebung herausgeschnitten sind, daß man also das Zusammenwirken des Projekts mit der Stadt weder studieren noch kontrollieren kann.

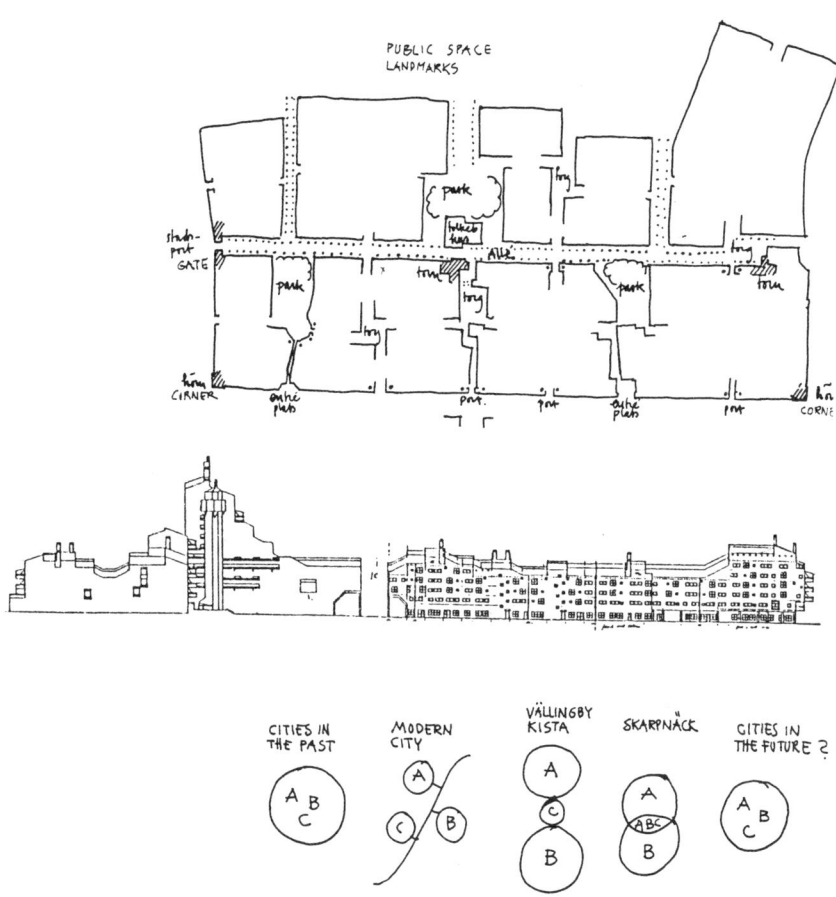

46 Versuche zur Wiederherstellung der Stadt 2:
Neuer Stadtteil Skärpnack/Stockholm – Wiederentdeckung des Straßenraums,
Annäherung von Wohnen und Arbeiten

Stadtumbau

Unserer Umbruchszeit stellt sich die Aufgabe, ein Konzept für eine Weiterführung der Moderne zu finden, das mit der Wiederbelebung des öffentlichen Raums verbunden werden kann. Dieses Konzept muß darauf angelegt sein, innerhalb des vorhandenen Stadtgefüges (das ja nun einmal besteht und nicht einfach durch ein anderes ersetzt werden kann) Verbesserungen anzubringen und den privatistischen Charakter der Städte zu mildern. Es geht darum, zunächst an denjenigen Stellen der Stadt, an denen ein Umbau so oder so ansteht – etwa auf Stadtbrachen jeder Art –, mit der Herstellung deutlich erkennbarer städtischer Strukturen zu beginnen.

Wenn es gelingen sollte, in dem sich zerfasernden Stadtgefüge urbane *Inseln* und *Stränge* in der Gestalt eines möglichst zusammenhängenden Netzes neu zu installieren (natürlich unter Mitverwendung der noch bestehenden Inseln traditioneller Gestalt), wäre schon viel gewonnen. Stadtkultur und gesamtwirtschaftliche Orientierung sind nur durch die Wiederentdeckung von städtischer Dichte und städtischer Nutzungsmischung zu erlangen. Aus diesem Konzept müssen sich dann fast automatisch ein anderer Umgang mit den Problemen des Verkehrs, eine radikal andere Ausnutzung des Bodens, neue Möglichkeiten für die Rationalisierung des Bauens sowie neue Ansätze für die Bewirtschaftung der vorhandenen Bausubstanz ergeben.

Innerstädtischer Charakter hat nichts mit Citybildung, mit Hochhäusern, Dienstleistungszentren, Kulturmeilen und ähnlichem zu tun. Innerstädtisch sind Gebiete, die relativ klein parzelliert sind, eine große Vielfalt verschiedener Nutzungen an jeweils kurzen Straßenabschnitten aufweisen, in denen Straßen als Aufenthaltsort ihrer Anwohner fungieren und die nur so hoch bebaut sind, daß auch vom obersten Geschoß noch ein direkter (Ruf-)Kontakt zur Straße möglich ist. Dieter Hoffmann-Axthelm hat die Bedeutung der Parzelle für die Qualität und die Geschichtlichkeit eines Stadtviertels im einzelnen prägnant herausgearbeitet (Hoffmann-Axthelm 1992: 51); sie ist ein Grundelement des Innerstädtischen, ohne das eine kommunikative Öffentlichkeit in der Stadt nicht erreicht werden kann.

Die für den Stadtumbau vorgeschlagenen Inseln und Stränge dürfen nicht als Nebenzentren verstanden werden. Sie sollen gerade nicht zuerst zentralörtliche Funktionen aufnehmen, sondern in einer nichturbanen Umgebung eigenständige Elemente mit innerstädtischem Charakter sein, mit Straßenräumen, denen für das Alltagsleben im Quartier ein hoher Gebrauchswert zukommt.

Inseln werden sich vor allem an denjenigen Stellen in der Stadt ausbilden lassen, wo eine Neuordnung ohnehin ansteht, bei der Auflassung oder Verlagerung von Gewerbebetrieben, bei der Auflösung von Garnisonen, aber auch dort, wo in früheren Jahrzehnten mit Grund und Boden zu großzügig umgegangen wurde und sich die Möglichkeit einer nachträglichen Umgestaltung anbietet.

Stränge sind größere Straßenzüge, die die Inseln untereinander zu einem Netz verbinden. Durch einen Rückbau des Verkehrs kann ein Teil des bestehenden übergeordneten Straßennetzes fußgängerfreundlich umgestaltet und neu bebaut werden, so daß diese (etwa nach dem Muster traditioneller Boulevards angelegten) Verbindungsräume wieder wertvolle Bestandteile des Stadtgefüges werden.

Modernisierungs-Komponenten

Wichtigster Bestandteil eines kulturellen Modernisierungsschubs ist zweifellos der Umbau des Verkehrsgefüges. Nachdem dieses heute fast den gesamten städtischen Straßenraum in Anspruch nimmt, sind Veränderungen gerade hier die allererste Voraussetzung für alles andere. Zur Rationalität in einem ausdrücklich innerstädtisch konzipierten Stadtgefüge gehört, daß die verschiedenen Verkehrsmittel nach gesamtwirtschaftlichen Prinzipien und unter Beachtung der kulturellen Folgewirkungen eingesetzt werden. Dem individuell genutzten Auto wird das Attribut der größtmöglichen Mobilität aberkannt werden müssen. Es wird zu einem Gegenstand der reinen Zweckmäßigkeit einerseits und des schönen Luxus andererseits werden. Beide Aspekte erfordern eine gesetzliche Beschränkung im Gebrauch – es kann nicht der Einzelperson überlassen bleiben, wieviel Autoverkehr sie produziert und konsumiert. Für den Stadtverkehr sind alle anderen Verkehrsmittel im Grunde besser geeignet als das Auto, sobald die Stadt erst wieder an Kompaktheit gewonnen hat: die eigenen Füße, Fahrräder, Taxen und Mietautos, das Angebot öffentlicher Verkehrsmittel. Auch der Fahrzeugpark wird sich in einem rationalen Stadtverkehrssystem kräftig verändern: verbesserte Busse, andere (auch viel kleinere!) Lastwagen, Selbstfahrtaxen werden das konventionelle Angebot ergänzen und großenteils auch ersetzen.

Der Ausstieg aus dem Zeitalter des Autos ist schon zum Schutz von Leben und Gesundheit zwingend. Der Krieg auf den Straßen des zivilisierten Westens muß aufhören.

Schon unter wirtschaftlichen Gesichtspunkten wird sich aus den Veränderungen im Verkehrsgefüge eine weitere Komponente der Modernisierung

47 *Versuche zur Wiederherstellung der Stadt 3:*
Weiterführung der Stadthaustradition in Amsterdam

ergeben: die Rückkehr eines großen Teils des Gewerbes in die Stadtviertel. Arbeitsplätze in stadtverträglichen Betrieben und die Dienste werden wieder zu den Menschen kommen und nicht umgekehrt. Ist es rational, wenn in einer Wohlstandsgesellschaft diese Dinge so angeordnet sind, daß sie äußerst unbequem zu erreichen sind? Spart dabei nur das einzelne Unternehmen oder auch die Volkswirtschaft?

Mit einem neuen Interesse an innerstädtischen Lagen, an flexibler parzellierter Bebauung muß sich auch die Gebäudewirtschaft auf neue Konzepte einstellen. Benötigt werden Baukastensysteme, aus denen auch auf kleineren Parzellen rational Rohbauten erstellt und dann individuell ausgestattet werden können. Das herkömmliche, gemischtgenutzte Stadthaus bietet zweifellos noch einen weiten Spielraum für die Entwicklung attraktiver, zeitgemäßer Varianten. Gerade das Projekt der Vorfertigung ist ein Stück steckengebliebener Moderne – wofür mit Sicherheit das in den vergangenen Jahrzehnten bevorzugte Bauen in offener Bauweise mit den daraus entstehenden Ansprüchen der Repräsentation zu großen Teilen verantwortlich ist. Benötigt werden mehr Bauteilsysteme, die sowohl professionell als auch mit Eigenleistungen und in Selbsthilfe angewandt werden können. Diese Systeme müssen aber keineswegs in riesigen Serien in Großfabriken gefertigt werden – sie können und sollen durchaus auch ein Produkt moderner, dezentraler Manufakturen sein.

Ein weiterer Modernisierungsschritt ist im Bereich der Verwaltung von baulichen Nutzflächen zu erwarten. Gebraucht wird eine höhere Flexibilität bei der Inanspruchnahme der Flächen. Für produktive Firmen sind Mietflächen oft flexibler handhabbar als Flächen im Eigentum. Eine Nutzflächenbörse wird künftig zu den Selbstverständlichkeiten in der Stadt gehören.

Der Umbau der städtischen Technologie wird sich nicht auf die eigentliche Stadtstruktur beschränken. Ich bin überzeugt, daß die Rückkehr der gewerblichen Wirtschaft in die Stadtquartiere auch mit der Fortentwicklung der Produktions- und Kommunikationstechnologien Hand in Hand gehen wird.

Wiederherstellung der Konfrontation des Öffentlichen und des Privaten

Ohne die klassischen Konstruktionselemente des Stadtraums wird es nicht – jedenfalls zunächst nicht – möglich sein, das wiederherzustellen, was die Stadt wirklich ausmacht: die Konfrontation des Öffentlichen und des Privaten. Nutzungsmischung, Mannigfaltigkeit der Nutzungen, Augen auf die Straße, Umschlossenheit des Straßenraums und das Gassenfenster: Diese Elemente werden in den künftigen Inseln des Urbanen – sicherlich in einer neuen Ausformung – für die städtebauliche Struktur wieder bestimmend sein müssen, damit *la conversatione discreta e il confronto delle idee* wieder ihren selbstverständlichen Platz finden können.

Zur Wiederentdeckung der Urbanität gehört, daß auch ein Stück Chaos, eine gewisse Wildheit des Städtischen zurückkehrt. Heute wird die Stadt immer eintöniger, uniformer; ihr Chaos beschränkt sich auf die Durchsetzung von Eigeninteressen und auf das rücksichtslose Übertrumpfen. In Zukunft muß sich die Vielfalt der Bedürfnisse und Vorlieben wieder mehr in kleinmaßstäblichem Wildwuchs, in Nischen, in der Mobilisierung von räumlichen Ressourcen ausleben: Dies ist innerhalb einer innerstädtischen Grundstruktur möglich, in der die Stadtkultur die Maßstäbe setzt – im Gegensatz zur privatisierten Stadt, wo alles seine (privat-)wirtschaftlich motivierte Ordnung hat, wo alles einsortiert, funktional begründet und legitimiert ist.

Flexibilität ist eine entscheidende Eigenschaft des Innerstädtischen. Die herkömmlichen Städte haben sich durch permanenten Umbau stets an ver-

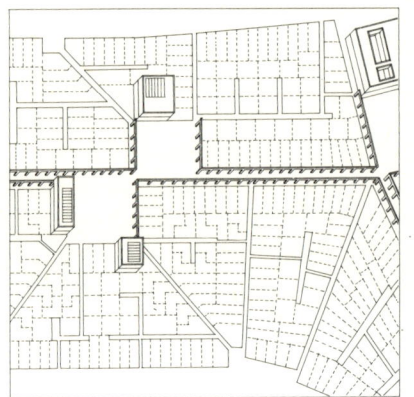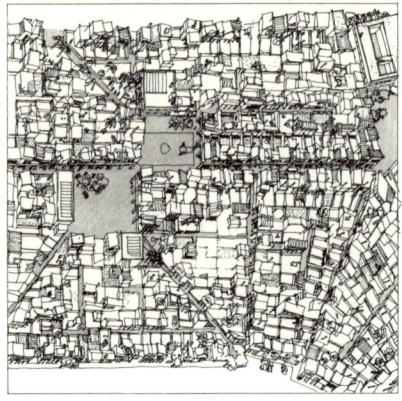

48   Versuche zur Wiederherstellung der Stadt 4:
Städtische Fassung für „regelwidriges" Bauen in Manila (Holl)

änderte Bedingungen anpassen können, weil sie auf einem anpassungsfähigen Konzept beruhten. Diese Qualität muß wieder erreicht werden. Sie ist auch unter modernsten Aspekten sinnvoll und aktuell. Nicht anpassungsfähig und inflexibel sind die Produkte der rationalen Stadt. Hier ist fast kein Umbau möglich, nur Abriß und Neuordnung. Schon die Architektur der *buildings*, der umfassenden Ästhetisierung verbittet sich jeden Eingriff in das einmal realisierte künstlerische Konzept.

Schwierigkeiten des Entwerfens

Das Übertragen traditioneller Elemente in eine zeitgemäße Entwurfspraxis kann allzu leicht in ein So-tun-als-ob abgleiten, in die Simulation eines nur vermeintlich städtischen Stadtgefüges. Deshalb ist möglicherweise der umgekehrte Weg, die bewußte Unterbindung des Stadtfeindlichen in der modernen Entwurfspraxis, wie es Steven Holl anhand seines Mailänder Projekts von 1986 beschrieben hat, ein adäquateres Verfahren. Allerdings kommt es dabei darauf an, daß wirklich die stadtfeindlichen Faktoren allesamt verworfen werden und nicht nur zum Teil, wie es – so meine ich – bei Holl der Fall ist.

Immerhin ist Holls Interpretation seines eigenen Projekts ein anspruchsvoller Versuch der Avantgarde, sich aus gängigen modernen (und postmodernen) Entwurfstabus herauszuwinden:

172

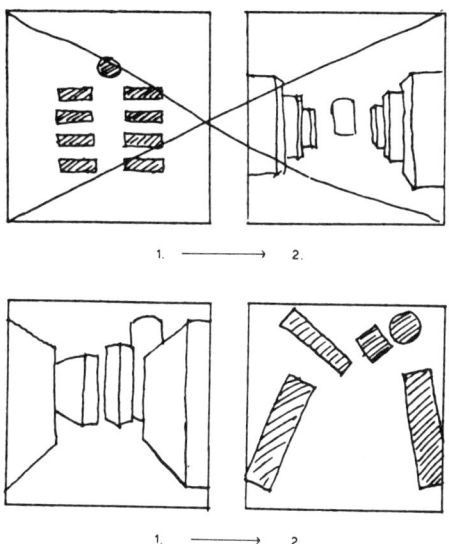

49 Versuche zur Wiederherstellung der Stadt 5:
von der Geometrie zum Raum – eine didaktische Anweisung (Holl)

»Drei traditionelle stadtplanerische Herangehensweisen wurden verworfen. Das flexible Planungsmittel des Rasters wurde aufgegeben wegen seiner Tendenz, alles zum Mittel des Block-für-Block-Auffüllens zu machen. Als zweites wurde die Methode aufgegeben, historisch vorgeprägte Gebäudetypen entsprechend einer vorgefundenen Morphologie der Stadt anzuordnen. Schließlich wurde ingesamt die Methode verworfen, einen Entwurf als Plan zu konzipieren, dem später eine dreidimensionale Ausformung folgt.

Die angewandte Strategie kehrt den normalen Entwurfsvorgang der Architekten (vom Grundriß zu Schnitt, Ansicht, räumlicher Perspektive) um. Statt dessen werden perspektivische Skizzen von räumlichen Situationen zurückübersetzt in Planfragmente, die dann zu einem Gesamtentwurf zusammengesetzt werden. Natürlich impliziert die Perspektivzeichnung Zusammenhänge zwischen Elementen. Diese räumlichen Konfigurationen werden als Abbild einer spezifischen Tätigkeit, als Anhaltspunkte für die Rekonstruktion eines Programms verwendet. Bilder menschlichen Tätigseins, die aus verschiedenen Quellen gesammelt sind, werden mit den perspektivischen Ansichten überlagert, um die Analyse herauszufordern.« (Holl 1989: 97)

Im Ergebnis führt der hier beschriebene Weg ohne die direkte Anleihe beim umschlossenen Stadtraum der traditionellen europäischen Stadt zu einem in der Wirkung vergleichbaren räumlichen Gefüge. Ein erster Schritt ist

173

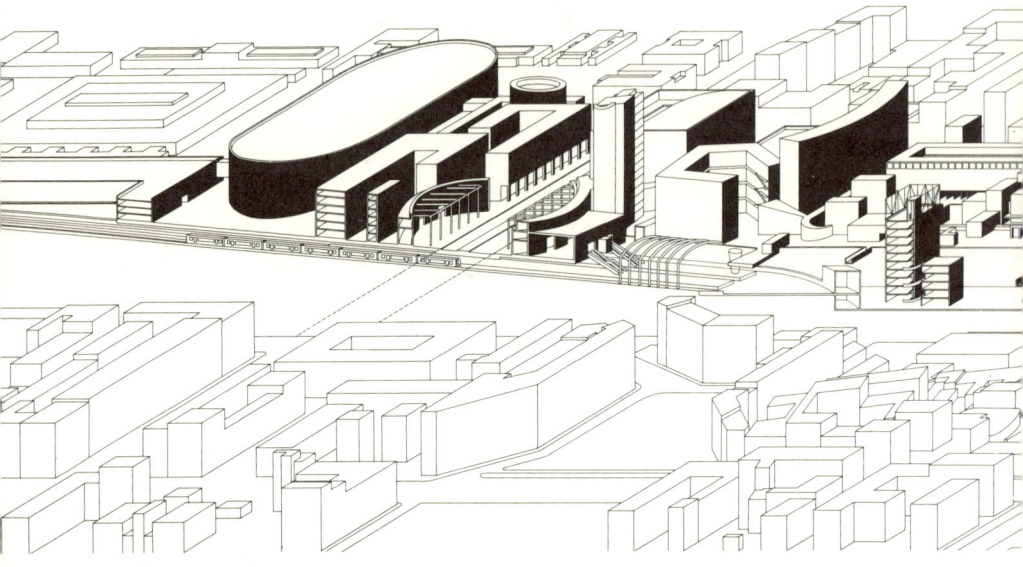

50   *Versuche zur Wiederherstellung der Stadt 6:*
Projekt für eine Neudefinition des Stadtraums in Mailand/Porta Vittoria (Holl)

damit getan. Ihm müssen allerdings weitere folgen: Auch die anderen Elemente, die zur Verwirklichung des öffentlichen Raums führen, sind neu zu erdenken, aus aktuellem Alltagshandeln neu abzuleiten und müssen als neue räumliche Bauelemente des Städtischen Eingang in die Entwurfspraxis finden.

Der Stadtplan von Jaipur

In Europa hat sich der Übergang von der herkömmlich geprägten Stadt zur rationalen Stadt nicht durch die Hereinnahme neuartiger Stadtelemente in die traditionale Stadt und die Verschmelzung beider zu einem neuen Ganzen vollzogen. Vielmehr haben sich die Elemente der Moderne zunächst an den Rändern der Stadt etabliert, um sich von dort aus das gesamte Gefüge anzuverwandeln. Auch die noch vorhandenen Reste der traditionalen Stadt müssen dieser Entwicklungslogik zufolge eines Tages verschwinden.

Der moderne Europäer sieht deshalb einen Stadtgrundriß, ein Stadtgefüge, ein Straßennetz nicht so sehr als ein Produkt verschiedener Epochen

174

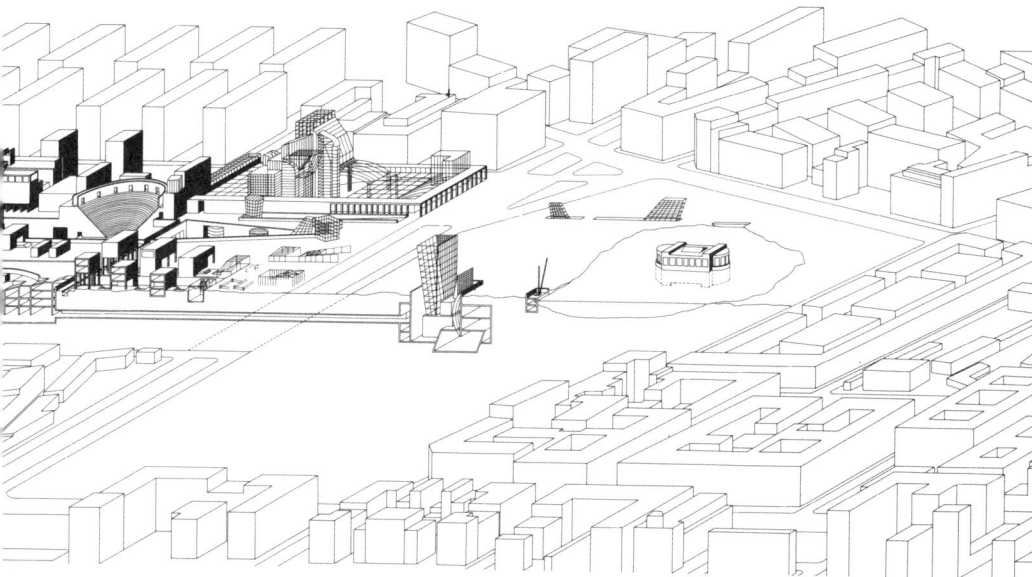

und Perspektiven, verschiedener Bedürfnisse und Stile, sondern als ein zufällig so Gewordenes im Zustand der Entwirrung, auf dem Wege vom Chaos zur Ordnung. Alle europäischen Idealstädte sind letztlich Beispiele dafür, wie die Stadt am Ende auszusehen hat. Sie legen das Muster der rationalen Straßenführung über die gesamte Stadt. Beispiele der Entwirrung sind schon die frühen Stadtsanierungen des 19. Jahrhunderts, die stets ausgerechnet an ganz zentralen Stellen, etwa am Mercato Vecchio in Florenz, in der Umgebung der Dome in Mailand, in Köln und ebenso in vielen anderen Städten angesetzt haben. Jedesmal wird dabei das alte Prinzip, in dem sich Gebäudeblock und Straßenraum gegenseitig hervorbringen, radikal außer Kraft gesetzt.

Ein für uns fremdartiges Muster, wie es der Stadtplan der indischen Stadt Jaipur zeigt, ist für uns deshalb lehrreich, weil er demonstriert, wie Rationales und Traditionelles zusammen ein Ganzes bilden können. Der Plan zieht aus der Zunahme an Mobilität nicht die Konsequenz, die Stadt zu einer Stadt des alles bestimmenden Verkehrs zu machen. Er setzt das Mittel eines Gitternetzes aus Boulevards ein, um die herkömmlich gestalteten Viertel vor der Zerstörung durch die Mobilität zu bewahren. Die Anwendung des Straßenrasters im Stadtgefüge ordnet sich den Anforderungen an

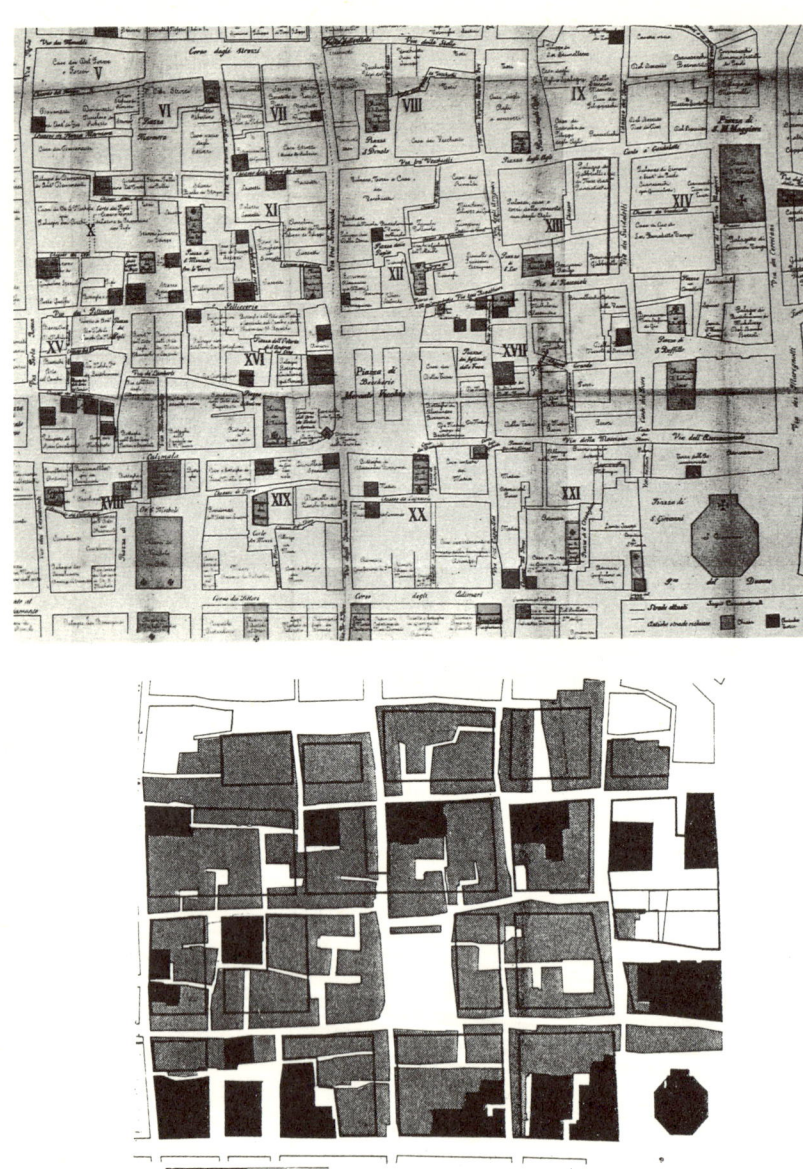

51   Florenz: Modernisierung des 19. Jahrhunderts im Bereich des Mercato vecchio

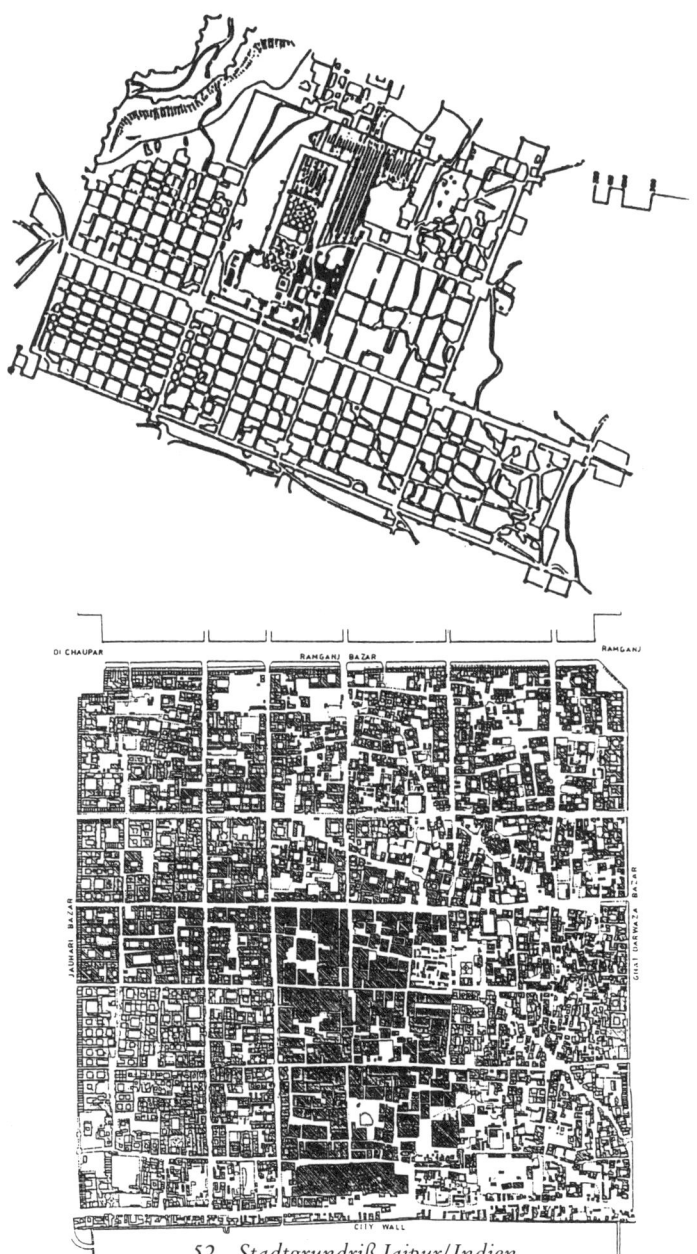

52   *Stadtgrundriß Jaipur/Indien*

177

den innerstädtischen Straßenraum unter. In den einzelnen Vierteln bleiben die lebendigen Muster des innerstädtischen Alltags erhalten.

Dieses Kompensationsprinzip hat für den Europäer etwas Überraschendes. Es zeigt uns einen Weg zur Verbindung von herkömmlich Bewährtem mit zwingenden Notwendigkeiten der Modernisierung.

Die Inseln und Stränge, die ich für den Umbau unserer Städte vorgeschlagen habe, müssen in einer ähnlichen Vorgehensweise in die bestehende Stadt eingebaut werden. Urbane Tradition und moderne Rationalität müssen miteinander eine Verbindung eingehen.

Abschied vom Mythos der Isolierung

Die Politiker bemühen sich heute um eine Stadt der Anspruchserfüllung, die Architekten um eine ästhetische und praktikable Stadt, die Ökologen um eine naturverträgliche. Was sie alle nicht bedenken: Wenn das Objekt, um das sie sich bemühen, keine Stadt im genaueren Sinne mehr ist, werden sie ihr Ziel nicht erreichen können. Und zwar nicht nur deswegen, weil Anspruchserfüllung, Ästhetik, Praktikabilität und Naturverträglichkeit allein keine Stadt ausmachen. Sondern auch deswegen, weil ohne Urbanität sich keine wirkliche Anspruchserfüllung, Ästhetik, Praktikabilität und Naturverträglichkeit einstellen kann.

Wir werden künftig mehr denn je in einer Gesellschaft leben, in der sich Menschen und Gruppen der unterschiedlichsten Prägungen auf engstem Raum zusammendrängen – Einheimische und Zugezogene, Ortsansässige und Nichtseßhafte, Arme und Wohlhabende, Gesunde und Kranke, Religiöse und Agnostiker, ethnisch Verwandte und einander Fremde, Weltoffene und in sich Zurückgezogene. Die Stadt wird eine Stadt der Fremden sein. Gerade deshalb muß sie Abschied nehmen vom Mythos der Isolierung – Abschied nicht hin zur Verbrüderung, sondern zu dem, was traditionell die Stadt einmal war: zu einem distanzierten und toleranten Beieinander-Leben.

Den Mythos der Isolierung abzuschaffen bedarf einer gewaltigen Anstrengung. Das ist nicht in erster Linie eine Frage neuer Gesetze, Techniken oder Materialien. Notwendig ist eine Änderung in den Köpfen, also Aufklärung.

Die Presse, die visuellen Medien interessieren sich heute weniger für die Probleme der Stadt als vor zwanzig Jahren, als Denkmalschutz und der Verfall der Altstädte in den Kulturmagazinen Furore machten. Den Ton gibt derzeit ein Architekturjournalismus an, der sich meist gerade auf jene Projekte kapriziert, die den Mythos der Isolierung am radikalsten verwirklichen.

Es kommt jetzt darauf an, daß Politiker, Künstler, Sozialwissenschaftler, Philosophen, Ingenieure – und gerade auch die Architekten und Planer – sich kritisch mit dieser merkwürdigen Anpreisung von Architekturen auseinandersetzen, die letztlich die Auslöschung der Stadt zum Thema haben. Es geht mitnichten um eine heile Welt, sondern um eine alltagstaugliche, vielfältige, kleinteilige und anpassungsfähige, mit vielen Widersprüchen und Brüchen, auch mit Widerwärtigkeiten und Erschreckendem durchsetzte Stadtwelt, in der die Menschen sich mit ihrer Straße, ihrem Quartier identifizieren können. Wo die Menschen als Gegenleistung für das Angebot der Urbanität Verantwortung für ihr Quartier übernehmen und nicht nur Steuern als Ausgleich für Dienstleistungen bezahlen.

Das durch Jahrhunderte bewährte Modell des öffentlichen Raums und seiner konstituierenden Bauelemente muß wiederentdeckt und in neue Formen übertragen werden, damit das Projekt Stadt sinnvoll weiterentwickelt werden kann.

Appell des Deutschen Städtetags

Der Kulturausschuß des Deutschen Städtetags hat am 8. Oktober 1992 *Empfehlungen für das Zusammenleben in den deutschen Städten* beschlossen. Das Eingangskapitel dieser Empfehlungen hat das Präsidium des Städtetags als Appell an die deutschen Städte am 14. Oktober 1992 verabschiedet.

Der letzte Abschnitt dieses Appells befaßt sich mit der Stadt als dem Ort des Zusammenlebens:

»Die Stadt ist weder ein Ort der Monokultur noch des beziehungslosen kulturellen Nebeneinander. Sie muß Ort der Integration und darf nicht Ort der Ausgrenzung sein. Sie muß ein Forum sein, das Konflikte und Auseinandersetzungen zwischen verschiedenen Kulturen im friedlichen Dialog zuläßt. Das Ziel einer europäischen Stadtkultur setzt voraus, daß in ihr Angehörige verschiedener nationaler, ethnischer und kultureller Herkunft im Frieden miteinander leben können.«

Ob sich die Gremien des Städtetags über die Konsequenzen, die aus der Empfehlung zu ziehen sind – wenn man sie ernst nehmen will –, im klaren sind? Sie erfordern, wie ich zu zeigen versucht habe, eine ziemlich radikale Abkehr von der bisherigen Planungspraxis. Es darf jetzt nicht bei einer schönen Proklamation bleiben: Was nottut, ist eine streitbare Politik für bessere Städte. Nur Aufklärung, Gesetzesinitiativen, die Änderung von Verwaltungsvorschriften sowie Projekte, Projekte, Projekte können die Sache voranbringen.

Nachwort:
Zur Verkehrskrise der Stadt

Ungezügeltes Wachstum

Das Verschwinden des öffentlichen Stadtraums hat für die Zunahme des Fahrzeugverkehrs in den Städten ungeahnte Möglichkeiten eröffnet. Gassen, Straßen, Boulevards, die einst für Fußgänger und Fuhrwerke, Kutschen und erste Trams konzipiert waren, werden ebenso wie die später entstandenen Erschließungsstraßen nahezu allein als Flächen für die Bewegung und Deponie von Autos angesehen.

Das Auto gehört heute zur Grundausstattung jedes Privathaushalts, und die Straße ist in den Augen der meisten Autobesitzer ein Medium der Fortbewegung, das man sich durch Autobesitz, Autofahren und Autoparken aneignet. Der Parkplatz vor dem Haus gehört den Anwohnern; Aufgabe der Kommune ist, dafür zu sorgen, daß an jedem Ziel, das der Autofahrer ansteuert, ebenfalls ein passender Parkplatz bereitgestellt wird. Fußgängerbereiche und Straßen, auf denen nicht geparkt werden darf, sind exotische Bereiche, die sich eine Stadt nur an wenigen, besonderen vorzeigbaren Stellen leistet.

Die Vermehrung und Ausdehnung des Fahrzeugverkehrs findet heute seine Grenze allein am physischen Fassungsvermögen der Straße – also am Stau, an der Verstopfung, dem Zustand des Zugeparkten. Ähnliches gilt für die Belastung der Landschaft.

53 *Aneignungen: Wem »gehört« der öffentliche Raum der Städte?*

Was ist Gemeingebrauch?

Der öffentliche Raum der traditionellen Stadt war – dies haben wir längst vergessen – dem Aufenthalt von Personen, der Bewegung von Personen und der Darbietung persönlicher Leistungen gewidmet und vorbehalten. Fahrzeuge konnten in diesem Rahmen und zu diesem Zweck die Straßen benutzen – sie wurden dort aber nicht aufbewahrt und abgestellt, Fuhrwerke und Kutschen gehörten in Schuppen und Remisen ebenso wie in der Anfangsphase der Automobilisierung die Autos in Garagen.

Das Abstellen von Autos auf der Straße ist nicht – wie wir alle heute uns selbst glauben machen möchten – ein Teil des Gemeingebrauchs, sondern

eine Zweckentfremdung, die sich erst in den letzten vierzig Jahren eingebürgert hat und nichts anderes darstellt als eine Beschlagnahme öffentlichen Raums für private Zwecke.

Aber auch das Fahren mit dem Auto auf einer Straße hat in bezug auf das
Öffentlich-in-Erscheinung-Treten des Stadtbewohners eine völlig veränderte Bedeutung gegenüber den traditionellen Verkehrsgewohnheiten
gewonnen. Das öffentliche Verkehrsmittel ist insoweit nicht nur ein von der
öffentlichen Hand betriebenes, sondern mehr noch ein Öffentlichkeit produzierendes Verkehrsmittel.

Illusionen

Interessant ist, daß in der Phase der rapide steigenden Motorisierungsdichte
Politiker und Planer – und mit ihnen der größte Teil der Bevölkerung – sich
in der Illusion wiegen konnten, der wachsende Raumbedarf der Fahrzeug-
welle könne eines Tages irgendwie mit städtebaulichen Zielvorstellungen zur
Deckung gebracht werden.

Noch heute – im Jahr 1993 –, wo die Planer die autogerechte Stadt längst
abgeschrieben haben und sich mit einer verkehrsberuhigten Stadt zufrie-
dengeben, besteht diese Illusion: Die Unterscheidung von Zentrum und
Peripherie läßt in den Köpfen immer noch den Traum weiterträumen, das
Auto lasse sich in die Stadt integrieren. Ein Beispiel ist eine Publikation des
Volkswagenkonzerns *Autofreie Stadt? – Parken mit Vernunft!*

Sind wir uns insgeheim nicht allesamt klar darüber, daß unser Verkehrs-
verhalten den Charakter einer Übergangserscheinung hat? Daß der Individualverkehr in den Städten und der Güterverkehr auf der Straße in aller-
nächster Zeit im Interesse der Städte und der Umwelt – also der Menschen
– rigoros bewirtschaftet, das heißt durch Regelungen der Gesetzgebung
drastisch auf ein erträgliches Maß zurückgefahren werden muß?

Ungleichbehandlung

Durch den Liberalismus, mit dem der Staat den Individualverkehr behandelt, hat sich in den Gemeinwesen der Städte ein beträchtliches Stück
Ungleichbehandlung eingestellt. Wer Auto fährt, belastet die gemeinsame

Umwelt durch Lärm und Abgase, aber vor allem durch die aggressive Existenz des flächen- und raumverbrauchenden Vehikels weit stärker als der U-Bahn-Benutzer, der Buskunde, der Radfahrer und der Fußgänger.

Unter diesen höheren Belastungen, die das Auto erzeugt, leidet der Autofahrer am wenigsten, die anderen Verkehrsteilnehmer weit mehr. Wer im Interesse der städtischen Umwelt auf die Autobenutzung verzichtet, hat unter den Belastungen, die die Autobenutzer erzeugen, am meisten zu leiden. Als Beispiel: Wer darauf verzichtet, am Straßenrand vor seiner Wohnung ein Fahrzeug abzustellen, erlangt für sich dadurch keine Vorteile (indem er dort etwa einen Baum pflanzen könnte), er macht vielmehr den Platz frei für das Auto des Nachbarn von der anderen Straßenseite.

Der Staat verstärkt diese Ungleichbehandlung dadurch, daß er den Autobenutzern erlaubt, die Kosten des besonders problematischen Berufspendelverkehrs bei der Einkommensteuer abzusetzen.

Das Element der Ungleichbehandlung im Verkehrswesen unserer Städte, das den Parkern (und Rücksichtslosen) hilft und die Schwachen benachteiligt, darf man nicht vernachlässigen, wenn man die Frage stellt, warum so viele Menschen auch dann nicht auf ein stadtfreundliches Verkehrsmittel umsteigen, wenn ein durchaus annehmbares Angebot vorhanden ist.

Irrglaube

Fahrzeuganschaffung, Steuer, Versicherung und laufender Unterhalt werden von den Mitgliedern eines Privathaushalts nicht zu den Kosten der Bewegung in der Stadt, sondern quasi zu den Kosten der Wohnung gerechnet. Bei der Entscheidung für die Benutzung des Verkehrsmittels vergleicht man also nur noch die Treibstoffkosten mit den Kosten des öffentlichen Transports.

Um in diesem ungleichen Wettbewerb den geringen Anteil der Benutzer des öffentlichen Transports zu erhöhen, sehen sich viele Kommunen veranlaßt, Subventionen in Millionenhöhe für verbilligte Zeitkarten bei Bus und Bahn auszugeben. Ob für solche Subventionen das Etikett Umweltschutz zutreffend verwendet ist, sei dahingestellt. Jedenfalls gehen diese Gelder den Städten für soziale und kulturelle Zwecke, zum Beispiel auch für einen Stadtumbau im Sinne einer Rehabilitation des öffentlichen Raums, verloren.

Wer glaubt, mit der Serienproduktion von Autos, die weniger (oder gar keine?) Abgase oder weniger (oder gar keinen?) Lärm ausstoßen, sei das Problem gelöst, irrt. Das eigentliche Problem ist die massenhafte Anwesenheit des Objekts Auto in den Städten, in der Landschaft und in den Köpfen.

Untaugliche Projekte

Alle Versuche, die Autokrise durch Verteuerung der Steuer, durch Verknappung und Bewirtschaftung des Parkraums, durch die Einführung von Straßenbenutzungsgebühren an allen Engpässen zu beheben, haben den Nachteil, daß sie die oben festgestellte Ungleichbehandlung noch verschärfen und vor allem die Zahl der zugelassenen Autos kaum verringern werden.

Das Autofahren wird dann zu einem Privileg der Reichen und der Autofanatiker. Die Nichtbeachtung von Verkehrsregeln wird weiter anwachsen, die Verkehrsüberwachung die Kommunen immer mehr beschäftigen.

Solange der Schwerpunkt der Maßnahmen sich auf die städtischen Krisenzonen, die Zentren, beschränkt, bleibt für jeden Haushalt in der Peripherie die Möglichkeit, jederzeit in einer solchen Krisenzone ein Ziel anzusteuern, dort illegal zu parken und nicht erwischt zu werden oder eben doch die erhöhten Gebühren zu zahlen, eine permanente Versuchung. Die Verteuerung des Autofahrens wird schließlich dazu führen, daß Haushalte mit geringem Einkommen an anderer Stelle (etwa bei der Ausbildung der Kinder, bei der eigenen Weiterbildung, bei der Wahl des Standorts und der Größe ihrer Wohnung) sparen werden, um beim Auto keinen Prestigeverlust hinnehmen zu müssen.

Wege zur Rettung des Autos und der Stadt

Jeder Argumentation für eine Einschränkung des Autoverkehrs auf unseren Straßen wird heute entgegengehalten, daß davon unsere Wirtschaft lebe. Offenbar arbeiten wir fast alle nur noch für das Auto. Wenn wir Wege suchen, das Auto *und* die Stadt in eine gesellschaftlich akzeptable Zukunft zu retten, müssen wir diese Sichtweise überwinden. Für eine neue Verkehrspolitik könnten folgende Grundsätze gelten:

– Es muß eine Umverteilung der gefahrenen Kilometer vom motorisierten Individualverkehr weg auf andere Verkehrsmittel stattfinden; die Hälfte bis zwei Drittel des Individualverkehrs müssen abgebaut werden.
– Die hierfür erforderlichen Maßnahmen müssen dem Grundsatz der Gleichbehandlung folgen: Jeder Verkehrsteilnehmer muß an der Umverteilung mitwirken und soll – in beschränktem Umfang – die Vorteile des Individualverkehrs nutzen können;
– Das private Gesamtbudget, das für Verkehrsleistungen ausgegeben wird, ist als gleichbleibend anzunehmen. Allerdings ist die steuerliche Förderung des Autos bei der Fahrt zum Arbeitsplatz und die Unterstützung des öffentlichen Transports durch die Kommunen einzustellen.

Ein neues Verkehrssystem, das umwelt- *und* stadtfreundlich ist, braucht nicht billiger zu sein als das bestehende. Es ist damit auch imstande, denselben Beitrag zur Gesamtwirtschaft zu leisten – allerdings ohne ständig die heute als zwangsläufig hingenommenen (auch wirtschaftlichen!) Schäden zu produzieren.

Das Auto als Bestandteil der öffentlichen Straße

Der große Irrtum des heutigen Verkehrssystems liegt darin, daß das Auto als Bestandteil der privaten Haushalte betrachtet und auch so behandelt wird. Dabei ist dieses Auto überhaupt nur dann funktionstüchtig, wenn es öffentliche Straßen benutzt.

Bisher gehen wir davon aus, daß es den privaten Haushalten überlassen sein soll, wieviele Autos sie auf die Straße bringen und wieviele Millionen Kilometer sie diese Autos auf der Straße fahren lassen wollen. Wenn die Straße nicht nur ein öffentliches Gut ist, sondern mehr noch ein Instrument zur Herstellung von Öffentlichkeit, kann dieses Reglement nur verkehrt sein.

Der Schlüssel für ein neues Verkehrssystem liegt nicht in der Bewirtschaftung der öffentlichen Flächen –, die als solche gerade nicht bewirtschaftet werden können –, sondern in der Bewirtschaftung der Fahrzeughaltung. Und nichts liegt dann näher, als das Halten von Autos ausschließlich noch Agenturen zu überlassen, die dafür eine Zulassung vom Staat haben und die Vermietung an private Nutzer nach Regeln vornehmen, die vom Staat vorgegeben sind.

Um den Gedanken einer Beteiligung aller an der Verkehrs-Vermeidung durchzusetzen, könnte eine dieser Regeln so aussehen, daß jeder Führerscheinbesitzer das Recht bekommt, an 50 Tagen des Jahres einen Wagen zur beliebigen Nutzung auf den öffentlichen Straßen zu mieten. Er hat dann die Möglichkeit, beispielsweise in einer Fahrgemeinschaft mit drei Kollegen täglich mit dem Auto zur Arbeit zu fahren oder das Auto nur ausnahmsweise für die Fahrt zur Arbeit zu nutzen und dafür in weitem Umfang für alle sonstigen Zwecke, Urlaub, Einkäufe, Vergnügungsfahrten zur Verfügung zu haben.

Der große Vorteil des Vermietungskonzepts gegenüber allen anderen Vorschlägen zur Beseitigung der Verkehrskrise liegt darin, daß nur damit der Bestand an Autos drastisch reduziert werden kann (was aber nicht heißt, daß im gleichen Maße weniger Autos produziert werden), daß für den einzelnen die tatsächlichen Kosten der Autobenutzung jederzeit spürbar bleiben, daß jederzeit über einen Wechsel auf ein anderes Verkehrsmittel entschieden werden kann und daß insbesondere das Phänomen der Identifikation des Autofahrers mit *seinem* Auto an Bedeutung verliert.

Das Vermietungskonzept hat alle Vorzüge der Gleichbehandlung, der leichten Verständlichkeit und der raschen Wirksamkeit. Es könnte von den Städten in einer ersten Stufe in der Weise eingeführt werden, daß sie selbst Mietwagenprojekte initiieren und dafür sorgen, daß parallel dazu der Parkraum in der Stadt drastisch reduziert wird.

Natürlich gehören zu diesem Modell entsprechende Maßnahmen im Bereich des Geschäfts- und Güterverkehrs; in der Regel müssen Geschäftsautos so zugelassen werden, daß sie nur in der unmittelbaren Umgebung des Standorts gefahren werden dürfen.

Das Auto ist eine in der Zukunft vertretbare Möglichkeit der Kommunikation nur dann, wenn es in erster Linie als eine öffentliche Dienstleistung betrachtet und behandelt wird – und nicht als Instrument des privaten Haushaltens und Wirtschaftens. Das kann nur eintreten, wenn beim heranstehenden Umbau der Städte die Entfernung zu einer kritischen Größe par excellence wird. Die Stadt der Zukunft muß eine Stadt sein, in der Entfernung durch Nähe und innerstädtischen Zusammenhang ersetzt wird.

Literatur

Alberti, Leon Battista (1966), *L'Architettura*. Mailand.
Arendt, Hannah (1967), *Vita activa oder Vom tätigen Leben*. München.
Arendt, Hannah (1971), *Walter Benjamin, Bertolt Brecht. Zwei Essays*. München.
Alexander, Christopher u. a. (1977), *A Pattern Language*. New York.

Bahrdt, Hans-Paul (1961), *Die moderne Großstadt. Soziologische Überlegungen zum Städtebau*. Reinbek bei Hamburg.
Barthes, Roland (1964), *Mythen des Alltags*. Frankfurt am Main.
Baudrillard, Jean (1990), »Kool Killer oder Der Aufstand der Zeichen«, in: *Aisthesis*, S. 214 ff., Leipzig.
Baudrillard, Jean (1987), *Amerika*. München.
Benjamin, Walter (1955), *Schriften*, Band I. Frankfurt am Main.
Benevolo, Leonardo (1983), *Geschichte der Stadt*. Frankfurt am Main.

Cellini, Benvenuto (1957), *Leben des Benvenuto Cellini*. Reinbek bei Hamburg.
Chramosta, Walter M. (1992). »Die raumlose Stadt«, in: *Bauwelt*, S. 1622 f.
Crowhurst Lennard, Suzanne H./Henry L. Lennard (1987), *Livable Cities – People and Places: Social and Design Principles for the Future of the City*. New York.
Cullen, Gordon (1961), *The Concise Townscape*. London.

Deutscher Städtetag (1992), *Empfehlungen für das Zusammenleben in den deutschen Städten*.
Deutsches Fremdwörterbuch, Bd. 6 (1983), hsg. v. Institut für Deutsche Sprache. Berlin.
Diderot, Denis (1967), *Das erzählerische Gesamtwerk*. Frankfurt am Main/Berlin/Wien.
Dürer, Albrecht (1982), *Schriften und Briefe*. Leipzig.

Giurgola, Romaldo (1979), *Louis I. Kahn*. Zürich.

Göderitz, Johannes/Roland Rainer/Hubert Hoffmann (1957), *Die gegliederte und aufgelockerte Stadt*. Tübingen.

Goffman, Erving (1971), *Verhalten in sozialen Situationen. Strukturen und Regeln der Interaktion im öffentlichen Raum*. Gütersloh.

Goldoni, Carlo (1985), *Geschichte meines Lebens und meines Theaters*. München

Güse, Ernst Gerhard (Hg., 1987), *Richard Serra*. Stuttgart.

Habermas, Jürgen (1981), *Die Moderne – ein unvollendetes Projekt*. Frankfurt am Main.

Häußermann, Hartmut/Walter Siebel (1987), *Neue Urbanität*. Frankfurt am Main.

Heitmeyer, Wilhelm (1992), »Die Gesellschaft löst sich auf«, Interview in: *Zeit* 43/1992.

Hilty, Hans Rudolf (Hg., 1964), *Wohnort Halen. Eine Architekturreportage*. St. Gallen/Stuttgart.

Hoffmann, Hubert (1979), »Die Charta von Athen«, in: *Stadtbauwelt*, S. 969ff.

Hoffmann-Axthelm, Dieter (1992), »Wie modern ist die Moderne? Parzelläres Bauen als Bindung aus freiem Willen«, in: Martin Wentz (Hg.), *Planungs-Kulturen*, Frankfurt am Main.

Holl, Steven (1989), *Anchoring*, New York.

Jacobs, Jane (1963), *Tod und Leben großer amerikanischer Städte*. Frankfurt am Main/Berlin.

Kadatz, Hans-Joachim (1986), *Friedrich Wilhelm von Erdmannsdorf*. Berlin.

Kafka, Franz (1970), *Sämtliche Erzählungen*. Frankfurt am Main.

Kostof, Spiro (1992), *Das Gesicht der Stadt. Geschichte städtischer Vielfalt*. Frankfurt am Main.

Kowalsky, Wolfgang (1993), »Rechtsextremismus und Anti-Rechtsextremismus in der modernen Industriegesellschaft«, in: *Das Parlament*. Beilage 2–3.

Kube, Edwin (1992), »Kriminalitätsverhütung in Wohngebieten durch städtebauliche Maßnahmen«, in: *Archiv für Kriminologie*, 181. Band, S. 1ff.

Laugier, Marc-Antoine (1989), *Versuch über Architektur*. Zürich/München.

Le Corbusier und Pierre Jeanneret (1946), *Œuvre Complète* 1910–1929. Zürich.

Lefèbvre, Henri (1972),*Die Revolution der Städte*. München.

Lynch, Kevin (1965), *Das Bild der Stadt*. Berlin/Frankfurt am Main/Wien.

Lynch, Kevin (1981), *Good city form*. Cambridge, Massachusetts.

McKay, Alexander G. (1980), *Römische Häuser, Villen und Paläste*. Feldmeilen.

Mitscherlich, Alexander (1965), *Die Unwirtlichkeit unserer Städte. Anstiftung zum Unfrieden*. Frankfurt am Main.

Montaigne, Michel de (1963), *Tagebuch einer Badereise*. Stuttgart.

Mumford, Lewis (1961), *Die Stadt – Geschichte und Ausblick*. Köln/Berlin.

Piore, Michael J./Charles F. Sabel (1985), *Das Ende der Massenproduktion. Studie über die Requalifizierung der Arbeit und die Rückkehr der Ökonomie in die Gesellschaft*. Berlin.

Postman, Neil (1992), *Das Technopol*. Frankfurt am Main.
Prato (1993), *Un libro per la città*. Mailand.

Rossi, Aldo (1973), *Die Architektur der Stadt. Skizze zu einer grundlegenden Theorie des Urbanen*. Düsseldorf.
Rousseau, Jean-Jacques (1981), *Schriften*. Frankfurt am Main/Berlin/Wien.
Rubens, Peter Paul (1982), *Palazzi di Genova*. Dortmund.
Rudofsky, Bernard (1969), *Streets for People*. New York.

Schiffauer, Werner (1992), »Die Fremden in der Stadt. Modelle sozialer Organisation«, in: *Kursbuch* 107.
Sennett, Richard (1983), *Verfall und Ende des öffentlichen Lebens. Die Tyrannei der Intimität*. Frankfurt am Main.
Serra, Richard (1990), *Schriften Interviews 1970–1989*. Zürich.
Siebel, Walter (1992), »Was macht eine Stadt urban? Definitionen, Einwände und Widersprüche«, in: *Einblicke* Nr. 16, Carl von Ossietzky Universität Oldenburg.
Siedler, Wolf Jobst (1993), »Der preußische Corso«, in: *Frankfurter Allgemeine Zeitung* 100/1993.
Simon, Gabriela (1992), »Mehr Genuß! Mehr Faulheit! Mehr Schlendrian!«, in: *Zeit* 42/1992.

Sombart, Werner (1983), *Liebe, Luxus und Kapitalismus*. Berlin.

Virilio, Paul (1990), »Fahrzeug«, in: *Aisthesis*, S. 47 ff. Leipzig.

Ward, Colin (1977), *Das Kind in der Stadt*. Frankfurt am Main.
Wates, Nick/Charles Knevitt (1987), *Community Architecture*. London.
Whyte, William H. (1988), *City – Rediscovering the Center*. New York.

Aus unserem Programm

Hanno Wolfensberger

Architektendämmerung

10 Abgesänge auf einen Berufsstand

1993. 204 Seiten

Der klassische Baumeister stirbt aus – in dessen viel zu große Schuhe sind die Architekten getreten. Architekten verstehen sich nicht als die Herren des Baugeschehens, sie können nicht bauen, und sie wollen es auch gar nicht. Ihre Welt ist die gezeichnete Architektur.

Mit ätzender Polemik nimmt sich der Autor eines zumeist hofierten Berufsstandes an, dem er die Verwüstungen unserer gebauten Umwelt und die sträfliche Mißachtung der »Nutzer« von Bauwerken vorrechnet. In zehn Kapiteln, die sich lose an dem Werk des antiken Architekturtheoretikers Vitruv orientieren, geht es u.a. um das Verhältnis der Architekten zur Kunst, zur Aus- und Fortbildung, zum Geld, zum Recht und zum Gemeinwohl.

Der Autor bietet keine weitere Architekturkritik, er schreibt weder über Betonwüsten noch über Glitzerfassaden. Er befaßt sich vielmehr mit dem unheilvollen Berufsverständnis der Architekten und den Schäden, die sie anrichten. In einer Zeit, in denen sich die Architekten als (Reißbrett-) Künstler verstehen und schon als Helden des Feuilletons gefeiert werden, rechnet er ihnen boshaft die Befunde des Bauschadensberichtes vor – und durchkreuzt so auch den Konsens der Ahnungslosigkeit, mit dem der architektonische Pfusch bemäntelt wird.

Campus Verlag · Frankfurt/New York

Richard Rogers
Architektur
Ein Plädoyer für die Moderne

Aus dem Englischen von Thomas Steiner

1993. 68 Seiten

Richard Rogers – Miterbauer des Pariser Centre Pompidou und Schöpfer von Lloyd's of London – ist nicht nur einer der originellsten und innovativsten Architekten, sondern in seiner englischen Heimat auch als scharfsinniger Kommentator des zeitgenössischen Baugeschehens bekannt. In diesem Buch umreißt er auf prägnante und anregende Weise seine »Philosophie der Architektur«.

Aus eigener Erfahrung weiß Rogers, wie sehr Gebäudeentwürfe ökonomischen Zwängen unterliegen. »Form follows profit« – dieser Grundsatz gilt ihm zufolge auch für die Postmoderne mit ihren Fassadenspielereien. Und er ist überzeugt davon, daß sich das Elend der Architektur nur überwinden läßt, wenn die Versprechungen der frühen Moderne mit den technischen, wirtschaftlichen und gestalterischen Mitteln unserer Epoche eingelöst werden. Sein Buch ist überwiegend mit Beispielen seiner eigenen Arbeit illustriert. Deshalb läßt es sich ebenso als Werkstattbericht wie als Manifest für die Zukunft der Architektur verstehen.

»Richard Rogers ist einer der Giganten der modernen Architektur. Hier bringt er seine Grundüberzeugung zum Ausdruck, daß die Moderne – sofern erst einmal verwirklicht – einen Schlüssel für eine bessere Welt bietet.«
The Independent

Campus Verlag · Frankfurt/New York